Je pratique

exercices
de GRAMMAIRE

version anglophone

A1
du Cadre européen

Christian BEAULIEU

didier

Conception graphique couverture et intérieur : Isabelle Aubourg

Illustrations : Marlene Pohle

Cartes : Jean-Louis Marti (p. 114)

Réalisation P.A.O. : Syntexte

© Les Éditions Didier, Paris, 2005 - ISBN 978-2-278-05822-8

Avant-propos

Public et niveau
Ce cahier d'exercices s'adresse à de grands adolescents ou à des adultes de niveau débutant ou faux débutant en français. Il présente des activités d'entraînement correspondant au niveau A1 du *Cadre européen commun de référence pour les langues* et peut être utilisé en classe ou en autonomie.

Objectif
Tous les exercices doivent permettre aux apprenants de fixer et de maîtriser progressivement les points de grammaire préalablement étudiés.

Forme et contenu
Ce cahier se compose de cinq unités : *Le groupe nominal, Le groupe verbal, Les mots invariables, La phrase* et *Exprimez*. Chaque unité est elle-même divisée en plusieurs chapitres.

Le nombre d'exercices varie en fonction de l'importance du thème abordé. La **difficulté est progressive** et le **champ lexical toujours homogène**. De nombreux **exercices sont contextualisés** afin d'être le plus proche des situations de communication réelles. L'apprenant trouvera également dans ce cahier quelques **documents authentiques**.
Parmi les thèmes abordés figurent les goûts, la santé, le sport, la musique, la nourriture, le logement, l'habillement, les transports, les voyages, l'éducation...

Les exercices sont **variés dans leur forme** afin de rendre l'apprentissage plus ludique.

Évaluation
À l'intérieur de chaque unité, des pages d'exercices récapitulatifs servent à l'autoévaluation. En effet, ces exercices étant notés, l'apprenant pourra ainsi évaluer son degré d'acquisition.

Mémento grammatical (*Language summary or L.S.*) / Tableaux de conjugaison
À la suite des exercices, l'apprenant trouvera un mémento grammatical simplifié ainsi que des tableaux de conjugaison auxquels il pourra se référer si besoin est. Au début de chaque chapitre sont mentionnées la ou les page(s) du mémento correspondante(s).

Index
L'index permet à l'apprenant de repérer, dans le cahier, tous les exercices se rapportant à un même point de grammaire (qui peut être traité dans différentes unités).
Par exemple, l'apprenant travaillera les prépositions dans l'unité 3 mais aussi dans l'unité 4 (chapitres *Le temps* et *L'espace*).

Corrigés
Des corrigés sont disponibles en fin d'ouvrage afin de vérifier les réponses.

L'auteur

Sommaire

Unité 1

Le groupe nominal

L.S. p. 186-187

Le masculin/Le féminin

❶ Put these words in their feminine form.

Exemple : *un Canadien* → *une Canadienne*

a. un Américain → une _américaine_   **e.** un Argentin → une _argentine_

b. un Chinois → une _chinoise_   **f.** un Éthiopien → une _éthiopienne_

c. un Portugais → une _portugaise_   **g.** un Belge → une _Belge_

d. un Mexicain → une _mexicaine_   **h.** un Anglais → une _anglaise_

❷ Put these words in their masculine form.

Exemple : *un boucher* ← *une bouchère*

a. un _technicien_ ← une technicienne   **e.** un _violinist_ ← une violoniste

b. un _directrice_ ← une directrice   **f.** un _chanteus_ ← une chanteuse

c. un _secrétair_ ← une secrétaire   **g.** un _assistant_ ← une assistante

d. un _employée_ ← une employée   **h.** un _dentist_ ← une dentiste

❸ Complete these sentences.

Exemple : *Pascal a **un** frère et **une** sœur.*

a. Tu as .... mère et ....

b. Nous avons .... oncle et ....

c. J'ai .... cousine et ....

d. Vous avez .... nièce et ....

e. Jules a .... parrain et ....

f. Louise a .... filleule et ....

g. Thomas et Aude ont .... fille et ....

h. J'ai .... grand-père et ....

4 **Change the form of the words when necessary.**

Exemple : *Dans ma rue, il y a **un** boulang**er** et **une** fromag**ère**.*

a. Dans mon entreprise, il y a une (directeur) et une (secrétaire).

....

b. Dans mon jardin, il y a un (jardinier) et un (paysagiste).

....

c. Dans ma chambre, il y a une (ami) et un (voisin).

....

d. Dans mon club de sport, il y a un (champion) de basket et une (champion) de tennis.

....

e. Dans mon conservatoire de musique, il y a une (violoniste) et un (pianiste).

....

f. Dans ma cantine, il y a une (cuisinier) et une (serveur).

....

5 **Place the following countries in the correct circles.**

Philippines – Taïwan – Canada – Madagascar – Inde – Espagne – Chine – Cuba – Danemark – Maroc – Pays-Bas – Tunisie – Nouvelle-Zélande – Argentine – Australie – Bolivie

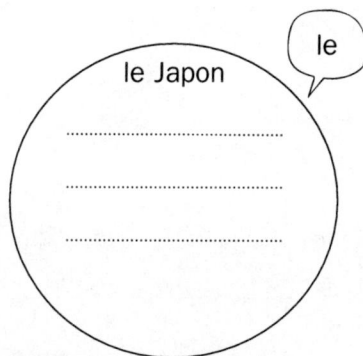

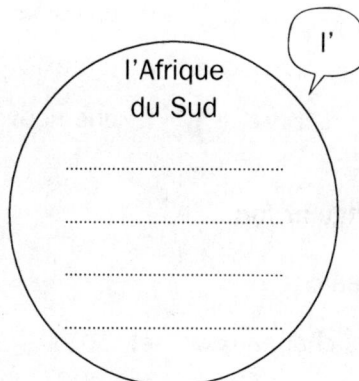

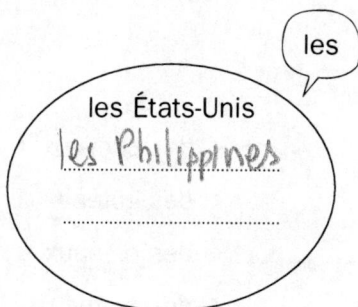

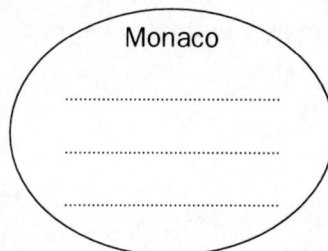

le Japon — le
....
....
....

les États-Unis — les
les Philippines
....

l'Afrique du Sud — l'
....
....
....
....

la France — la
la Argentine
....
....
....

Monaco
....
....
....

6 Masculine or feminine? Complete the chart below.

chap**eau** – ch**ance** – message – voiture – université – athlétisme – journal – politesse –
nationalité – garage – quartier – peinture – adresse – gâteau – hôpital – monument – balance –
cyclisme – métier – natation – renseignement – télévision – évier – bateau – culture – question –
antiquité – voyage – vacances – ambulance – carnaval – fromage – argent – chaussure

Terminaison	Masculin	Terminaison	Féminin
–eau	chap**eau**	–ance	ch**ance**

Le singulier/Le pluriel

7 Put these words in their plural form.

Exemple : *un livre* → ***des*** *livre**s***

a. un dictionnaire → ....
d. un roman → ....

b. une feuille → ....
e. un texte → ....

c. un cahier → ....
f. une nouvelle → ....

8 Put these words in their singular form.

Exemple : ***un*** *tableau* ← *des tableau**x***

a. .... ← des chapeaux
e. .... ← des cheveux

b. .... ← des jeux
f. .... ← des gâteaux

c. .... ← des journaux
g. .... ← des oiseaux

d. .... ← des travaux
h. .... ← des animaux

L'adjectif : genre et nombre

1 **Put these sentences in the feminine form.**

Exemple : *Susilo est indonésien.* → *Megawati est indonésien**ne**.*

a. Bálint est hongrois. → Júlia *est hongroise* .

b. Bachar est marocain. → Lamia *est marocainne* .

c. Fidel est philippin. → Corazin *est philippine* .

d. John est anglais. → Camila *est anglaise* .

e. Luca est suisse. → Sabrina *est suisse* .

f. Jee-Hoon est coréen. → Kyunghee *est coréene* .

2 **Write the opposite.**

Exemple : *Mon frère est **grand**.* → *Mon frère est **petit**.*

a. Mon père est mince. → ....

b. Ma mère est blonde. → ....

c. Mon cousin est laid. → ....

d. Mes grands-parents sont âgés (vieux). → ....

e. Ma sœur a les cheveux longs. → ....

f. Ma nièce est paresseuse. → ....

3 **Change the form of the adjective when necessary.**

Exemple : *Rebecca porte une jupe (long).* → *long**ue***

a. Je n'aime pas la couleur (vert). → ....

b. Mon mari m'a offert des chaussures (magnifique). → ....

c. Le directeur porte toujours des cravates (exceptionnel). → ....

d. Léo aime être élégant : chaque mois, il achète une (nouveau) veste. → ....

e. Il fait froid ! Votre pull n'est pas assez (épais) ! → ....

f. Ce pantalon en vitrine est très (beau) ! → ....

g. Bertrand porte toujours de (vieux) lunettes. → ....

h. Vous avez une chemise plus (clair) ? → ....

4 Complete these sentences using the feminine form of the adjectives.

Exemple : *Cet appareil photo est grand, lourd et cher.* →
Cette caméra est grande, lourde et chère.

a. Cet ordinateur est beau, confortable et pratique.

Cette imprimante est ....

b. Ce téléviseur est carré, large et haut.

Cette radio est ....

c. Ce portable est petit, léger et fragile.

Cette télécommande est ....

d. Ce réveil est rond, discret et sympa.

Cette montre est ....

e. Ce baladeur est complet, compact et performant.

Cette chaîne hi-fi ....

5 Complete this poem using adjectives of color.

Exemple : *Je ne suis pas un clown en n __ __ r et b __ __ __ c !*
*(n**oir** et b**lanc**)*

J'ai un gros nez r __ __ __ e, un beau chapeau o __ __ __ __ e,

de grands cils v __ __ __ __ __ s, une énorme cravate

r __ __ e, une petite veste v __ __ __ e, un large pantalon

m __ __ __ __ n, une longue ceinture j __ __ __ e et de vieilles

savates b __ __ __ __ s.

6 Match the elements in the first column with those in the second.

a. *Romain doit aller à la police, il est*   **1.** chanceux.

b. Émilie a un nouveau petit ami, elle est   **2.** ennuyeux ?

c. J'ai gagné au loto, je suis   **3.** *nerveux*.

d. Vous n'avez pas trouvé ce film   **4.** amoureuse.

e. Hum, ta tarte est   **5.** délicieuse !

f. Nos enfants ne travaillent pas, ils sont   **6.** vieux.

g. Mon grand-père a 101 ans, il est très   **7.** paresseux.

a3; .... ; b .... ; c .... ; d .... ; e .... ; f .... ; g ....

La place des adjectifs

7 Place the adjective correctly in each sentence, and change its form if necessary.

Exemple :   *J'habite au* .... *étage* .... *. (dernier)* →
               *J'habite au **dernier** étage.*

a. Les Menant ont acheté une .... maison .... (beau)

b. Dans le XIVᵉ arrondissement, il y a des .... hôtels ....
(particulier)

c. Nous avons trouvé un studio dans un .... immeuble .... (vieux)

d. Brigitte habite dans un .... appartement .... (grand)

e. C'est un .... château .... transformé en musée. (ancien)

f. La .... partie .... de la ferme fait 250 m². (neuf)

g. Dans notre ville, il y a deux .... lycées .... (international)

h. La municipalité vient de construire une .... salle de spectacle
.... (nouveau)

8 Make a sentence out of each of the following groups of words.

Exemple : *petit / tranquille. / café / un / C'est* → ***C'est un petit café tranquille.***

a. une / Ils / tour / restaurent / vieille / médiévale.

....

b. restaurant / Je / sénégalais. / connais / bon / un

....

c. est / nul / musée / et / cher ! / Ce

.... !

d. excellente / une / pâtisserie / Voici / traditionnelle.

....

e. château / romantique ! / beau / Quel

.... !

f. intéressante / C'est / seule / du / église / village. / la

....

Évaluation 1

1 **Tick the correct answer.**

Description de la chambre de Patricia

Dans ma chambre, il y a ☑ **un** ☐ une lit indonésien ; d'un côté, il y a ☐ un ☐ une étagère suédoise. Sur l'étagère, il y a ☐ des ☐ le livres anglais, ☐ un ☐ une photo de l'Everest et ☐ un ☐ une poupée espagnole. De l'autre côté du lit, il y a ☐ un ☐ une table chinoise. Sur cette table, il y a ☐ un ☐ une réveil japonais et une lampe africaine. Au pied du lit, il y a ☐ un ☐ une tapis marocain et ☐ un ☐ une meuble indien. Et sur le mur, il y a ☐ un ☐ des tableaux italiens et ☐ un ☐ une sculpture balinaise.

2 **Underline the "intruder" in each group, and write the correct form.**

Exemple : *télévision – __cinéma__ – radio – chaîne hi-fi* → *le cinéma (masculin)*

a. violon – piano – flûte – saxophone   → ....

b. salon – cuisine – chambre – salle de bains   → ....

c. école – université – collège – faculté   → ....

d. heure – minute – seconde – jour   → ....

e. train – voiture – bateau – avion   → ....

f. restaurant – cantine – café – bistrot   → ....

3 **Masculine or feminine? Singular or plural? (or both?)**
For each word, choose: M/S, F/S, M/F/S, M/P, F/P,
M/F/P, M/S/P or F/S/P.

Exemple : *touriste (**M/F/S**) – vacances (**F/P**) – pays (**M/S/P**)*

a. océan   → ....

b. îles   → ....

c. plage   → ....

d. montagne   → ....

e. paradis   → ....

f. village   → ....

g. alpinistes   → ....

h. mer   → ....

i. randonnée   → ....

j. bateau   → ....

4 **Underline the mistakes in the postcard, and correct them.** /10 points

Paris - France

Ma petite Laura,

Merci pour ta carte ! Elle est très belle ! Quelle chance tu as de faire un voyages aussi extraordinaire ! C'est formidable ! Prends des photo ! Comme ça, nous aussi, on voyagera un peu à ton retour. Comment sont les gens ? Et le nourriture ? Tu dois voir des animal sauvages : des éléphants, des lions... La soleil n'est pas trop fort ? Quelle est le température ? J'imagine qu'il doit faire chaud. Claude me demande s'il y a des moustique.

Tu sais, il déteste ça ! Moi, Je voudrais pourtant bien y aller : le Afrique, j'adore ! La désert, la savane...

Ici, tout va bien. Tu sais, Paris au mois d'août, c'est calme. Je t'envoie cette carte, j'espère que tu l'aimeras. Bon, je te laisse car je dois finir un travaux et puis préparer la dîner.

Bisous, Papa et Maman

© Paris capitale - Reproduction interdite

Non !	Oui !
a. un voyage**s**	un voyage
b.	....
c.	....
d.	....
e.	....
f.	....
g.	....
h.	....
i.	....
j.	....
k.	....

5 **Rewrite this presentation in the masculine form.** /10 points

Carla est italienne. Elle a trente ans et est chanteuse. Elle est grande, brune et charmante. Elle est aussi célèbre et riche. Elle habite à Pérouges, en Italie. Elle est mariée et a deux enfants. Elle adore le sport. Elle fait de la natation, du vélo et est folle d'équitation. Elle n'est jamais seule. Elle aime beaucoup recevoir de la famille ou des amis. Elle est très heureuse !

*Eros est **italien**. Il* ....

....

....

....

....

6 **Put the adjectives in their correct form.** /8 points

Description

Mes parents habitent une ***fabuleuse*** (fabuleux) maison à la campagne. Elle est très .... (vieux), du XVIIIe siècle. Il y a vingt pièces. La salle à manger est très .... (grand) : elle fait 70 m². Il y a trois salles de bains très .... (clair). Sur neuf chambres, quatre sont .... (petit).

La cuisine est toute .... (neuf) : mon père l'a rénovée l'an dernier. Il y a aussi une .... (beau) cave voûtée où vieillissent de .... (bon) bouteilles. Enfin, le grenier est .... (génial) : c'est la caverne d'Ali Baba.

7 **Introduce Radhika using Felipe's presentation as a model.** /10 points

NOM ET ÂGE	NATIONALITÉ	LOGEMENT	FAMILLE	ANIMAL	ÉTUDES	PROFESSION	SPORT	HOBBY
Felipe 17 ans	Mexique (Guadalajara)	maison	pas de frère et sœur	1 chat	lycée	médecin	tennis natation	cinéma
Radhika 12 ans	Inde (Delhi)	appartement	1 frère et 1 sœur	1 chien	collège	acteur	danse vélo	photo

Felipe a **17 ans** et est **mexicain**. Il habite à **Guadalajara** dans **une maison**. Il n'a **pas de frère et sœur**. Il a **un chat**. Il est **lycéen** et veut devenir **médecin**. Il pratique **le tennis** et la **natation**. Il aime beaucoup **le cinéma**.

Radhika ....

....

....

3 Les articles

L.S. p. 189-190

Les articles indéfinis : *un, une, des*

1 Match the items in the first column with those in the second.

Connaissez-vous Paris ?

a. *le Grand Rex*	c'est	**1.** une place
b. le Ritz		**2.** un monument
c. la tour Eiffel		**3.** une salle de spectacle
d. la Concorde		**4.** un hôtel
e. Notre-Dame		**5.** *un cinéma*
f. le Louvre		**6.** un musée
g. le Moulin-Rouge		**7.** une cathédrale

a5 ; .... ; b .... ; c .... ; d .... ; e .... ; f .... ; g ....

2 Complete the dialogue using *un* or *une*.

À l'école de langues

LE PROFESSEUR : Peter, qu'est-ce que tu as dans ton sac ?

PETER : Dans mon sac, j'ai *un* livre, ... cahier, ... crayon, ... gomme, ... règle, ... téléphone portable, ... paquet de mouchoirs, ... agenda et .... portefeuille.

LE PROFESSEUR : Merci, Peter. Et toi, Liu ?...

3 Circle the correct answer.

Au téléphone, dans une agence immobilière

MADAME BEAUPRÉ :	Allo ? Bonjour madame, c'est madame Beaupré !
LA DIRECTRICE DE L'AGENCE :	Ah madame Beaupré, bonjour ! J'ai **un** / **une** maison pour vous ! Elle fait 120 m².
MADAME BEAUPRÉ :	Très bien.
LA DIRECTRICE DE L'AGENCE :	Alors, à l'étage, il y a **un/une** entrée : superbe ! et **un/une** cuisine moderne ; ensuite, il y a **un/une** salle à manger et **un/une** salon magnifiques avec vue sur la mer ! **Un/Une** chambre de 20 m² très belle et **un/une** salle de bains toute neuve. Au rez-de-chaussée, il y a **un/une** garage et au sous-sol, **un/une** cave pour le vin. Vous voyez, madame Beaupré, j'ai la maison de vos rêves !
MADAME BEAUPRÉ :	Oui, mais à quel prix ?

15

4 Identify these means of transportation, and put their names in the correct column of the chart.

Masculin	Féminin
a : *un vélo*	.... : une ....
.... : un	....
....	....
....	....
....	....
....	....

5 Complete the dialogue using *un*, *une* or *des*.

Au bureau

– Tu connais Cécile, la nouvelle directrice marketing ?

– Non, comment est-elle ?

– Très mignonne ! Elle a ***des*** cheveux magnifiques. Elle a .... yeux extraordinaires : verts, je crois et .... jolie bouche.

– Sympa ! Et comment elle s'habille ?

– Elle porte souvent .... jeans, ... tee-shirt blanc et .... chaussures de tennis.

– Elle vit seule ?

– Non, elle a .... petit ami, il s'appelle Bob. Il a .... Ferrari et .... villa à Saint-Tropez !!

– Dommage !

Les articles définis : *le, la, l', les*

6 **Put the following items in the correct column of the chart.**

métro de Paris – ligne 12 – station Châtelet – carte orange – contrôleur – direction Balard – guichet – quai – RER

le	la
métro de Paris, ...	....
....	....
....	....
....	....

7 **Write the name of each sport, and circle the correct article.**

Quel sport aimez-vous ?

Exemple :   (**le**)
　　　　　　la **football**
　　　　　　l'

a.

le
la   t _ _ _ _ _ s
l'

b.

le
la   s _ i
l'

c.

le
la   é _ _ _ _ _ _ _ _ n
l'

d.

le
la   n _ _ _ _ _ _ _ n
l'

e.

le
la   a _ _ _ _ _ _ _ e
l'

f.

le
la   v _ _ _ e
l'

g.

le
la   g _ _ _ _ _ _ _ _ e
l'

h.

le
la   c _ _ _ _ _ _ e
l'

8 Make sentences using *le*, *la*, *l'* or *les*.

Exemple : *cinéma / théâtre : J'aime bien **le** cinéma mais je préfère **le** théâtre.*

a. ballet / danse moderne : ....

b. télévision / radio : ....

c. musique classique / jazz : ....

....

d. peinture / sculpture : ....

e. œuvres de Picasso / impressionnisme : ....

....

f. romans / bandes dessinées : ....

....

g. flûte / piano : ....

h. art contemporain / tableaux de Van Gogh : ....

....

9 Complete the following e-mail using *le*, *la*, *l'* or *les*.

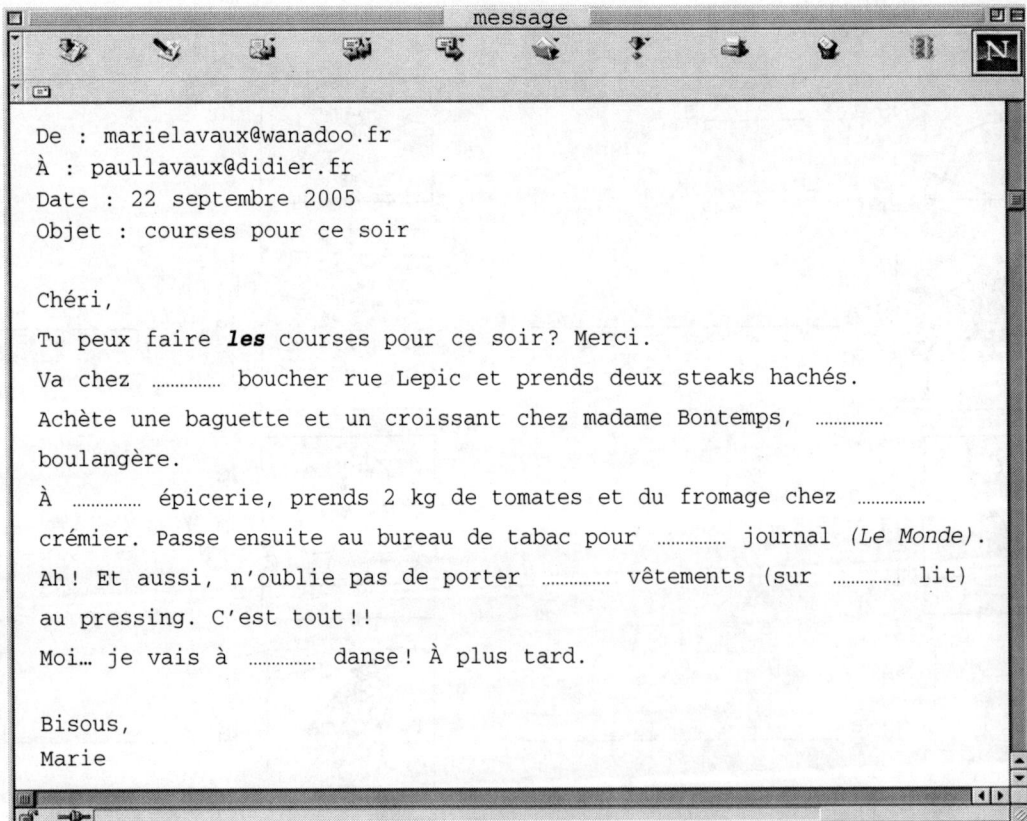

```
                                    message

De : marielavaux@wanadoo.fr
À : paullavaux@didier.fr
Date : 22 septembre 2005
Objet : courses pour ce soir

Chéri,
Tu peux faire les courses pour ce soir? Merci.
Va chez ............. boucher rue Lepic et prends deux steaks hachés.
Achète une baguette et un croissant chez madame Bontemps, .............
boulangère.
À ............. épicerie, prends 2 kg de tomates et du fromage chez .............
crémier. Passe ensuite au bureau de tabac pour ............. journal (Le Monde).
Ah! Et aussi, n'oublie pas de porter ............. vêtements (sur ............. lit)
au pressing. C'est tout!!
Moi… je vais à ............. danse! À plus tard.

Bisous,
Marie
```

Les articles définis et indéfinis

10 Choose between *un*, *une*, *des*, *le*, *la*, *l'* and *les*.

Bienvenue à Lyon !

Exemples :   *C'est **une** tour, c'est **la** tour de la Part-Dieu.*
              *Regardez **la** tour, c'est **une** tour du xxᵉ siècle.*

a. C'est .... cathédrale. C'est .... cathédrale Saint-Jean.

b. Voici .... pont, c'est .... pont Morand.

c. Devant vous, ... place Bellecour, c'est .... place magnifique.

d. Voici .... stade de Gerland, c'est .... stade moderne.

e. Et maintenant, ... hôtel très célèbre, ... hôtel Villa Florentine.

f. Derrière vous, ... musée des arts décoratifs, ... ancien hôtel particulier.

g. Regardez là-bas sur la colline, il y a .... église : c'est .... basilique Notre-Dame
de Fourvière.

h. Sur votre droite, ... palais très célèbre, ... palais de la Bourse.

11 Choose between *un*, *une*, *des*, *le*, *la*, *l'* and *les*.

Quel hôtel !

Exemples :   ***Une** chambre calme ? Voici **la** chambre 22 au 2ᵉ étage.*
              ***Le** restaurant est fermé mais **le** bar est encore ouvert.*

a. Excusez-moi, mais je ne peux pas ouvrir .... porte. .... clé est cassée !

b. .... télévision ne marche pas. Vous pouvez mettre .... autre télévision ?

c. Je voudrais .... boisson mais .... minibar est vide !

d. .... lavabo est bouché et .... toilettes aussi !

e. Il manque .... serviette chambre 28 et .... oreiller !

f. Désolé, mais il fait trop froid ici. Montez .... chauffage ou donnez-moi .... couverture !

g. Regardez .... draps, ils sont vraiment sales et il y a .... cigarettes dans le cendrier !

h. Vous appelez ça « propre » ? Il y a .... cheveux dans .... douche !

Les articles partitifs : *du, de la, de l', des*

12 **Match each shop with the products it sells and fill in the gaps.**

a. *la boulangerie* ....
b. la boucherie
c. la pharmacie
d. la poissonnerie
e. la crémerie
f. le bureau de tabac
g. l'épicerie
h. la banque
i. la charcuterie

1. .... pâté
2. *du* pain
3. .... fromage
4. .... poisson
5. .... aspirine
6. .... viande
7. .... journaux
8. .... argent
9. .... légumes

13 **Put the following words in the correct column.**

parfum　　　　shampoing　　　　savon　　　　eau de toilette　　　　dentifrice

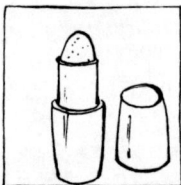    

rouge à lèvres　　　mousse à raser　　　maquillage　　　crème hydratante　　　ciseaux

du	de la	de l'	des
du parfum			

14 **Answer in the negative form.**

Exemple : *En Chine, en général, on mange **du** pain ? Non, on mange **du** riz !*

a. En Italie, en général, on boit .... thé ? Non, ... café !

b. À Cuba, en général, on récolte .... fraises ? Non, ... tabac !

c. Au Maroc, en général, on consomme .... porc ? Non, ... agneau !

d. En Allemagne, en général, on fabrique .... coca-cola ? Non, ... bière !

e. En France, on a .... pétrole ? Non, ... vin !

f. Au Portugal, en général, on fait .... vodka ? Non, ... porto !

15 **Make sentences.**

Exemple : *danse. / faire / Elisa : Elisa fait **de la** danse.*

a. Vous / piano. / jouer : ....

b. Nous / tennis. / faire : ....

c. écouter / Robert et Nicolas / rock. : ....

d. jazz ? / Tu / avoir : .... ?

e. voile. / Karin et Björn / faire : ....

f. chercher / Christophe / techno. : ....

Les articles à la forme négative

16 **Answer in the negative form.**

Exemple : *Vous avez une femme ? → **Non, je n'ai pas de femme.***

a. Vous avez des enfants ? → ....

b. Vous avez des amis ? → ....

c. Vous avez une maison ? → ....

d. Vous avez un travail ? → ....

e. Vous avez une voiture ? → ....

f. Vous avez un portable ? → ....

g. Vous avez un compte bancaire ? → ....

h. Vous avez des problèmes ? → ....

17 **Answer in the negative form.**

Exemple : *Dans la paella, il y a du fromage ?* → *Non,* **il n'y a pas** *de fromage.*

a. Voilà l'addition, tu as de l'argent ? → ....

b. Les enfants boivent du café ? → ....

c. Vous mettez de l'huile dans les crêpes ? → ....

d. Les musulmans mangent du porc ? → ....

e. Louise et Annick achètent de la bière ? → ....

f. On trouve de l'eau dans cette région ? → ....

18 **Make negative sentences using the following items.**

Exemple :

| Patrice | ne pas aimer | télévision |

→ *Patrice* **n'aime pas la** *télévision.*

| Jocelyne et Monica | ne pas détester | films d'horreur |

a. ....

| Je | ne pas collectionner | disques de rock |

b. ....

| Nous | ne pas écouter | radio |

c. ....

| Mamadou | ne pas apprécier | portraits |

d. ....

| Vous | ne pas connaître | œuvres de Molière |

e. .... ?

| Jade et Matteo | ne pas adorer | romans policiers |

f. ....

Les articles contractés

19 Match the items from each column to find the correct Parisian sites.

a. *l'hôtel*

b. la place

c. l'île

d. la pyramide

e. le café

f. le cimetière

g. le jardin

1. du Louvre

2. du Père-Lachaise

3. de la Cité

4. de la Concorde

5. de la Paix

6. du Luxembourg

7. *du Nord*

a7; .... ; b .... ; c .... ; d .... ; e .... ; f .... ; g ....

20 Complete these French film titles using *du*, *de la*, *de l'* or *des*.

Exemple : *L'Insoutenable Légèreté **de l'**être* (de Philip Kaufman, 1987)

a. *Le Mari* .... *coiffeuse* (de Patrice Leconte, 1990)

b. *Les Amants* .... *Pont-Neuf* (de Léos Carax, 1991)

c. *La Cité* .... *peur* (d'Alain Berbérian, 1994)

d. *J'ai horreur* .... *amour* (de Laurence Ferreira Barbosa, 1997)

e. *La Vie rêvée* .... *anges* (d'Erick Zonca, 1998)

f. *Le Goût* .... *autres* (d'Agnès Jaoui, 1999)

21 Circle the correct answer.

Exemple : *C'est l'entrée* **(du)** / *de l'* / *de la* / *des théâtre*.

a. Voici le directeur **du /de l'/de la /des** banque.

b. La poste est à côté **du /de l'/de la /des** école.

c. Tu as pris l'adresse **du /de l'/de la /des** restaurant.

d. Les gâteaux viennent **du /de l'/de la /des** pâtisserie Pierre Hermon.

e. Les chambres **du /de l'/de la /des** hôtels Iris sont petites.

f. J'arrive **du /de l'/de la /des** épicerie : c'est fermé !

g. Le café **du /de l'/de la /des** gare est sale et bruyant !

h. Il n'est pas très en forme : il sort **du /de l'/de la /des** hôpital.

22 Tick the correct answer.

Exemple : *Ne sors pas le gâteau* ~~❏~~ *du four!*

         ❏ *de la placard!* (***du*** *placard*)

         ❏ *de l'cuisine!* (***de la*** *cuisine*)

a. Tu as goûté l'omelette   ❏ du cantine?   ❏ de la mère Boulard?   ❏ de l'hôtels du Sud?

b. Les fraises   ❏ du Portugal   ❏ de la Brésil   ❏ de l'Honduras   sont plus sucrées.

c. Je voudrais le plat   ❏ du jour.   ❏ de la voisin.   ❏ de l'argent.

d. Ce n'est pas un poisson   ❏ du poissonnière.   ❏ de la supermarché.   ❏ de l'océan Indien.

e. À Honfleur, nous dînons toujours au restaurant   ❏ du port.   ❏ de la pêcheur.   ❏ de l'marine.

f. La couleur   ❏ du soupe   ❏ de la café   ❏ de l'huile   est bizarre.

23 Underline the correct answer.

Les vacances des Français

Exemple : *Un vacancier français sur deux préfère passer ses vacances* **au / <u>à la</u> / à l' / aux** *mer.*

a. Un Français sur six reste **au / à la / à l' / aux** maison.

b. 12 millions de Français choisissent d'aller **au / à la / à l' / aux** bord de l'eau.

c. De plus en plus de Français partent **au / à la / à l' / aux** sports d'hiver.

d. Un quart des Français voyage **au / à la / à l' / aux** étranger.

e. Environ 28 % des Français vont **au / à la / à l' / aux** montagne.

f. Seulement 17 % des Français préfèrent aller **au / à la / à l' / aux** campagne.

24 Match the items in each column to form sentences.

a. *J'adore la glace* ·····················➤	**1.** *au chocolat.*
b. Ma grand-mère boit du café	**2.** à la menthe.
c. Le pâtissier fait de délicieuses tartes	**3.** aux pommes.
d. Ondine aime les bonbons	**4.** au beurre?
e. Tu veux un croissant	**5.** à la coque.
f. Ce soir, nous mangerons des œufs	**6.** à l'orange.
g. Dimanche, je vais préparer un canard	**7.** au lait.

a1 ; ············· ; b ············· ; c ············· ; d ············· ; e ············· ; f ············· ; g ·············

25 **Tick the right answer. Then, correct the incorrect forms.**

	Correcte	Incorrecte	
a. *Les Français sont bons au voile.*	❏	☒	*à la voile*
b. Ce Russe est excellent aux échecs.	❏	❏	....
c. Dans le Sud, on joue beaucoup à la pétanque.	❏	❏	....
d. Nous avons rendez-vous à la stade à midi.	❏	❏	....
e. Je pars au natation à 11 heures et quart.	❏	❏	....
f. Tu passes trop de temps à jouer aux jeux électroniques.	❏	❏	....
g. Marie Pierce joue très bien au tennis.	❏	❏	....

26 **Complete the following document using *au*, *à*, *à la*, *à l'* or *aux*.**

Une vie de tous les jours

Tous les matins, l'autobus emmène Carole *à l'*usine à 9 h 00. Elle travaille jusqu'à 12 h 30 puis elle déjeune .... cantine ou parfois .... restaurant avec une amie. Elle retourne .... atelier et à 17 h 30 elle quitte son travail. Deux fois par semaine, elle va .... piscine, le jeudi, elle passe deux heures .... bibliothèque et le vendredi, elle joue .... échecs dans un club. Avant de rentrer .... maison, elle fait quelques courses .... supermarché à côté de chez elle.

27 **Complete these sentences using the following verbs:**

téléphoner à – écrire à – donner à – offrir à – faire confiance à – faire attention à – **envoyer à** – parler à.

Exemple : *Karim a un nouvel ordinateur. Il peut **envoyer** un courriel **au** Japon.*

a. Demain, le directeur va .... un chèque de 1 000 euros .... meilleur employé de l'année.

b. Il faut .... chien : il est dangereux.

c. On ne peut pas .... police, le portable ne passe pas !

d. Je vais .... les clés .... concierge ! Elle est très sympa.

e. C'est toujours moi qui dois .... les cartes postales .... voisins !

f. .... autres, c'est très important !

g. Cette situation ne peut plus durer ! Vous devez .... maire !

Évaluation **2**

1 **Ask the correct questions and complete the answers.** /6 points

Exemple : – *Vous connaissez l'Italie ?*
– *Non, mais j'ai **une** amie italienne.*

a. – .... ?

– Non, mais j'ai .... amie suisse.

b. – .... ?

– Non, mais j'ai .... cousin portugais.

c. – .... ?

– Non, mais j'ai .... étudiantes mexicaines.

d. – .... ?

– Non, mais j'ai .... copains espagnols.

e. – .... ?

– Non, mais j'ai .... grand-père japonais.

f. – .... ?

– Non, mais j'ai .... professeur australien.

2 **Correct the following letter using *un*, *une*, *des*, *le*, *la* or *les*.** /10 points

> Chère Magda,
>
> Comment ça va ? Moi, ça va. Je suis à Dijon.
>
> C'est <u>un</u> très jolie ville. <u>Un</u> centre est très animé
> et il y a <u>les</u> magasins sympas. <u>Une</u> spécialités sont
> <u>les</u> vin, <u>le</u> moutarde et <u>une</u> escargots. Délicieux !
>
> J'habite derrière <u>les</u> parc : c'est très calme !
> Mon appartement est petit mais très joli. <u>Un</u> voisine
> est géniale. Elle m'apporte souvent <u>le</u> gâteaux.
>
> Envoie-moi <u>des</u> carte postale de Nice et raconte-
> moi ton séjour là-bas.
>
> Je t'embrasse.
>
> À bientôt.
>
> Kyoko

***une** très jolie ville*

....

....

....

....

....

....

....

3 Complete the sentences below using this athletic artist's appointment book.

/10 points

Mai

lundi 22

7H00-9H00   Tennis
16H00-17H30   Piano

mardi 23

10H00-11H30   Judo
17H00-19H00   Théâtre

mercredi 24

9H30-11H30   Équitation
17H00-19H30   Anglais

Mai

jeudi 25

10H00-12H00   Natation
15H30-17H00   Violon

vendredi 26

9H00-11H00   Vélo
18H00-19H30   Sculpture

samedi 27   dimanche 28

10H00-12H00   Athlétisme   Repos
16H00-18H30   Peinture

– *Le lundi **de 7h00 à 9h00, il fait du tennis puis il fait du piano de 16h00 à 17h30.***

– Le mardi ....

– Le mercredi ....

– Le jeudi ....

– Le vendredi ....

– Le samedi ....

– Le dimanche, il se repose.

4 Choose between *au, à l', à la, aux, du, de l', de la* and *des*.

/10 points

Au téléphone

Un policier :   Inspecteur! L'homme à la veste rouge arrive!

L'inspecteur :   Suivez-le!

Le policier :   O.K.!... Il entre **à la** Banque de France... *(5 minutes plus tard)* Ah! Il sort...

Il s'arrête .... arrêt d'autobus devant la banque... Maintenant,

il tourne .... coin .... rue Renaudot... Il descend la rue

Mongallet et passe devant le café .... Sports. Il prend un journal

.... kiosque .... boulevard Magenta. Ah! Un homme ....

cheveux longs noirs vient lui parler. Il porte un imper gris. Il sort ....

imper une grosse enveloppe.

L'inspecteur :   Très bien, José. Quand il aura le paquet, arrêtez-les! Ce sont des trafiquants

bien connus .... services .... police.

5 Choose between *un, une, des, le, la, les, de la, du, de, à la, à l',* /10 points
au and *aux.*

Dans la rue

YASMINE :   Salut Simon ! Salut Chloé ! Ça va ? Ça fait longtemps !

SIMON & CHLOÉ : Salut Yasmine !

CHLOÉ :   Tu fais toujours **de la** danse ?

YASMINE :   Non, j'ai arrêté. J'ai .... problème .... jambe droite. Donc,
maintenant, je fais .... musique : .... piano.

SIMON :   Tu aimes .... musique classique, toi ?

YASMINE :   Non, pas vraiment, je préfère .... jazz. Et toi, Simon, toujours dans
.... journalisme ?

SIMON :   Oui, et j'écris aussi .... romans policiers.

YASMINE :   Super ! Et toi, Chloé ?

CHLOÉ :   Je fabrique .... bijoux que je vends ensuite sur .... marché.

YASMINE :   Ça marche ?

CHLOÉ :   Oh, tu sais, les gens font attention .... argent aujourd'hui. Ils préfèrent
garder leurs économies .... banque. Et ici, il n'y a pas beaucoup
.... touristes.

YASMINE :   Vous avez .... nouvelles d'Aurélien ?

CHLOÉ :   Oui, il va bien. Il est chez Alsom, dans .... marketing je crois.

SIMON :   Pas du tout ! Il est dans .... vente et il voyage beaucoup .... États-
Unis.

YASMINE :   Et Anne-Marie ?

SIMON :   Elle s'est mariée et a deux enfants : .... garçon et .... fille.

CHLOÉ :   Mais non ! Elle a deux garçons !

YASMINE :   Bon, je dois y aller ! À .... prochaine fois !

CHLOÉ :   Ouais ! On s'appelle pour dîner ?

YASMINE :   O.K. !

4 Les adjectifs possessifs

L.S. p. 190

1 Tick the correct answer.

Exemple : ❏ *Mon* ☒ *Ma* ❏ *Mes* *sœur travaille à Bruxelles.*

a. Hier soir, ❏ son ❏ sa ❏ ses mari n'est pas rentré.

b. ❏ Ton ❏ Ta ❏ Tes parents sont très sympas !

c. Je n'ai pas vu ❏ mon ❏ ma ❏ mes famille depuis cinq ans.

d. ❏ Mon ❏ Ma ❏ Mes frère vient me voir cet été avec ❏ son ❏ sa ❏ ses amie.

e. ❏ Ton ❏ Ta ❏ Mes neveux sont comme ❏ mon ❏ ma ❏ mes enfants :
ils ne tiennent pas en place !

f. Qu'est-ce que tu ressembles à ❏ ton ❏ ta ❏ tes oncle !

2 Choose the correct answer.

Exemple : *Vous avez aimé **ton** / **ta** / **votre** voyage ?* → *Vous avez aimé **votre** voyage ?*

a. Montre-moi **ton** / **ta** / **tes** photos ! → ....

b. **Notre** / **Nos** / **Vos** séjour a été fabuleux ! → ....

....

c. Nous avons vécu dans des tribus et avons partagé **ses** / **vos** / **leurs** traditions. → ....

....

d. J'ai écrit plein d'histoires dans **mon** / **ma** / **mes** journal. → ....

....

e. **Ma** / **Sa** / **Leur** chef était très gentil. → ....

f. Il nous a raconté **sa** / **son** / **ses** souvenirs d'enfance. → ....

....

g. Annie a révisé **mon** / **son** / **votre** anglais avant de partir. → ....

....

h. Vous n'avez pas eu froid avec **mon** / **votre** / **leurs** tente ? → ....

....

3 Complete the poem using *mon*, *ma* or *me*s.

Ma Bohème

Je m'en allais, les poings dans .... poches crevées ;

.... paletot aussi devenait idéal ;

J'allais sous le ciel, Muse ! et j'étais ton féal ;

Oh ! là là ! que d'amours splendides j'ai rêvées !

.... unique culotte avait un large trou.

– Petit-Poucet rêveur, j'égrenais dans .... course

Des rimes. .... auberge était à la Grande-Ourse.

– .... étoiles au ciel avaient un doux frou-frou

Et je les écoutais, assis au bord des routes,

Ces bons soirs de septembre où je sentais des gouttes

De rosée à .... front, comme un vin de vigueur ;

Où, rimant au milieu des ombres fantastiques,

Comme des lyres, je tirais les élastiques

De .... souliers blessés, un pied près de .... cœur !

Arthur RIMBAUD (poète français), *Poésies*, 1870.

4 Complete the following, as in the example. Use the words preceding the sentence to help you.

Exemple : JE / TU *Ma* valise est très lourde. Peux-tu prendre des affaires dans *ton* sac ?

a. VOUS / VOUS Mettez .... bagages sur le tapis et donnez-moi .... passeport s'il vous plaît.

b. IL / IL .... avion a deux heures de retard. Je vais appeler .... parents pour les prévenir !

c. VOUS / JE C'est .... place ? C'est bizarre. Sur .... carte d'embarquement aussi, c'est écrit 34B !

d. JE / ILS Ils ne veulent pas prendre .... violoncelle en cabine. .... règlement est très strict !

e. VOUS / JE Ouvrez .... sac ! Allez ! Vite ! Je ne fais que .... travail, madame !

f. ELLE / TU Régine a .... appareil photo. Et toi Jacques, où est .... caméra ?

30

1 Tick the correct answer.

Exemple :   ❏ *Ce année, je vais en Grèce.*
            ❏ *Cet année, je vais en Grèce.*
            ☒ *Cette année, je vais en Grèce.*

a. ❏ Eva et Michel viennent ce été.
   ❏ Eva et Michel viennent cet été.
   ❏ Eva et Michel viennent cette été.

d. ❏ Le facteur est passé ce matin ?
   ❏ Le facteur est passé cet matin ?
   ❏ Le facteur est passé cette matin ?

b. ❏ En ce saison, il faut se couvrir.
   ❏ En cet saison, il faut se couvrir.
   ❏ En cette saison, il faut se couvrir.

e. ❏ J'ai très mal dormi ce nuit.
   ❏ J'ai très mal dormi cet nuit.
   ❏ J'ai très mal dormi cette nuit.

c. ❏ Ce hiver, nous aimerions partir au ski.
   ❏ Cet hiver, nous aimerions partir au ski.
   ❏ Cette hiver, nous aimerions partir au ski.

f. ❏ Il y a un très bon film ce soir à la télé.
   ❏ Il y a un très bon film cet soir à la télé.
   ❏ Il y a un très bon film cette soir à la télé.

2 Tick the correct answer.

Exemple : *Je ne veux pas* ❏ *ce* ❏ *cet* ☒ *cette* ❏ *ces* *robe !*

a. S'il vous plaît, combien coûte ❏ ce ❏ cet ❏ cette ❏ ces chemisier blanc ?

b. ❏ Ce ❏ Cet ❏ Cette ❏ Ces veste ne lui va pas du tout !

c. Christelle, à qui sont ❏ ce ❏ cet ❏ cette ❏ ces chaussures ?

d. Regarde, ❏ ce ❏ cet ❏ cette ❏ ces écharpe est vraiment magnifique !

e. ❏ Ce ❏ Cet ❏ Cette ❏ Ces jean est trop grand, vous avez une taille en dessous ?

f. Donne-moi ❏ ce ❏ cet ❏ cette ❏ ces chaussettes : elles sont sales. Je vais les laver !

g. Tu ne vas pas mettre ça, ❏ ce ❏ cet ❏ cette ❏ ces cravate est horrible !!

h. ❏ Ce ❏ Cet ❏ Cette ❏ Ces pull-over est en pure laine d'Écosse, madame !

3 Tick the correct answer.

Exemple : *Je n'achète jamais* ☒ *ce* ☐ *cet* ☐ *cette* ☐ *ces*   *journal!*

a. ☐ Ce ☐ Cet ☐ Cette ☐ Ces   magazine est tout nouveau.

b. Élise, éteins ☐ ce ☐ cet ☐ cette ☐ ces   télé tout de suite!

c. Regarde ☐ ce ☐ cet ☐ cette ☐ ces   émission à 21 h 00, c'est sur le Louvre.

d. Tu as vu ☐ ce ☐ cet ☐ cette ☐ ces   article? C'est incroyable!

e. ☐ Ce ☐ Cet ☐ Cette ☐ Ces   photos sont remarquables!

f. Combien coûte ☐ ce ☐ cet ☐ cette ☐ ces   hebdomadaire?

4 Change these sentences.

Exemple : *C'est un hôtel cher!* → *Cet hôtel est cher!*

a. C'est un restaurant typique! → .... !

b. Ce sont des bâtiments du XVIIIe siècle. → ....

c. C'est une école loin du centre. → ....

d. C'est un hôpital très moderne. → ....

e. Ce sont des jardins extraordinaires! → .... !

f. C'est un café branché! → .... !

g. C'est un théâtre populaire et bon marché! → .... !

h. C'est une pâtisserie réputée pour ses gâteaux au chocolat. → ....

....

5 Complete these sentences using *ce*, *cette* or *ces*.

Exemple : *Ce gâteau est cher mais ces gâteaux sont bon marché.*

a. .... viande est dure mais .... viandes sont tendres.

b. .... bière est chaude mais .... bières sont fraîches.

c. .... fromage est fort mais .... fromages sont doux.

d. .... crêpe est sucrée mais .... crêpes sont salées.

e. .... thé vient de Chine mais .... thés viennent d'Inde.

f. .... glace est au chocolat mais .... glaces sont à la fraise.

g. .... pain est aux noix mais .... pains sont aux céréales.

h. .... vin est espagnol mais .... vins sont argentins.

Évaluation 3

1 **Complete the e-mail below using _mon, mes, ton, tes, son, sa_ or _ses_.** (**/10 points**)

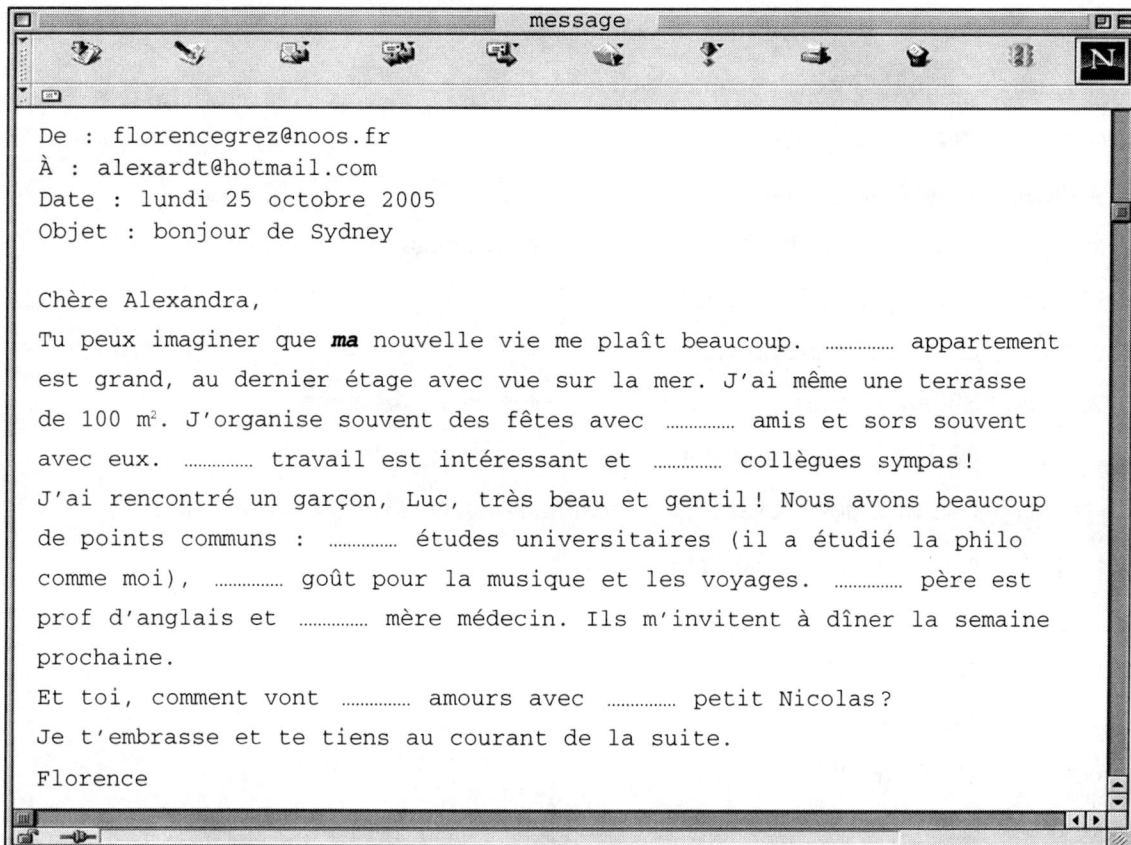

```
                                    message

De : florencegrez@noos.fr
À : alexardt@hotmail.com
Date : lundi 25 octobre 2005
Objet : bonjour de Sydney

Chère Alexandra,

Tu peux imaginer que ma nouvelle vie me plaît beaucoup. ............ appartement
est grand, au dernier étage avec vue sur la mer. J'ai même une terrasse
de 100 m². J'organise souvent des fêtes avec ............ amis et sors souvent
avec eux. ............ travail est intéressant et ............ collègues sympas !
J'ai rencontré un garçon, Luc, très beau et gentil ! Nous avons beaucoup
de points communs : ............ études universitaires (il a étudié la philo
comme moi), ............ goût pour la musique et les voyages. ............ père est
prof d'anglais et ............ mère médecin. Ils m'invitent à dîner la semaine
prochaine.
Et toi, comment vont ............ amours avec ............ petit Nicolas ?
Je t'embrasse et te tiens au courant de la suite.
Florence
```

2 **Complete the dialogue using _ce, cet, cette_ or _ces_.** (**/10 points**)

CÉLINE : David, qu'est-ce que tu penses de **ce** maillot de bain ?

DAVID : T'as vu la couleur ? .... jaune est horrible !

CÉLINE : Et toi, ... tee-shirt rouge, tu crois que c'est mieux ?

DAVID : O.K. ça va, hein ! Prends plutôt .... bikini. Il est super à la mode ! Et le bleu te va très bien. .... été, tu vas être une star sur la plage !

CÉLINE : Tu crois ? Oh David, mon chou, heureusement que tu es là ! Alors, je peux prendre aussi .... short et .... serviette ?

DAVID : Mais oui, et moi, je vais m'acheter .... casquette. D'accord ?

CÉLINE : Oh ouais, super ! Et avec .... lunettes, c'est trop cool !

DAVID : Regarde .... sac ! Il est génial, tu ne trouves pas ? Kaki : j'adore .... couleur !

③ Complete the dialogue using *ce*, *cet*, *cette* or *ces*.

LE VENDEUR : Bonjour monsieur!

LE CLIENT : Bonjour. Vous avez des calculatrices?

LE VENDEUR : Oui. Quel modèle souhaitez-vous?

LE CLIENT : ***Cette*** calculatrice à droite.

LE VENDEUR : Il vous fallait autre chose?

LE CLIENT : Euh, non... en fait oui. .... ordinateur indigo est à combien?

LE VENDEUR : 825 euros tout compris!

LE CLIENT : Et .... souris sans fil?

LE VENDEUR : 30 euros, mais .... modèle est plus cher : 48 euros.

LE CLIENT : Avez-vous des imprimantes?

LE VENDEUR : Oui, regardez là-bas. .... imprimante laser noire est à 450 euros.

LE CLIENT : Merci!... .... télé fait quel prix?

LE VENDEUR : ...

LE CLIENT : Je vous ennuie?

LE VENDEUR : Non, non, ça va. 800 euros.

LE CLIENT : Et l'écran plat?

LE VENDEUR : .... écran plat à côté fait 2 500 euros.

LE CLIENT : Pouvez-vous aussi me dire le prix de .... agenda électronique?

LE VENDEUR : 190 euros.

LE CLIENT : Dernière question...

LE VENDEUR : Vraiment?

LE CLIENT : Combien coûte .... appareil photo numérique?

LE VENDEUR : 350 euros, mais il y en a de moins chers!

LE CLIENT : Bien. Aujourd'hui, je vais seulement prendre la calculatrice. Vous avez des piles?

LE VENDEUR : Oui. Prenez .... piles longue durée. Elles sont de très bonne qualité. Ah! Et je vous donne .... brochures. Vous avez tous les prix des autres appareils. Au revoir, monsieur!

LE CLIENT : Euh... merci. Au revoir!

6 Les pronoms personnels

L.S. p. 191-193

Les pronoms sujets

1 Complete these sentences using *tu* or *vous*.

Exemples : ***Tu** t'appelles comment ?*
***Vous** êtes français ?*

a. .... habitez à Paris ?

b. .... es célibataire ?

c. .... parles anglais ?

d. .... aimez le cinéma ?

e. .... travailles à Tokyo ?

f. .... faites du sport ?

2 Change these sentences.

Exemples : *Tu es italien.* → ***Vous êtes** italien.*
***Tu as** vingt ans.* ← *Vous avez vingt ans.*

a. .... ← Vous faites des études de droit.

b. Tu habites à Milan. → ....

c. .... ← Vous aimez le sport.

d. Tu pratiques le judo. → ....

e. .... ← Vous allez souvent au cinéma.

f. Tu lis beaucoup de romans. → ....

3 Tick the correct answer.

Exemple : *Michael et Thoi vont au théâtre.* ☒ *Ils* ❑ *Nous* *prennent le bus.*

a. Madame Lim adore l'architecture. ❑ Il ❑ Elle adore visiter les châteaux.

b. Cet étudiant lit beaucoup. ❑ Il ❑ Elle va souvent à la bibliothèque.

c. Cédric Klapisch est très intéressant. ❑ Nous ❑ Vous aimons vraiment ce cinéaste.

d. Tu as vu les œuvres de Rodin ? ❑ Ils ❑ Elles sont fantastiques.

e. Je ne connais pas la maison de Monet à Giverny. ❑ Tu ❑ Vous sais où c'est ?

f. Paris est un vrai musée. ❑ Je ❑ Vous devez visitez cette ville !

g. Cette église est du XIᵉ siècle. ❑ Il ❑ Elle est du Moyen Âge.

h. Rose prend des places pour ce soir. ❑ Je ❑ Nous vais la chercher à 20 h 00.

4 Replace the underlined words with *il, elle, nous, vous, ils* or *elles*.

Exemple : *Pierre et moi déjeunons au restaurant. Ensuite, Pierre et moi allons au musée.* →
*Pierre et moi déjeunons au restaurant. Ensuite, **nous** allons au musée.*

a. Marco et Flora prennent des spaghettis. Marco et Flora aiment beaucoup les pâtes.

....

b. Félix mange beaucoup. Félix a pris cinq kilos en un mois.

....

c. Aline et Lena ne boivent pas d'alcool. Aline et Lena sont mineures.

....

d. Barbara et toi êtes végétariens ? Barbara et toi ne mangez pas de viande ?

....

e. Anne-Lise veut des bonbons. Anne-Lise adore ça !

....

f. Yvonne et Chantal détestent le café et Yvonne et Chantal n'aiment pas le thé non plus.

....

g. Les frères Trois Gros sont des cuisiniers très célèbres. Les frères Trois Gros ont un

restaurant à Roanne.

....

5 Does *on = les gens, quelqu'un* or does *on = nous*? Follow the example below.

Exemples : *On a visité la Chine cet été. On = **nous***

*On mange beaucoup de riz en Chine. On = **les gens***

a. On parle anglais au Nigéria.   On = ...

b. On part en vacances à Tahiti le mois prochain.   On = ...

c. On nous parle beaucoup de Cuba en ce moment.   On = ...

d. On trouve du pain en Thaïlande ?   On = ...

e. On prend toujours le train pour aller à Genève.   On = ...

f. On revient du Maroc. C'était génial !   On = ...

g. On mange très bien en Italie.   On = ...

h. On est très fatigué. On voudrait partir sur une île ! On = ...

6 **Change these sentences.**

Exemple : *Nous nous couchons très tôt.* → ***On se couche** très tôt.*

a. Nous nous levons à 6 h 00 ! → .... !

b. Nous prenons une douche trois fois par jour. → ....

c. Nous déjeunons à la cantine. → ....

d. Nous travaillons toute la journée. → ....

e. Nous faisons une pause de dix minutes. → ....

f. Nous dînons au restaurant. → ....

g. Nous allons au cinéma ce soir. → ....

h. Nous ne regardons jamais la télévision. → ....

7 **Change these sentences.**

Noël dans le monde

Exemple : *En Allemagne, les gens se régalent avec de nombreux plats tels que du cochon de lait, de la salade de macaronis, du boudin blanc et autres spécialités régionales.* → *En Allemagne, **on se régale** avec...*

a. En Italie, les gens dégustent de l'anguille et autres sortes de poissons, de la saucisse de porc aux lentilles ou de la dinde farcie aux marrons.

....

b. En Russie, les gens se nourrissent d'une bouillie préparée avec des germes de blé et autres céréales symbolisant espoir et longue vie.

....

c. Aux États-Unis, les gens savourent une tarte à la citrouille ainsi qu'un *Christmas cake*, un gâteau aux pacanes servi avec de la glace à la vanille.

....

d. Au Portugal, les gens préparent une table avec de la dinde rôtie et des pâtisseries garnies de miel, d'amandes et de cannelle.

....

e. En France, les gens consomment du foie gras, des huîtres et de la dinde aux marrons avant la bûche.

....

f. Au Brésil, les gens apprécient la dinde, le poisson et le champagne.

....

Quelque chose / Quelqu'un

8 **Answer in the negative form.**

Exemple : – *Tu vois* **quelque chose** ?
– *Non, je* **ne** *vois* **rien**.

a. – Tu dis quelque chose ?

– ....

b. – Tu entends quelque chose ?

– ....

c. – Tu sais quelque chose ?

– ....

d. – Tu penses à quelque chose ?

– ....

e. – Tu écoutes quelque chose ?

f. – Tu écris quelque chose ?

– ....

9 **Answer in the negative form.**

Exemple : – *Est-ce que vous voyez* **quelqu'un** *au sommet ?*
– *Non, je* **ne** *vois* **personne**.

a. – Il y a quelqu'un dans cette maison ?

– ....

b. – Je connais quelqu'un ici ?

– ....

c. – Tes parents cherchent quelqu'un à Paris ?

– ....

d. – Ta sœur parle à quelqu'un à l'école ?

– ....

e. – Julien déjeune avec quelqu'un au restaurant ?

– ....

f. – Tu travailles avec quelqu'un dans ce bureau ?

– ....

10 **Find the correct question or answer.**

Exemples : – *Quelque chose ne va pas ?*
– ***Non, rien ne va.***

– ***Quelqu'un a pensé à son anniversaire ?***
– *Non, personne n'a pensé à son anniversaire.*

a. – .... ?

– Non, rien n'est organisé.

b. – Quelqu'un peut venir ?

– ....

c. – .... ?

– Non, rien ne lui plaît.

d. – .... ?

– Non, personne n'a parlé avec elle.

e. – Quelqu'un lui a téléphoné ?

– ....

f. – Quelque chose a changé ?

– ....

⓫ Complete the dialogue.

LE POLICIER : Avez-vous entendu quelque chose ?

LA VICTIME : ***Non, je n'ai rien entendu.***

LE POLICIER : À quelle heure vous êtes-vous couchée ?

LA VICTIME : À 22 h 00, comme tous les soirs.

LE POLICIER : .... ?

LA VICTIME : Non, personne ne m'a téléphoné hier.

LE POLICIER : Avez-vous remarqué quelque chose d'anormal ?

LA VICTIME : Non, ...

LE POLICIER : Quelqu'un habite-t-il au-dessus de chez vous ?

LA VICTIME : Non, ...

LE POLICIER : Pourtant quelqu'un est entré par la fenêtre. .... ?

LA VICTIME : Non, rien n'a disparu.

LE POLICIER : Vous êtes sûre ?

LA VICTIME : Oui, j'ai tout vérifié.

LE POLICIER : Vous prenez quelque chose pour dormir ? Des somnifères ?

LA VICTIME : Non, ...

⓬ Make a sentence out of each group of words.

Exemple : *perdu / quelque chose ? / avez / Vous* → ***Vous avez perdu quelque chose ?***

a. rapporté / a / mon / vous / portefeuille ? / Quelqu'un

.... ?

b. personne / portefeuille. / ne / Non, / m'/ votre / rapporté / a

....

c. important ? / Il / quelque chose / y / d' / avait

.... ?

d. rien / y / Non, / important. / il / avait / n' / d'

....

e. l' / peut-être / retrouvé. / Quelqu'un / a

....

f. quelqu'un ? / étiez / avec / Vous

.... ?

Les pronoms toniques

13 **Tick the right answer. Then, correct the incorrect forms.**

	Correcte	Incorrecte	
a. – C'est vous le vendeur ? – Non, ce n'est pas ~~toi~~.	❏	☒	*moi*
b. – Qui a pris mon dossier ? La secrétaire ? – Non, ce n'est pas **elle**.	❏	❏	....
c. – À qui sont ces appareils Lucie ? Aux photographes ? – Oui, ils sont à **lui**.	❏	❏	....
d. – C'est **vous**, la chanteuse des Redboots ?	❏	❏	....
e. – Qui est le coupable ? – Ce n'est pas le colonel Moutarde, **lui** c'est sûr.	❏	❏	....
f. – C'est l'avocat de Martine là-bas, à droite ? – Oui, c'est **elle**.	❏	❏	....
g. **Eux**, on ne va jamais chez ce coiffeur.	❏	❏	....
h. Tu connais ces deux journalistes ? Non ? Va discuter avec **elles** !	❏	❏	....
i. Dominique est pianiste et **moi**, flûtiste.	❏	❏	....

14 **Complete these sentences using *moi, toi, lui, elle, nous, vous, eux* or *elles*.**

Exemple : *J'ai pris un taxi avec **lui** jusqu'à la gare. (il)*

a. C'est un vélo ! Je l'ai acheté pour .... (tu)

b. Dans l'avion, le chanteur Jerry Watt était assis devant .... C'est vrai ! (nous)

c. Je dois partir à quelle heure de chez .... pour aller à l'aéroport ? (je)

d. Carole n'a pas entendu le camion arriver derrière .... (elle)

e. Grâce à .... et à votre voiture, nous avons pu arriver à l'heure. (vous)

f. C'est incroyable mais cette grosse moto est à .... ? (il)

g. Nous allons faire un tour en bateau mais sans .... (ils)

h. Tu vois Josiane et Véronique au fond du bus ? Il y a encore de la place entre .... (elles)

15 **Tick the correct answer.**

Exemple : – *J'adore le café et toi ?*

   – ☒ *Moi aussi.*   ❑ *Moi non plus.*

a. – Océane et Hugo ne mangent pas de bonbons. Et tes enfants ?

   – ❑ Eux aussi.   ❑ Eux non plus.

b. – Hippolyte n'aime pas beaucoup les légumes. Et Julie ?

   – ❑ Elle aussi.   ❑ Elle non plus.

c. Vous n'avez jamais bu de saké ?   ❑ Nous aussi.   ❑ Nous non plus.

d. Si je prends une bière alors   ❑ vous aussi.   ❑ vous non plus.

e. Je vais au restaurant avec Alexandra, tu peux venir   ❑ toi aussi.   ❑ toi non plus.

f. Je sais que vous détestez le poisson et votre mari   ❑ lui aussi.   ❑ lui non plus.

g. Vous n'avez pas commandé de vin et   ❑ elles aussi.   ❑ elles non plus.

h. Habib est végétarien. Je crois qu'   ❑ eux aussi.   ❑ eux non plus.

16 **Underline the correct pronoun.**

Exemple : *Je fais des chansons avec Mariam :* **toi / _moi_**, *j'écris les paroles.* **_Elle_ / Lui**,
elle compose la musique.

a. Mon fils fait du piano depuis sept ans mais les enfants de Corinne, **eux / elles**, sont

   vraiment doués : après seulement deux ans, ils sont au même niveau.

b. **Nous / Vous**, nous passons beaucoup de temps dans les musées.

c. Clarisse adore aller à l'opéra mais son mari, **lui / elle**, s'endort à chaque fois.

d. **Moi / Toi**, je vais au cinéma mais **moi / toi**, tu restes là !

e. Et **toi / vous**, vous faites quoi quand votre mari regarde la télé ?

f. Ah, mes filles ? **Moi / Elles**, elles passent leurs journées à la bibliothèque.

g. Le théâtre des Champs-Élysées est ancien mais le théâtre de l'Atelier, **lui/eux**, est encore

   plus ancien.

Les pronoms directs

17 **Complete these sentences using *me*, *te*, *l'*, *la*, *nous*, *vous* or *les*.**

J'aime une avocate.

a. *L'avocate **m'**aime.*

Tu salues un médecin.

b. Le médecin .... salue.

Il écoute une musicienne.

c. La musicienne .... écoute.

Elle connaît un chanteur.

d. Le chanteur .... connaît.

Nous comprenons le professeur.

e. Le professeur .... comprend.

Vous regardez un cuisinier.

f. Le cuisinier .... regarde.

Ils rencontrent
un journaliste.

g. Le journaliste ....
rencontre.

Elles interrogent
une serveuse.

h. La serveuse ....
interroge.

Je suis un policier.

i. Le policier ....
suit.

18 **Underline the correct answer.**

Exemple : *Adriana et moi allons au concert. Roberta __nous__/la rejoint.*

a. Monsieur Perron adore le cinéma. Les films, il **le/les** voit tous.

b. La mère de Camille a acheté trois billets pour le théâtre. Elle passe **vous/le** prendre à 19 h 00.

c. Vous **me/la** connaissez cette église ? Non ? Alors, entrons **la/vous** voir.

d. Je n'aime pas beaucoup les musées. Surtout le musée d'histoire naturelle, je **le/les** déteste.

e. La musique **vous/me** passionne, n'est-ce pas ? À quel âge avez-vous découvert ce monde-là ?

19 **Complete the dialogue using *me*, *m'*, *te* or *t'*.**

Une dispute

CARLOS : Bonjour Liliane... Je *te* dérange ?

LILIANE : Non, je pars...

CARLOS : Je peux .... aider ?

LILIANE : Non, pas la peine.

CARLOS : Je .... connais. Tu es fâchée ?

LILIANE : Je .... déteste !

CARLOS : Mais... je...

LILIANE : Ah ! Tu .... laisses tranquille !

CARLOS : Allons... Tu .... pardonne ?

LILIANE : Non, tu .... énerves !

CARLOS : Mais, je .... aime !

LILIANE : Je pars ! Tu .... ennuies !

Les pronoms *le*, *la*, *l'*, *les*

20 **Change these sentences.**

Exemple : *Vous voyez le pont Mirabeau ?* → *Vous **le** voyez ?*

a. Il connaît la place Stanislas. → ....

b. Tu détestes la nouvelle bibliothèque. → ....

c. Je visite le musée Matisse. → ....

d. Elle aime le Mont-Saint-Michel. → ....

e. Nous entendons les cloches de la cathédrale d'Amiens. → ....

f. Ils montrent le quartier de l'horloge. → ....

21 **Tick the correct answer.**

Exemple : *On **le** prend pour aller à Marseille.*   ☒ *l'avion*   ❏ *l'auto*   ❏ *la mobylette*

a. Elle **la** conduit très mal.   ❏ le bus   ❏ le train   ❏ la voiture

b. Je **le** regarde, au loin, sur la mer.   ❏ le car   ❏ l'autobus   ❏ le voilier

c. Il faut **le** charger demain matin à 8 h 00 !   ❏ le camion   ❏ le métro   ❏ la camionnette

d. Tu **les** emportes à la neige ?   ❏ les rollers   ❏ les skis   ❏ les patins à roulettes

e. Nous **la** voyons passer à 200 km/heure.   ❏ la moto   ❏ la bicyclette   ❏ l'hélicoptère

f. Il **l'**achète pour traverser l'océan.   ❏ le scooter   ❏ le vélo   ❏ le bateau

22 **Answer these questions.**

Exemple : – *Tu vas acheter **le pain** ?*
         – *Oui, je vais **l'**acheter. / Non, je ne vais pas **l'**acheter.*

a. – Marcelle sait faire la bouillabaisse ?

   – Oui, ... – Non, ...

b. – Vous voulez couper les légumes ?

   – Oui, ... – Non, ...

c. – Henri doit saler le plat ?

   – Oui, ... – Non, ...

d. – Les enfants souhaitent manger le gâteau au chocolat ?

   – Oui, ... – Non, ...

e. – Je peux tourner la crêpe ?

   – Oui, ... – Non, ...

Les pronoms indirects

23 **Complete these sentences using *me, te, t', lui, nous, vous* or *leur*.**

Je téléphone
à M. Jackson.

a. M. Jackson
me téléphone.

Tu offres un cadeau
au pape.

b. Le pape .... offre
un cadeau.

Il parle au Dalaï Lama.

c. Le Dalaï Lama ....
parle.

Elle répond au président.

d. Le président ....
répond.

Nous écrivons à la reine.

e. La reine .... écrit.

Vous plaisez à Madonna.

f. Madonna .... plaît.

Ils disent merci à Zidane.

g. Zidane .... dit merci.

Elles sourient
aux Simpsons.

h. Les Simpsons ....
sourient.

Tu ressembles
à Tom Cruise.

i. Tom Cruise ....
ressemble.

24 **Answer these questions.**

Exemple : – *Tu offres une cravate **à ton père** ?*
   – *Oui, je **lui** offre une cravate. / Non, je ne **lui** offre pas de cravate.*

a. – Il donne un parfum à sa sœur ?

   – ....

b. – Vous achetez des fleurs à votre grand-mère ?

   – ....

c. – Elle envoie des chocolats à ses cousins ?

   – ....

d. – Je rends le cadeau à mon oncle ?

   – ....

e. – Nous apportons du vin à tes parents ?

   – ....

f. – Ils donnent un CD à leur frère ?

   – ....

25 Complete these sentences using *me*, *te*, *lui*, *nous*, *vous* or *leur*.

*Exemple : Le propriétaire **me** loue son appartement 300 euros par mois. J'ai de la chance !*

a. Barbara a un mari très bricoleur : il .... a aménagé une très belle cuisine.

b. Je .... téléphone demain pour confirmer l'heure de la visite. Au revoir, monsieur.

c. Nous .... laissons notre chambre, tu dormiras bien.

d. Vous pouvez .... montrer les toilettes. Ils ne connaissent pas la maison.

e. La salle de bains .... plaît ? Vous ne la trouvez pas trop petite ?

f. Ils .... demandent de payer 10 mois de loyer. Elle va refuser, n'est-ce pas ?

26 Tick the correct sentences.

Exemple : ☒ *Tu **me** donnes ce pull ? Il est vraiment pour **moi** ?*
❏ *Tu lui donnes ce pull ? Il est vraiment pour moi ?*

a. ❏ Il te prête une cravate ? Il a de la chance.
❏ Il lui prête une cravate ? Il a de la chance.

b. ❏ Vous lui rendez son chapeau tout de suite ! J'en ai besoin.
❏ Vous me rendez son chapeau tout de suite ! J'en ai besoin.

c. ❏ Je vous offre cette montre ! C'est votre anniversaire.
❏ Je t'offre cette montre ! C'est votre anniversaire.

d. ❏ Les enfants sont beaux. Tu leur as acheté de belles chaussures.
❏ Les enfants sont beaux. Tu nous as acheté de belles chaussures.

e. ❏ Combien de pantalons je t'envoie ? Tu les veux tous ?
❏ Combien de pantalons je lui envoie ? Tu les veux tous ?

27 Make a sentence out of each group of words.

Exemple : *pas / Je / ai / ne / répondu. / lui* → ***Je ne lui ai pas répondu.***

a. écrit ? / avez / leur / Vous

.... ?

b. des / nous / nouvelles ! / Donnez-

.... !

c. téléphoné ? / Ils / ont / t'

.... ?

d. mail. / de / Elle / a / pas / m' / ne / envoyé

....

e. parlé / vous / avant-hier. / Nous / avons

....

Direct ou indirect

28 Give the correct orders.

Exemples : *Tu dois téléphoner **aux pompiers**.* → ***Téléphone-leur**!*
*Tu dois appeler **les pompiers**.* → ***Appelle-les**!*

a. Vous devez écrire au président. → ....!

b. Nous devons inviter les artistes. → ....!

c. Tu dois parler à ce médecin. → ....!

d. Tu dois attendre la cuisinière. → ....!

e. Tu dois écouter ton professeur. → ....!

f. Vous devez suivre le voleur. → ....!

Le pronom *en*

29 What does *en* replace in the following sentences?

Exemples : – *Tu fais du tennis ?* – *Vous avez une raquette ?*
– *Oui, j'**en** fais tous les jours.* – *Oui, j'**en** ai **une**.*
***en** = du tennis (faire du tennis)* ***en** = raquette*

a. – Benjamin a un vélo ?
– Oui, il en a un.

en = ...

b. – Malika va voir de la danse ?
– Oui, elle va en voir tous les mois.

en = ...

c. – On achète une piscine ?
– Oui, achetons-en une !

en = ...

d. – Vous faites de la natation ?
– Non, je n'en fais pas.

en = ...

e. – Vos enfants ont vu un match de foot ?
– Oui, ils en ont vu un.

en = ...

f. – Je peux prendre des skis ?
– Oui, prends-en.

en = ...

30 Answer these questions.

Exemple : – *Vous prenez **du thé** ? – Oui, j'**en** prends.*

a. – Xavier mange de la viande ?

– Oui, il ....

b. – Nous avons du fromage ?

– Oui, nous ....

c. – Antoine et Lydia boivent du vin ?

– Oui, ils ....

d. – J'achète de l'eau ?

– Oui, tu ....

e. – Tu veux des fraises ?

– Oui, j' ....

f. – Agnès et Michelle commandent du poisson ?

– Oui, elles ....

31 **Find the correct questions.**

Exemple : – *Tu as lu **des romans** ? – Oui, j'**en** ai lu en vacances. (Tu / romans)*

a. – .... ?

   – Oui, vous en avez envoyé hier. (Nous / cartes postales)

b. – .... ?

   – Non, ils n'en ont pas pris. (Ils / livres)

c. – .... ?

   – Oui, tu en as écrit une. (Je / lettre)

d. – .... ?

   – Oui, il en a fait quelques-uns. (Il / articles sur Picasso)

e. – .... ?

   – Non, nous n'en avons pas regardé. (Vous / guides)

f. – .... ?

   – Oui, elles en ont vu. (Elles / journaux italiens)

g. – .... ?

   – Oui, elle en a acheté une. (Elle / carte de France)

h. – .... ?

   – Non, je n'en ai pas demandé. (Vous / magazine de mode)

32 **Change these sentences.**

Exemple : *Vous devez acheter **des ingrédients**. → **Achetez-en !***

a. Tu dois faire du caramel. → .... !

b. Nous devons casser des œufs. → .... !

c. Tu dois mettre du sucre. → .... !

d. Vous devez ajouter de la vanille. → .... !

e. Nous devons peler des fruits. → .... !

f. Vous devez verser du lait. → .... !

g. Nous devons couper des parts. → .... !

h. Tu dois prendre du dessert. → .... !

Le pronom *y*

33 **Answer these questions.**

Exemple : – *Jean-Charles et Marina vont à la danse ? (oui / 20 h 00)*
  – *Oui, ils **y** vont à 20 h 00.*

a. – Tu études <u>à la bibliothèque Richelieu</u> ? (oui / trois fois par semaine)

  – ....

b. – Vous retournez quand <u>à l'hôtel</u> ? (maintenant)

  – ....

c. – Elle est <u>à l'église</u> ? (oui)

  – ....

d. – Nous passons <u>par la rue Tholozé</u> ? (oui)

  – ....

e. – Au Japon, quand les étudiants rentrent-ils <u>à l'université</u> ? (en avril)

  – ....

f. – Tu restes <u>au stade</u> jusqu'à quelle heure ? (jusqu'à 17 h 00)

  – ....

g. – Vous habitez <u>dans cet immeuble</u> depuis quand ? (depuis 1992)

  – ....

h. – Qu'est-ce qu'ils achètent <u>à la boutique</u> ? (un manteau)

  – ....

34 **Make sentences using the pronoun *y*.**

Le journaliste : Bonjour Kate.

Kate : Bonjour.

Le journaliste : Dans votre vie, vous avez connu beaucoup de pays !

  Commençons par le début ! Le Portugal.

Kate : (passer mon enfance) ***J'y ai passé mon enfance.***

Le journaliste : Les USA ?

Kate : (étudier deux ans) ....

Le journaliste : L'Allemagne ?

Kate : (travailler huit ans) ....

LE JOURNALISTE : Et l'Italie ?

KATE : (épouser mon mari, un avocat de Hambourg) ....

....

LE JOURNALISTE : Vous êtes resté six ans aux Pays-Bas ?

KATE : (oui, avoir mes trois enfants) ....

LE JOURNALISTE : Qu'avez-vous fait en Suisse ?

KATE : (divorcer) ....

LE JOURNALISTE : Vous avez vécu au Danemark aussi ?

KATE : (non, aller quatre fois, pour des congrès) ....

....

LE JOURNALISTE : Ensuite, vous avez passé dix ans en Inde !

KATE : (oui, monter une association « Un Toit pour eux » pour trouver des familles aux

enfants des rues) ....

....

LE JOURNALISTE : Et maintenant vous vivez au Tibet ?

KATE : (oui, trouver la paix et la sérénité) ....

35 **Answer these questions.**

Exemple : – *Tu as déjà participé au concours de belote du village ? (Oui / l'an dernier)*
   – ***Oui, j'y ai participé l'an dernier.***

a. – Vous avez déjà joué à la pétanque ? (Oui / une fois)

   – ....

b. – Ton frère s'intéresse au billard ? (Oui / depuis son voyage aux États-Unis)

   – ....

c. – Il a réfléchi à ma proposition de partie de cartes ? (Oui / il est d'accord)

   – ....

d. – Nous devons nous mettre au tarot ? (Oui / vous verrez, c'est sympa !)

   – .... !

e. – Elles ont pensé au jeu d'échecs ? (Oui / il est dans la voiture)

   – ....

f. – Je dois renoncer au poker ? Qu'en penses-tu ? (Oui / tu as déjà perdu beaucoup d'argent)

   – ....

g. – Elle a résisté à l'envie de jouer aux dominos ? (Oui / mais c'était dur)

   – ....

36 Make a sentence out of each group of words.

Exemple : *pas / enfants. / Elle / ses / y / ne / laisser / veut* →
  Elle ne veut pas y laisser ses enfants

a. avez / y / n' / Vous / monter? / pas / pu

.... ?

b. absolument / passer! / y / dois / Tu

.... !

c. seul. / Je / aller / sais / y / tout

....

d. tour. / y / Nous / faire / allons / un

....

e. pensé / quelque chose? / a / Elle / acheter / y

.... ?

f. tranquille? / Tu / y / croyais / être

.... ?

g. une / aimerait / passer / Elle / y / semaine.

....

h. quelques / reposer / Elles / jours. / y / souhaitent / s'

....

37 Find one or several answers to these riddles.

Exemple : *J'y nageais deux fois par semaine.* → ***à la piscine (à la mer, dans la rivière...)***

a. Elle y achète des timbres. ....

b. Nous y dînons une fois par semaine. ....

c. Elles y amènent les enfants tous les matins. ....

d. Tu y trouveras des croissants et du pain. ....

e. Vous y avez vu quel film? ....

f. Ils y travaillent tous les jours. ....

g. Nous y changeons des dollars. ....

h. Il y est allé ce matin. Il était malade. ....

38 **Change these sentences.**

Exemple : *Vous devez aller **chez le dentiste**. → **Allez-y !***

a. Tu dois passer à la pharmacie. → .... !

b. Nous devons rester à l'hôpital. → .... !

c. Vous devez penser à vos médicaments. → .... !

d. Tu dois retourner chez le médecin. → .... !

e. Nous devons courir aux urgences. → .... !

f. Vous devez monter au huitième étage. → .... !

g. Tu dois faire attention à ton estomac. → .... !

h. Nous devons entrer dans la chambre. → .... !

39 **Put these sentences in the negative form.**

Exemple : *Montez-**y** les valises ! → N'**y** montez pas les valises !*

a. Vas-y cet été ! → .... !

b. Retournons-y en demi-pension ! → .... !

c. Restez-y une semaine ! → .... !

d. Penses-y pour ton prochain voyage ! → .... !

e. Passons-y nos vacances ! → .... !

f. Faites-y un tour pendant votre séjour ! → .... !

g. Entres-y au coucher du soleil ! → .... !

h. Réfléchissons-y pour les congés de Noël ! → .... !

40 **Complete these sentences using *y* or *en*.**

Exemples : *Allez-**y**, vous pouvez partir !*
*Prends-**en** à Pâques, tu pourras te reposer !*

a. Restons-............ avec les autres employés !

b. N'............ parlez pas au directeur !

c. Envoies-............ un à la comptabilité !

d. Réfléchissons-............ jusqu'à la prochaine réunion !

e. Préparez-............ quelques-uns pour les clients !

f. N'............ pense plus ! Le contrat est signé.

g. Répondez-............ et remplissez les formulaires !

h. N'............ achetons pas maintenant ! Attendons le mois prochain !

Évaluation 4

1 **Place the items below on the chart to create a maximum number of sentences.**

J'	écrivent	cette chanteuse ?
Tu	écoutes	chez le coiffeur.
Il	sommes	un bon médecin.
Elle	va	au président.
Nous	travaillent	du musicien.
Vous	ai	avec la secrétaire.
Ils	parle	à mon avocat.
Elles	comprenez	le professeur.

J'		
Tu		
Il		
Elle		
Nous		
Vous		
Ils		
Elles	*travaillent* *écrivent*	*chez le coiffeur.* *avec la secrétaire.* *au président.* *à mon avocat.*

2 **Complete this conversation using *moi, toi, lui, elle, nous, vous, eux* and *elles*.**

Préparation de voyage

JEAN : **Moi**, je préfère prendre l'avion et ...., Laura ?

LAURA : .... aussi.

JEAN : Tu crois que Léo et Axelle, ..., ils vont y aller en train ?

LAURA : Axelle, ..., c'est sûr ! Elle déteste l'avion. Léo, ..., ne savait pas encore hier ; il hésitait.

JEAN : En tout cas, ..., on ne va pas faire 15 heures de train alors qu'en 2 heures, on peut être là-bas !

LAURA : Célestine et Margot, ..., elles m'ont dit qu'elles prenaient aussi l'avion.

JEAN : Adam aussi. Il m'a téléphoné ce matin. ...., au moins, n'a pas hésité !

LAURA : Et si on prenait un billet de groupe, c'est à partir de 10, je crois. Paris-Rome, c'est cher ! Tu connais Alitalia ? ...., ils font des prix intéressants.

JEAN : Oh ! .... les femmes ! Toujours de bonnes idées...

❸ **Choose between te (t'), le, la, nous, vous, les and y.** /10 points

Une rencontre

JEAN-CHRISTIAN et CORINNE : Salut Marie-Hélène, comment vas-tu ?

MARIE-HÉLÈNE : Bien et vous ?

JEAN-CHRISTIAN et CORINNE : Bien. On part en Italie avec les enfants.

MARIE-HÉLÈNE : Vous **les** emmenez ?

CORINNE : Ben oui, on n'a trouvé personne pour .... garder.

MARIE-HÉLÈNE : Vous allez où ?

JEAN-CHRISTIAN : En Toscane et ensuite à Rome et à Naples. On vient .... chercher à l'aéroport de Florence et ensuite on va à l'hôtel : le Mona Lisa.

MARIE-HÉLÈNE : Ah, je .... connais ! J' .... suis allé l'année dernière.

CORINNE : Comment tu .... trouves ?

MARIE-HÉLÈNE : Superbe ! Ma chambre était immense. Je .... partageais avec Sonia. Je me souviens très bien... Et puis les Italiens, je .... adore ! Eux aussi .... aiment beaucoup : les Français sont très appréciés ! Et le café... Ah ! Le café... une merveille.

JEAN-CHRISTIAN : Et toi, tu pars ?

MARIE-HÉLÈNE : Oui, je vais faire de la randonnée en Islande avec Patricia.

JEAN-CHRISTIAN : Toi, en Islande ! Il doit .... faire froid ! On .... appelle à notre retour. Tu viendras dîner à la maison.

④ **This letter contains a number of incorrect pronouns. Correct them.** /10 points

> Chers parents,
>
> Je ne **t'**oublie pas, mais le temps passe si vite ici.
>
> Vous me manquez beaucoup ainsi que mon petit chien :
> caressez-**le** bien pour moi. Sur la côte, c'est à nouveau
> la saison touristique : à l'agence, les touristes sont très
> nombreux cette année. Ils **lui** posent plein de questions.
> On **les** renseigne sur les excursions, les horaires des bateaux,
> les hôtels, les restaurants… Mes collègues et moi sommes
> déjà très fatigués. Il y a un type qui vient tous les jours :
> maintenant, je ne **le** réponds plus…
>
> Avez-vous des nouvelles de Jérôme et Vincent ? Je vais **lui**
> écrire bientôt. Ont-ils un e-mail ? Donnez-**leur** le mien.
>
> Madonna, la chanteuse, vient en concert la semaine
> prochaine. Je vais **le** voir avec mes collègues.
>
> Je **vous** embrasse très très fort. Et maman, je **la** souhaite
> un bon anniversaire un peu en avance.
>
> Bises,
>
> Mina

t' → **vous** (les parents)

....

....

....

....

....

....

....

....

....

....

....

....

⑤ **Answer these questions using *en* or *y*.** /6 points

Exemple : – *Vous êtes allé au Bangladesh l'année dernière ?*
　　　　　– ***Oui, j'y suis allé. (ou : nous y sommes allés.)***

a. – Fanta lit souvent des récits de voyage ?

　– Non, ...

b. – Ils ont une carte d'embarquement ?

　– Oui, ...

c. – Tu as pensé à mon passeport ?

　– Oui, ...

d. – Je dois acheter des billets ?

　– Oui, (impératif) ....

e. – Laurent a pris beaucoup de photos ?

　– Non, ...

f. – Nous monterons à l'aiguille du Midi ?

　– Oui, ...

Unité 2

Le groupe verbal

Le verbe *être*

1 Match the words in each column.

vous

ils	**êtes**	– *vous êtes* ....
on	suis	....
je	sont	....
il	sommes	....
elles	est	....
nous	es	....
elle		....
tu		....

2 Tick the correct answer.

Exemple : *Sylvie* ☒ *est* ❏ *es* *coiffeuse.*

a. Marc et Jean-François ❏ est ❏ sont cuisiniers.

b. Tu ❏ êtes ❏ es pilote.

c. Carole et moi ❏ sommes ❏ sont dentistes.

d. Marina et Elena ❏ sont ❏ est avocates.

e. Vous ❏ est ❏ êtes artiste ?

f. Nous ❏ êtes ❏ sommes étudiants.

g. Je ❏ es ❏ suis comptable.

h. Cécile ❏ est ❏ es professeur.

3 Complete these sentences.

Exemple : *Je* **suis** *heureux.*

a. Vous .... ambitieux.

b. Tu .... courageuse.

c. Sylvain .... peureux.

d. Les enfants .... furieux.

e. Nous .... malheureuses.

f. Joseph et Simon .... ennuyeux.

g. Mathilde .... amoureuse.

h. On .... paresseux.

4 **Answer these questions.**

Exemple : – *Vous **êtes** français ?*   – *Oui, je **suis** français.*

a. – Gunther est allemand ?

– Oui, il ....

b. – Ces enfants sont libanais ?

– Oui, ils ....

c. – Tu es canadienne ?

– Oui, je ....

d. – Vos amies sont chiliennes ?

– Oui, elles ....

e. – Wangari est kényane ?

– Oui, elle ....

f. – Vous êtes chinoises ?

– Oui, nous ....

5 **Answer these questions in the negative form.**

Exemple : – *Nicolas est président ?*   – *Non, **il n'est pas** président.*

a. – Lionel et Arlette sont candidats ?

– Non, ils ....

b. – Vous êtes politicien ?

– Non, je ....

c. – Simone est ministre ?

– Non, elle ....

d. – Tu es communiste ?

– Non, je ....

e. – Michelle et Annie sont élues ?

– Non, elles ....

f. – Votre maire est-elle populaire ?

– Non, il ....

6 **Make a sentence out of each group of words.**

Exemple : *il / Quand / à / est-ce que / est / Montréal ?* → ***Quand est-ce qu'il est à Montréal ?***

a. Mexico ? / habitués / à / êtes / Vous

.... ?

b. à / vacances / Tahiti. / Nous / en / sommes

....

c. suis / en / heureux / Je / Espagne. / très

....

d. elle / Portugal / est / Vanessa / au / maintenant ?

.... ?

e. étudiants / On / États-Unis. / aux / est

....

C'est / Il est

7 **Tick the correct sentence.**

Exemple : ☒ *C'est un bon professeur.*   ❑ *Il est un bon professeur.*

a. ❑ C'est mon collègue de bureau.
   ❑ Il est mon collègue de bureau.

b. ❑ C'est un excellent comme médecin.
   ❑ Il est excellent comme médecin.

c. ❑ C'est une journaliste de France-Inter.
   ❑ Elle est une journaliste de France-Inter.

d. ❑ C'est acteur. Il a fait beaucoup de films.
   ❑ Il est acteur. Il a fait beaucoup de films.

e. ❑ C'est génial ce coiffeur !
   ❑ Il est génial ce coiffeur !

f. ❑ Tu es photographe : c'est super !
   ❑ Tu es photographe : il est super !

8 **Make sentences.**

Exemple : *étudiant / étudiant chinois* → **Il est étudiant. C'est un étudiant chinois.**

a. secrétaire / secrétaire américain

....

b. informaticienne / informaticienne pakistanaise

....

c. cuisinière / cuisinière anglaise

....

d. chauffeur / chauffeur indonésien

....

e. psychologue / psychologue roumaine

....

9 **Complete these sentences using *c'est*, *il est*, *ce sont* or *ils sont*.**

Exemple : ***Ce sont*** *des magazines de mode.*

a. .... photographe pour *Marie-Claire*.

b. Où est le programme télé ? Ah ! .... sur la table.

c. .... journalistes à *Ouest-France*.

d. .... un journal très intéressant.

e. .... des revues espagnoles.

f. Jacques Straw ? .... notre correspondant à Londres.

60

10 **Answer these questions using the negative form.**

Exemples : *C'est un chien ? (loup)* → *Non,* **ce n'est pas** *un chien, c'est un loup.*
Ce sont des canards ? (oies) → *Non,* **ce ne sont pas** *des canards, ce sont des oies.*

a. C'est un poisson ? (mammifère) → ....

b. C'est une souris ? (hamster) → ....

c. Ce sont des chevaux ? (zèbres) → ....

d. C'est un hippopotame ? (rhinocéros) → ....

e. Ce sont des ours ? (koalas) → ....

f. C'est une chèvre ? (mouton) → ....

Le verbe *avoir*

11 **Match the items in the two columns.**

Vous

Ils   as faim ?   **J'ai soif.** ....

On   ➤   **ai soif.**   ....

J' ·········   avons chaud.   ....

Il   a froid.   ....

Elles   avez peur ?   ....

Nous   ont sommeil.   ....

Elle   ....

Tu   ....

12 **Write the correct questions.**

Exemple : – **Tu as un dictionnaire ?**
– *Oui, j'ai un dictionnaire.*

a. – ....   **d.** – ....
– Oui, nous avons des stylos.   – Oui, vous avez le bon texte.

b. – ....   **e.** – ....
– Oui, tu as un cahier d'exercices.   – Oui, on a une règle.

c. – ....   **f.** – ....
– Oui, elle a du papier.   – Oui, il a son livre de maths.

13 **Answer these questions using the negative form.**

Exemple : – *Vous avez des chaussures rouges ?*
  – *Non, je **n'ai pas de** chaussures rouges.*

a. – Maxime a un costume ?

  – Non, il ....

b. – Tu as des lunettes de soleil ?

  – Non, je ....

c. – Clotilde et Marianne ont des gants ?

  – Non, elles ....

d. – David a une cravate ?

  – Non, il ....

e. – Vous avez un maillot de bain ?

  – Non, nous ....

f. – Les enfants ont une casquette ?

  – Non, ils ....

14 **Make a sentence out of each group of words.**

Exemple : *deux / ai / maisons. / J'* → ***J'ai deux maisons.***

a. voitures ? / trois / as / Tu

.... ?

b. un / On / chien / a / chats. / quatre / et

....

c. frères / avez / huit / sœurs ? / Vous / et

.... ?

d. de / Maxime / 65''. / télévision / a / une

....

e. au / sept / total. / Nous / chambres / avons

....

f. paires / Claudia / chaussures. / soixante / de / a

....

Il y a

15 **Make sentences.**

Exemples : *Paris / la tour Eiffel* →
À Paris, il y a la tour Eiffel.

a. Égypte / les pyramides

....

b. Chine / la Grande Muraille

....

c. Japon / le mont Fuji

....

d. Moscou / le Kremlin

....

e. Londres / Big Ben

....

16 **Change these sentences.**

Exemples : *Aujourd'hui, nous avons des sandwichs au thon.* →
*Aujourd'hui, **il y a** des sandwichs au thon.*

a. Nous avons du vin à la cave.

....

b. Un très bon fromage de chèvre est en vente ici.

....

c. Nous avons du jambon, des œufs et des pommes.

....

d. J'ai beaucoup de pain.

....

e. Vous avez de belles tomates dans votre jardin.

....

f. Une bonne tarte aux pommes est dans la cuisine.

....

17 **Answer these questions using the negative form.**

Exemples : – *Est-ce qu'**il y a des** montagnes aux îles Maldives ?*
– *Non, il **n'y a pas de** montagne aux îles Maldives.*

– ***Il y a la** mer en Suisse ?*
– *Non, **il n'y a pas la** mer en Suisse.*

a. – Est-ce qu'il y a la mousson en France ?

– ....

b. – Il y a des forêts dans le Sahara ?

– ....

c. – Est-ce qu'il y a des typhons en Europe ?

– ....

d. – Y a-t-il un désert en Angleterre ?

– ....

e. – Il y a des volcans au Brésil ?

– ....

f. – Y a-t-il l'océan Pacifique à l'est de l'Inde ?

– ....

g. – Est-ce qu'il y a des tremblements de terre en Irlande ?

– ....

h. – Il y a des tsunamis en Mongolie ?

– ....

18 **Make sentences.**

Exemple : *restaurant / bon → **Là-bas, il y a un restaurant et c'est un bon restaurant**.*

a. église / belle → ....

b. banque / vieille → ....

c. stade / grand → ....

d. musée / joli → ....

e. cinéma / nouveau → ....

f. château / superbe → ....

g. école / super → ....

h. jardin / petit → ....

Évaluation 5

1 **Tick the correct answer.** /8 points

Exemple : Ils ☒ **ont** du courage.
❏ sont du courage.

a. Nous ❏ avons jeunes.
❏ sommes jeunes.

b. Elle ❏ a sympathique.
❏ est sympathique.

c. On ❏ a vingt ans.
❏ est vingt ans.

d. Ils ❏ n'ont pas peur.
❏ ne sont pas peur.

e. Je/J' ❏ ai fort.
❏ suis fort.

f. Nous ❏ avons faim.
❏ sommes faim.

g. Vous ❏ avez heureux ?
❏ êtes heureux ?

h. Elles ❏ ont prêtes à voyager.
❏ sont prêtes à voyager.

2 **Complete this internet ad using *être* or *avoir*.** /10 points

```
☐ ░░░░░░░░░░░░░░░░░  message  ░░░░░░░░░░░░░░░░░ ▣▣
  🖋  🖋  🖋  🖋  🖋  🖋  🖋  🖋  🖋  🖋   N
▽ ▭

  Annonce n° : 211
  Type d'annonce : échanges
  Date de l'annonce : 20/10/2005
  Nom, prénom : Forouzan
  Courrier électronique : fs1976@voila.fr

  Bonjour à tous !
  Je m'appelle Forouzan, j'**ai** 27 ans. J'enseigne le français en Iran.
  Je suis iranienne. Je .................... mariée et j'.................... deux filles.
  Elles .................... à l'école primaire. Mon mari .................... électricien
  et .................... le même âge que moi. Nous .................... une petite
  maison dans la banlieue de Téhéran. Les enfants .................... de l'espace
  pour jouer dans le jardin. Dans mon pays, il y .................... de très beaux
  monuments, surtout à Ispahan où .................... mes parents. J'adore la
  langue française. J'aime beaucoup trouver des amis dans le monde entier.
  Je serais très contente d'avoir de nouveaux amis, parler de différentes
  choses de la vie et échanger des idées. Si vous .................... du temps
  et l'envie, répondez-moi.
```

3 Choose between *c'est, il/elle est, ce sont, ils/elles sont, il y a,* /10 points
il/elle a and *ils/elles ont* to complete the text below.

LA CLIENTE : Comment est la maison ?

L'EMPLOYÉE : C'est une belle maison. Il y a trois chambres : .... de grandes

pièces et .... toutes une salle de bains.

Au rez de chaussée, ... le garage et une chambre.

Au premier étage, on trouve la cuisine : .... très claire et bien

équipée.

Le séjour/salle à manger est superbe : .... trois doubles

fenêtres et une cheminée art-déco. .... un autre salon avec une

vue panoramique sur la mer.

Au deuxième étage se trouvent les deux autres chambres et une salle

de jeux : .... idéal pour les enfants. .... aussi

un jardin, il fait 2 000 m² : .... beaucoup d'arbres et

.... très fleuri.

LA CLIENTE : Merci madame. Quand est-ce qu'on peut la visiter ?

L'EMPLOYÉE : Demain à 10 h 00 si vous voulez ?

4 Complete this ad using *il est, ils sont, c'est, ce sont* or *il y a*. /8 points

Venez en Namibie : <u>c'est</u> un très beau pays ! À l'ouest,
.... un désert : .... le désert du
Namib. .... orange. .... un très
vieux désert. Au nord du pays, ... le parc
d'Etosha ; on peut y observer des éléphants et des lions.
.... des animaux très dangereux. .... aussi des
rhinocéros : eux aussi, ... très dangereux.

Contact : Office de tourisme de Namibie

L.S. p. 194-196

Les verbes en -er

1 Complete the chart below.

Verbes en -er	Verbes en -ger	Verbes en -cer	Verbes en -eler	
Danser	Manger	Placer	Appeler	Peler
Je danse	Je mange	Je	J'appelle	Je pèle
Tu	Tu manges	Tu places	Tu	Tu pèles
Il/Elle danse	Il/Elle mange	Il/Elle place	Il/Elle appelle	Il/Elle ....
Nous dansons	Nous	Nous	Nous appelons	Nous pelons
Vous	Vous mangez	Vous placez	Vous appelez	Vous ....
Ils/Elles dansent	Ils/Elles	Ils/Elles placent	Ils/Elles	Ils/Elles pèlent

Verbes en -ayer -oyer, -uyer	Verbes en -eter	Verbes en -eter, -eser	Verbes en -éler, -éter, -érer, -égler, -écher...
Payer	Jeter	Acheter	Espérer
Je	Je jette	J'achète	J'espère
Tu paies	Tu jettes	Tu	Tu espères
Il/Elle paie	Il/Elle jette	Il/Elle achète	Il/Elle espère
Nous	Nous	Nous achetons	Nous espérons
Vous payez	Vous jetez	Vous achetez	Vous ....
Ils/Elles paient	Ils/Elles	Ils/Elles achètent	Ils/Elles espèrent

2 Complete these sentences.

Exemple : Je **joue** (jouer) au tennis le samedi.

a. Tu .... (pratiquer) le judo combien de fois par semaine ?

b. Il .... (aimer) beaucoup la danse.

c. Elle .... (détester) le rugby.

d. On .... (regarder) du foot à la télé.

e. Nous .... (monter) à cheval ?

f. Vous .... (nager) tous les jours ?

g. Ils .... (préparer) les Jeux olympiques.

h. Elles .... (parler) seulement de sport.

3 Complete these sentences.

Exemple : *Je **commence** (commencer) la leçon. / Nous **commençons** la leçon.*

a. J'........................ (effacer) le tableau. / Nous ....

b. Je .... (tracer) un trait. / Nous ....

c. Je .... (changer) de bureau. / Nous ....

d. Je .... (partager) la classe en deux. / Nous ....

e. Je .... (diriger) cette école. / Nous ....

f. Je .... (menacer) le directeur d'une grève. / Nous ....

....

4 Complete these sentences using the following verbs:

acheter – lever – emmener – gérer – régler – préférer – suggérer – espérer – peser.

Exemple : *Pour la fête des mères, j'**achète** toujours des fleurs.*

a. Vous .... avec ou sans paquet cadeau ?

b. Pour vos soixante ans, nous .... notre verre : joyeux anniversaire !

c. Il .... le poisson en chocolat... 850 grammes, ça va ?

d. Ils .... toute la fête de A à Z.

e. Où ....-tu ta femme en voyage de noces ?

f. Je .... de prendre un gros gâteau au chocolat.

5 Ask the correct questions, using *vous* or *tu*.

Exemple : – ***Vous préparez le dîner ? / Tu prépares le dîner ?***
          – *Oui, je prépare le dîner.*

a. – .... ? / .... ?

– Oui, je déjeune à midi.

b. – .... ? / .... ?

– Non, je n'aime pas les sushis.

c. – .... ? / .... ?

– Oui, je trouve des champignons par ici.

d. – .... ? / .... ?

– Non, je ne cuisine pas vraiment.

e. – .... ? / .... ?

– Oui, je mange épicé.

6 **Answer these questions using the negative form.**

Exemple : – *La police interroge le suspect ?*
     – *Non, elle **n'interroge pas** le suspect.*

a. – Cet agent vérifie les papiers d'identité ?

  – Non, il ....

b. – Tu cherches le tribunal ?

  – Non, je ....

c. – Je mène l'enquête ?

  – Non, vous ....

d. – Vous tutoyez les témoins ?

  – Non, je ....

e. – Ils espèrent qu'il sera condamné ?

  – Non, ils ....

f. – J'interpelle cet individu ?

  – Non, vous ....

g. – L'amende coûte cher ?

  – Non, elle ....

h. – Vous envoyez un rapport au commissaire ?

  – Non, nous ....

7 **Rewrite this document in the plural form.**

> Yann habite à Brest. Tous les matins, il marche jusqu'au port pour regarder les bateaux de pêcheurs. Il admire ces hommes et ces femmes : leur travail et leur amour de la mer. Il étudie l'histoire à l'université : il aime beaucoup l'histoire contemporaine et la politique. Il participe à de nombreuses activités : conférences, débats, organisations de fêtes locales… Il parle breton et milite pour la conservation du patrimoine. Il pense à l'avenir de la région, la Bretagne.

*Yann et Gwendoline **habitent** à Brest.* ....

....

....

....

....

8 **Complete this letter using the following verbs:**

renvoyer – essayer – envoyer – **nettoyer** – balayer – vouvoyer – payer – essuyer – tutoyer.

Salut Nico,

J'ai trouvé un petit boulot dans un restaurant à Toulouse pour payer mes études mais ce n'est pas très amusant ! Je m'ennuie. Avec mon collègue, nous **nettoyons** tout ! Lui lave la vaisselle et moi j'............................ .

Nous .... aussi et cirons le parquet tous les jours : la salle est immense, au moins 300 m².

Je .... mon patron et lui me ....

Il nous .... très mal, notre salaire est une vraie misère et si nous ne sommes pas contents, il nous .... J'........................ de changer de travail : j'........................ des CV mais je n'ai pas de réponse. J'espère tout de même...

Et toi, comment va ton nouveau job ?

À plus,

Christophe

Les verbes en -*ir*

9 **Put the correct endings on the verbs in these sentences.**

Exemple : *L'avion atterrit à 23 h 50.*

a. Nous garant .... le prix de ce billet jusqu'à demain midi.

b. Les touristes envah .... les aéroports au moment des vacances.

c. Tu chois .... quelle compagnie ?

d. Vous fin .... d'enregistrer à quelle heure ?

e. Les pilotes se réun .... pour parler de la grève.

f. L'appareil ralent .... puis s'arrête totalement.

g. Les passagers rempl .... un formulaire pour l'immigration.

h. Je réfléch .... pour savoir quel vol je dois prendre.

10 Underline the verbs in the second group, and write their infinitive forms.

Les oiseaux **_applaudissent_** l'arrivée du printemps,   ***applaudir***

La campagne reverdit, il était temps ! ....

Vive l'été ! Le ciel bleuit les moissons   ....

Et ton sourire éclaircit la maison.   ....

Déjà l'automne ! Les feuilles rougissent   ....

Je vieillis et mes cheveux blanchissent.   ....

N'entre pas hiver ! Je te hais !   ....

Tu noircis tout. Disparais !   ....

11 Complete these sentences.

Exemple : *L'hiver, je **grossis** (grossir) beaucoup.*

a. On .... (choisir) toujours la tarte aux pommes !

b. Nous faisons un régime mais pourtant nous ne .... (maigrir) pas.

c. Ils .... (finir) tous les plats !

d. Ton fils .... (pâlir) ! Il a peut-être faim ?

e. Tu .... (rougir) ! Où sont mes bonbons ?

f. Quand ils cuisinent, ils .... (salir) tout !

Les verbes pronominaux

12 Find the reflexive verbs and place them correctly on the chart.

Extraits de romans

...**Je me réveille** lentement. Émilie s'approche en souriant. « Bonjour Lucas »... Je prononce « Bonjour » avec difficulté. Puis, je me lève, prends une douche et bois un grand café. Émilie me demande : « Tu te rappelles de Patricia ? » Oui, je revoie très bien cette fille assise au bar, ses jambes se balancent au rythme de la musique...

...Je me retourne vers Christophe. Il dort paisiblement sur le dos, les mains sur la poitrine, les yeux fermés. J'avance ma main pour le toucher, mais je la retire lentement quand je m'aperçois qu'il est parti.
Je me relève et me dirige vers la porte de la tente. Je jette un dernier regard derrière moi et je m'en vais...

Sujet	Pronom	Verbe	Infinitif
Je	*me*	*réveille*	*se réveiller*

13 **Complete these sentences.**

Exemple : *Les enfants **se** dépêch**ent** : ils sont en retard.*

a. Nous .... rencontr .... tous les matins à l'école.

b. Je .... appell .... Thérèse Pipart. Je suis la nouvelle directrice.

c. Cette jeune institutrice .... occup .... très bien de ses élèves.

d. Romain, tu .... présent .... à toute la classe ? Allez !

e. Ces deux profs .... ressembl .... beaucoup, tu ne trouves pas ?

f. On .... retrouv .... à la sortie du cours ?

14 **Match the sentences to the correct drawings.**

a. *On se serre la main.* b. Ils s'embrassent. **c.** Nous nous saluons. **d.** Elles se remercient. **e.** On se parle en espagnol. **f.** Ils se félicitent. **g.** Ils se quittent. **h.** On se tutoie. **i.** Elles se sourient. **j.** Elles se ressemblent.

a3 ; b .... ; c .... ; d .... ; e .... ; f .... ; g .... ; h .... ; i .... ; j ....

15 **With the help of the drawings, complete the description below using reflexive verbs.**

Tous les matins, *je me réveille* à 7 h 00. Je .... difficilement. Je

.... et .... encore à moitié endormi. Je

.... toujours de la même façon : un costume bleu marine, une chemise

blanche et une cravate à rayures. Je déjeune très peu : un café et une tartine de confiture. Avant

de partir au bureau, je ...., ... et

.... légèrement. Je .... et je suis prêt ! Maintenant,

je .... car comme tous les matins, je suis en retard !

16 Complete this e-mail using the following verbs:

se saluer – se parler – se dépêcher – s'énerver – s'écouter – s'aimer – s'adapter – se trouver – s'ignorer.

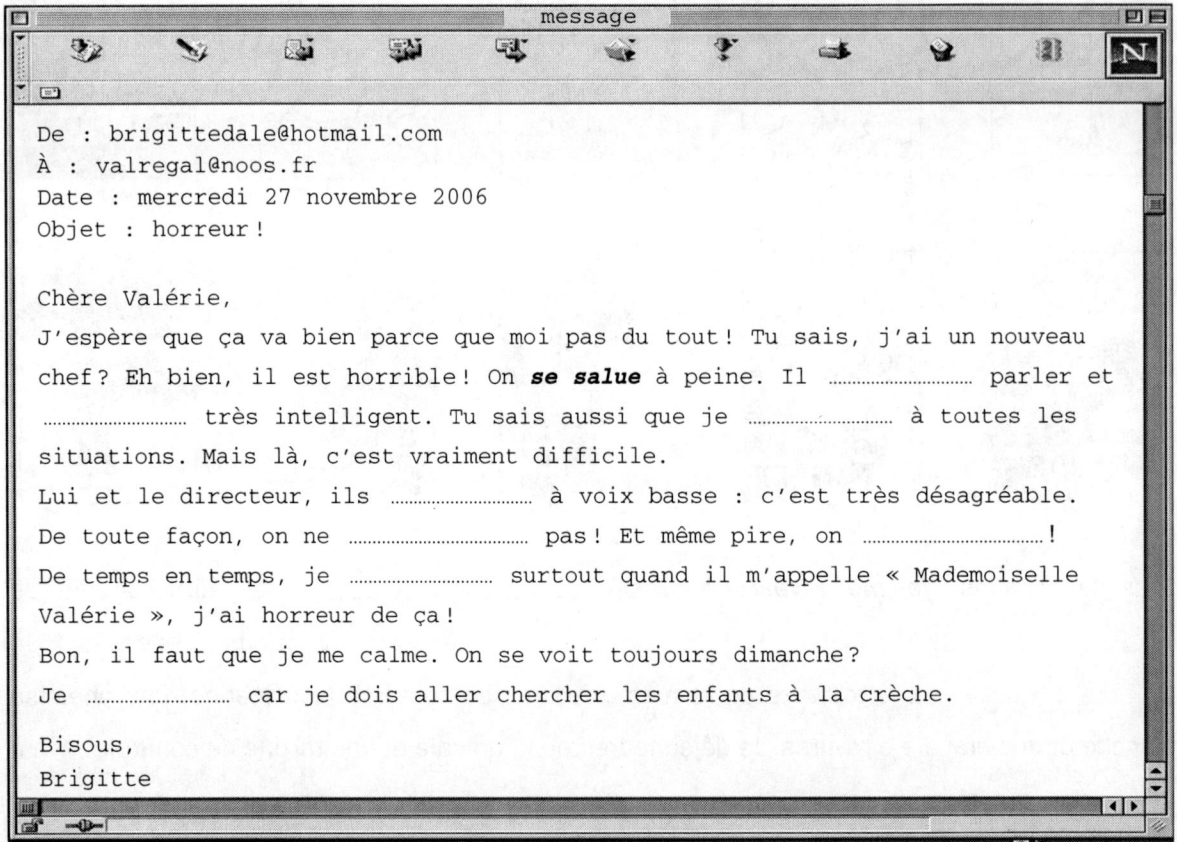

```
┌─────────────────────────────── message ──────────────────────────────────┐
│ ☐ │                                                                   ▣ ▣ │
│ ▼ │  🖉     ✎     🖼     🖼     🖼     📩     ？     📤     🖊     📖    │ N │
│ ▼ │ ▭                                                                     │
├───┴───────────────────────────────────────────────────────────────────────┤
│  De : brigittedale@hotmail.com                                            │
│  À : valregal@noos.fr                                                     │
│  Date : mercredi 27 novembre 2006                                        │
│  Objet : horreur!                                                         │
│                                                                           │
│  Chère Valérie,                                                          │
│  J'espère que ça va bien parce que moi pas du tout! Tu sais, j'ai un nouveau │
│  chef? Eh bien, il est horrible! On **se salue** à peine. Il .................... parler et │
│  .................... très intelligent. Tu sais aussi que je .................... à toutes les │
│  situations. Mais là, c'est vraiment difficile.                          │
│  Lui et le directeur, ils .................... à voix basse : c'est très désagréable. │
│  De toute façon, on ne .................... pas! Et même pire, on ....................! │
│  De temps en temps, je .................... surtout quand il m'appelle « Mademoiselle │
│  Valérie », j'ai horreur de ça!                                          │
│  Bon, il faut que je me calme. On se voit toujours dimanche?             │
│  Je .................... car je dois aller chercher les enfants à la crèche. │
│                                                                           │
│  Bisous,                                                                  │
│  Brigitte                                                                 │
└───────────────────────────────────────────────────────────────────────────┘
```

Les verbes irréguliers

17 Put the correct endings on the following verbs:

traduire – conduire – construire – cuire – réduire – séduire – déduire.

Exemple : *Je traduis un livre de recettes hongroises.*

a. Tu me condu .... au marché?

b. Nous constru .... un restaurant sur la Côte d'Opale.

c. Les poulets cu .... dans le four.

d. La sauce rédu .... pendant 20 minutes.

e. Les crêpes de madame Michel sédu .... tous ses clients.

f. Avec cette carte, ils dédu .... 20 % de taxe de l'addition.

18 **Complete these sentences.**

Exemple : *Nous **rejoignons** (rejoindre) Sandrine à l'expo Gauguin à 10 h 00.*

a. Tu .... (éteindre) la lumière et tu m'aides à descendre les tableaux.

b. Vous .... (peindre) beaucoup de toiles ?

c. Ses tableaux n'ont pas de succès ; je la .... ! (plaindre)

d. Le professeur de dessin .... (contraindre) ses élèves à n'utiliser que du blanc et du rouge.

e. Nous .... (craindre) les voleurs car nous avons beaucoup d'œuvres d'art.

f. En Indonésie, les artisans .... (teindre) des motifs sur un tissu ; c'est le batik.

g. Cette sculpture .... (atteindre) des prix complètement fous.

19 **Complete the e-mail below.**

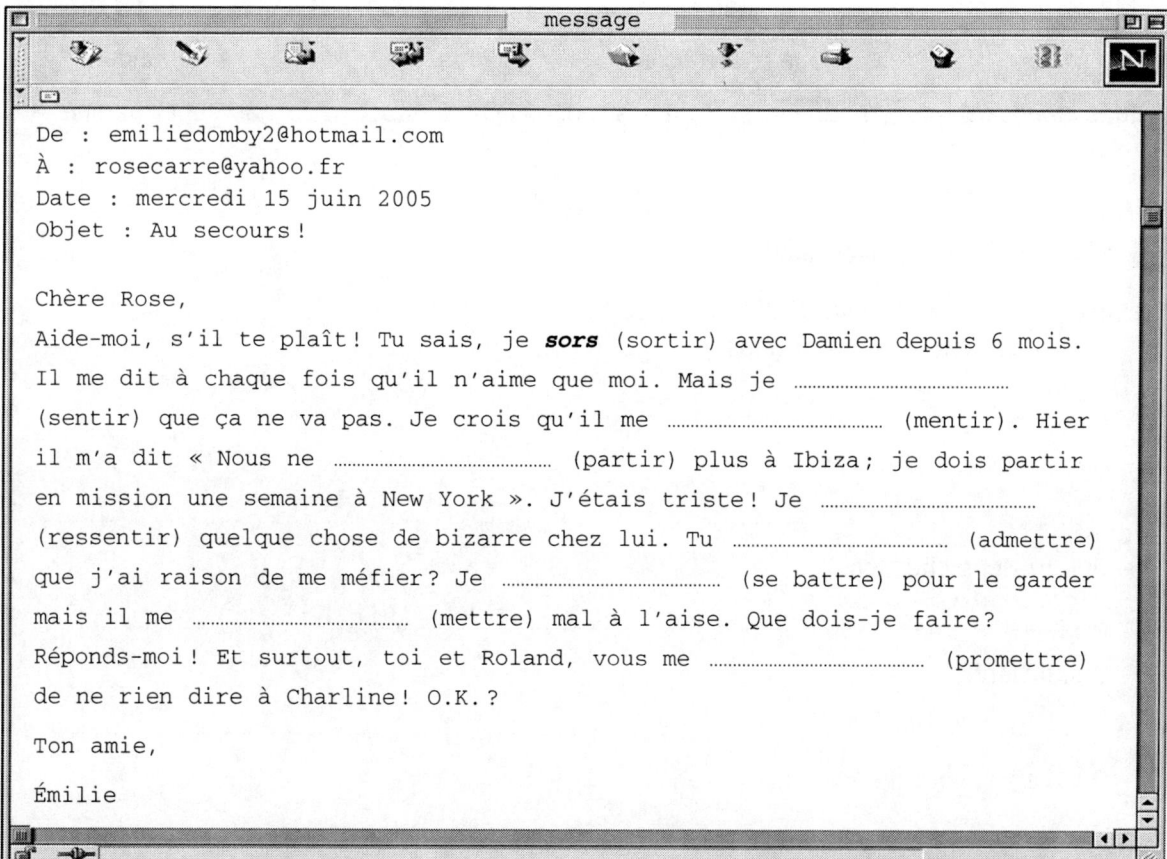

```
┌──────────────────────────── message ──────────────────────────────┐
│  ▨  ▨  ▨  ▨  ▨  ▨  ▨  ▨  ▨  ▨       N │
├────────────────────────────────────────────────────────────────────┤
│ De : emiliedomby2@hotmail.com                                       │
│ À : rosecarre@yahoo.fr                                              │
│ Date : mercredi 15 juin 2005                                       │
│ Objet : Au secours !                                               │
│                                                                     │
│ Chère Rose,                                                        │
│ Aide-moi, s'il te plaît ! Tu sais, je **sors** (sortir) avec Damien depuis 6 mois. │
│ Il me dit à chaque fois qu'il n'aime que moi. Mais je ............  │
│ (sentir) que ça ne va pas. Je crois qu'il me ............ (mentir). Hier │
│ il m'a dit « Nous ne ............ (partir) plus à Ibiza ; je dois partir │
│ en mission une semaine à New York ». J'étais triste ! Je ............ │
│ (ressentir) quelque chose de bizarre chez lui. Tu ............ (admettre) │
│ que j'ai raison de me méfier ? Je ............ (se battre) pour le garder │
│ mais il me ............ (mettre) mal à l'aise. Que dois-je faire ?  │
│ Réponds-moi ! Et surtout, toi et Roland, vous me ............ (promettre) │
│ de ne rien dire à Charline ! O.K. ?                                │
│ Ton amie,                                                          │
│ Émilie                                                             │
└────────────────────────────────────────────────────────────────────┘
```

FAIRE

20 **Complete these sentences using the verb *faire*.**

Exemple : *Je **fais** de la natation trois fois par semaine.*

a. Qu'est-ce que tu .... comme sport ?

b. C'est une grande sportive. Elle .... du judo et du karaté.

c. On .... de la danse moderne et de la danse africaine.

d. Nous adorons la mer ; nous .... de la voile tous les dimanches.

e. Vous .... du basket-ball ou du hand-ball ?

f. Elles sont courageuses ; elles .... le prochain marathon de New York.

ALLER

21 **Complete these sentences using the verb *aller*.**

Exemple : *Mon père **va** au bureau de tabac.*

a. Je .... à la boulangerie.

b. Ma sœur et moi .... au cinéma.

c. Ma mère .... à la pharmacie.

d. Mes grands-parents .... à la piscine.

e. Tu .... à la poste ?

f. Mes voisins .... au théâtre.

g. Vous .... à la banque ?

h. On .... au supermarché.

VENIR

22 **Write the correct questions.**

Exemple : *– D'où **venez-vous** / D'où **viens-tu** ?*
          – Je viens de Los Angeles.

a. – .... ?

– Nous venons à 8 heures.

b. – .... ?

– Oui, tu viens chez moi.

c. – .... ?

– Oui, il vient.

d. – .... ?

– Oui, ils viennent d'arriver.

e. – .... ?

– Non, elle vient seule.

SAVOIR

23 **Complete these questions using the verb *savoir*.**

Exemple : *Tu **sais** comment elle s'appelle ?*

a. Il .... quel âge elle a ?

b. Vous .... où elle habite ?

c. On .... quelle est sa nationalité ?

d. Tu .... combien de frères et sœurs elle a ?

e. Ils .... si elle est mariée ?

f. Vous .... ce qu'elle fait ?

g. Nous .... quels sont ses goûts ?

h. Elle .... pourquoi elle n'est pas venue ?

24 **Answer these questions.**

Exemple : *– Tu sais skier ?*
    *– **Oui, je sais skier. / Non, je ne sais pas skier.***

a. – Vous savez jouer au golf ?

– .... / ....

b. – Elle sait danser ?

– .... / ....

c. – Ils savent faire du roller ?

– .... / ....

d. – Il sait monter à cheval ?

– .... / ....

e. – Vous savez nager ?

– .... / ....

CONNAÎTRE

25 **Complete these sentences.**

Exemple : *Je **connais** le Mali et toi, tu **connais** ce pays ?*

a. Nous .... la Bretagne et vous, ... cette région ?

b. Tu .... l'Everest et elle, ... ce mont ?

c. Ils .... Venise et elles, ... cette ville ?

d. Elle .... Versailles, et eux, ... ce château ?

e. Vous .... l'Amazonie et lui, ... cette forêt ?

f. Il .... le Nil et vous, ... ce fleuve ?

26 **Tick the right answer. Then, correct the incorrect forms.**

	Correcte	Incorrecte	
a. *Elle* ~~sait~~ *le Bouthan ?*	❏	☒	*Elle **connaît***
b. Tu connais combien de langues ?	❏	❏	....
c. Vous connaissez parler coréen.	❏	❏	....
d. Nous savons où est cet ancien livre maya.	❏	❏	....
e. Ils connaissent ce poème arabe ?	❏	❏	....
f. Je sais écrire le sanscrit.	❏	❏	....
g. Il connaît traduire le japonais.	❏	❏	....
h. Elles savent le sens de cette phrase.	❏	❏	....
i. Nous connaissons ce que veut dire ce signe.	❏	❏	....

27 **Find the correct question or answer.**

Exemples : *Vous dormez ?* → **Oui, je dors.**
          Vous lisez ? → Oui, je lis.

a. .... ? → Oui, je descends.

b. Vous éteignez ? → ....

c. .... ? → Oui, je réponds.

d. Vous attendez ? → ....

e. .... ? → Oui, je conduis.

f. Vous partez ? → ....

g. .... ? → Oui, je sors.

h. Vous connaissez ? → ....

(Voir le chapitre sur la négation dans la phrase, p. 147)

NE CONFONDEZ PAS

28 **Change these sentences.**

a. PRENDRE / **APPRENDRE** / COMPRENDRE

J'apprends le russe depuis un mois.
*Nous **apprenons** le russe depuis un mois.*
*Ils **apprennent** le russe depuis un mois.*

Je prends deux heures de cours par jour.

Nous ....

Ils ....

Maintenant, je comprends un peu la langue.

Maintenant, nous ....

Maintenant, ils ....

b. VENIR / SE SOUVENIR / REVENIR

Je viens chaque année à Venise.

Nous ....

Elles ....

Je me souviens du carnaval de 1960.

Nous ....

Elles ....

Je reviens toujours dans le même hôtel.

Nous ....

Elles ....

c. RECEVOIR / S'APERCEVOIR / DÉCEVOIR

Si je m'aperçois que je déçois les invités quand je les reçois, c'est un échec.

Si nous ....

S'ils ....

29 **Choose the right verb.**

Exemple : *Vous **savez** quand sa cousine Isabelle se marie ?*

a. SAVOIR ou CONNAÎTRE

Tu ne .... pas ma sœur ? Je vais te la présenter.

Nous .... où tes parents habitent.

Elles .... bien la famille de Jacques.

Sabine .... aussi bien danser que toi.

b. PARTIR ou SORTIR

Les Français .... en vacances deux ou trois fois par an.

Les jeunes .... beaucoup le soir.

Mon fils .... tous les vendredis en discothèque.

Je .... à la Guadeloupe à Noël.

c. SAVOIR ou POUVOIR

Je ne .... pas conduire ; j'ai mal à la jambe.

Vous .... piloter un avion ? Moi, non.

Ils .... très bien naviguer ; ils étaient génials pendant le Vendée Globe.

Brigitte .... te prêter son scooter.

d. PRENDRE ou METTRE

Tu .... combien de temps pour aller au lycée ?

On .... 20 minutes en voiture jusqu'à la fac.

Ça .... 5 minutes pour faire ce travail.

Nous .... notre temps.

e. ENTENDRE ou ÉCOUTER

Vous .... la sirène des pompiers ?

J' .... des disques de Beethoven tous les soirs.

Elles .... la radio dans la salle de bains.

Mon père .... du bruit.

f. DIRE ou PARLER

Pourquoi vous ne .... jamais bonjour ?

Je ne .... jamais de ce que je ne connais pas.

Si tu .... la vérité, ce sera mieux pour tout le monde.

Nous .... beaucoup mais agissons peu.

SE FAIRE + INFINITIF

30 **Complete this letter using the following verbs:**

se faire licencier – *se faire bronzer* – se faire construire – se faire opérer – se faire aider – se faire renverser – se faire voler – se faire livrer – se faire faire.

Cher Louis,

Pendant que toi, tu **te fais bronzer** et que Ginette .... des robes chez Proda, nous on galère! Nous n'avons pas de chance : dans la même semaine, je .... mon portefeuille, Jean-Pierre .... par une voiture et les enfants sont à l'hôpital ; Thomas .... du genou et Samuel de l'appendicite.

Enfin, dans l'entreprise, si la situation ne s'améliore pas, nous .... Comme en plus la voiture est en panne, on .... les courses.

Nous ne pouvons pas aller chez mes parents qui ne peuvent plus se débrouiller. Ils .... par une jeune femme du village.

J'en ai vraiment marre.

Profitez bien de vos vacances! Au fait, est-ce que vous .... une maison à Biarritz comme prévu?

À bientôt.

Bises,

Claudine

Le présent continu

31 **Change these sentences.**

Que fait Karim en ce moment ?

Exemple : *Il travaille.* → ***Il est en train de travailler.***

a. Il nage. → ....

b. Il se rase. → ....

c. Il écrit. → ....

d. Il boit. → ....

e. Il lit. → ....

f. Il prend sa douche. → ....

g. Il fait du yoga. → ....

h. Il court. → ....

32 **Write a caption for each drawing.**

a.

Elle est en train de travailler.

b.

Les enfants ....

....

c.

Il ....

....

d.

Ils ....

....

e.

Je ....

....

f.

Vous ....

....

33 Put these sentences in the *présent simple* or the *présent continu.*

Exemple : **Je me lève.** → *Je suis en train de me lever.*

a. Tu prends ta douche.

→ ....

b. Elle est en train de prendre son petit-déjeuner.

→ ....

c. Il se brosse les dents.

→ ....

d. On est en train de s'habiller.

→ ....

e. Nous allons au bureau.

→ ....

f. Vous êtes en train de travailler.

→ ....

g. Ils font des courses.

→ ....

h. Elles sont en train de dormir.

→ ....

34 Complete these sentences.

Exemple : *Revenez à 10 h 00, actuellement Monsieur Giraud **est en train de consulter** un client.*

a. Vous .... (me dire) que je dois me faire opérer ?

b. Non, je ne peux pas y aller, je .... (s'occuper de)
madame Legas, chambre 27.

c. Il faut appeler une ambulance car les blessés .... (perdre)
beaucoup de sang.

d. Je crois qu'elle .... (faire) un malaise.

e. Nous .... (soigner) la fille de la voisine : elle est tombée d'un arbre !

f. Il .... (jouer) aux cartes ! Il y a dix patients dans la salle d'attente ?

g. Les infirmières .... (aider) le malade à se lever.

h. Qu'est-ce que tu fais là ? Tu .... (ne pas porter) les
médicaments dans dans les chambres ? Dépêche-toi !

Évaluation 6

① Complete this ad using the following verbs: /10 points

s'appeler (*3 times*) – rester – mettre – être (*3 times*) – travailler – y avoir – aider – habiter (*twice*) – aimer (*twice*) – avoir (*6 times*).

Cherche correspondant...

Je *m'appelle* Océane et j'................... dix-sept ans.

Mon anniversaire .... le 26 mai.

J................... deux sœurs et un frère.

Ma grande sœur .... Mathilde, elle .... dix-neuf ans et ma petite sœur, Clémentine, ... douze ans.

Mon frère, Adam, lui, ... huit ans.

Mon père .... employé de bureau et ma mère ne .... pas.

Nous .... deux lapins : ils .... Castor et Pollux.

J'................... à Arras dans le Nord de la France près de Lille.

On .... faire des courses, aller à la piscine, visiter des musées et jouer au tennis.

Nous .... une maison avec un jardin. Ma chambre .... assez petite : il .... un lit, une chaise et une télévision.

Avec mes sœurs, nous .... bien écouter de la musique pop et regarder la télé.

Ma mère .... à la maison, Mathilde et moi .... à préparer les repas et .... la table.

Je voudrais bien avoir un correspondant anglais.

② **Complete this extract from Marguerite Duras' novel _L'Amant_.** /10 points

L'homme élégant est descendu de la limousine, il **fume** (fumer) une cigarette anglaise.
Il .... (regarder) la jeune fille au feutre d'homme et aux chaussures d'or.
Il .... (venir) vers elle lentement. C'........................ (être) visible,
il .... (être) intimidé. Il .... (ne pas sourire) tout d'abord. Tout
d'abord il lui .... (offrir) une cigarette. Sa main .... (trembler).
Il .... (y avoir) cette différence de race, il ....
(ne pas être) blanc, il .... (devoir) la surmonter, c'est pourquoi
il .... (trembler). Elle lui .... (dire) qu'elle ....
(ne pas fumer), non merci. [...] Elle .... (ne pas répondre).
Ce .... (ne pas être) la peine qu'elle réponde, que répondrait-elle.
Elle .... (attendre). Alors il le lui .... (demander) : mais
d'où .... (venir)-vous ? Elle .... (dire) qu'elle
.... (être) la fille de l'institutrice de l'école de filles de Sadec.

Marguerite DURAS, _L'Amant_, 1984.

③ **Complete these two poems by Jacques Prévert.** /9 points

L'automne

Un cheval **s'écroule** (s'écrouler) au milieu d'une allée

Les feuilles .... (tomber) sur lui

Notre amour .... (frissonner)

Et le soleil aussi.

Dimanche

Entre les rangées d'arbres de l'avenue des Gobelins

Une statue de marbre me .... (conduire) par la main

Aujourd'hui c'........................ (être) dimanche les cinémas .... (être) pleins

Les oiseaux dans les branches .... (regarder) les humains

Et la statue m'........................ (embrasser) mais personne ne nous .... (voir)

Sauf un enfant aveugle qui nous .... (montrer) du doigt.

Jacques PRÉVERT, _Paroles_, 1945.

L.S. p. 196

Le passé récent

1 **Match the questions to the answers.**

a. *La salade est propre ?*

b. Je n'ai pas mis de sel ?

c. Elle a fait du thé ?

d. Vous désirez un café ?

e. Lucie et Claude ont pris du pain ?

f. Tu veux d'autres chocolats ?

g. Il est au régime ?

1. Oui, ils viennent d'en acheter.

2. Oui, elle vient d'en préparer.

3. *Oui, je viens de la laver.*

4. Oui, il vient de perdre 10 kilos.

5. Si, vous venez d'en mettre.

6. C'est gentil, mais on vient d'en prendre un.

7. Non, merci, tu viens déjà de m'en donner deux.

a3 ; b .... ; c .... ; d .... ; e .... ; f .... ; g ....

2 **Complete the dialogues using the given verbs.**

Exemple : LUI TÉLÉPHONER / SORTIR

– *Je voudrais parler à monsieur Dupuis.*

– *Désolé madame, mais il* **vient de sortir**.

– *Je ne comprends pas, je* **viens de lui téléphoner**. *Il ne vous a rien dit ?*

– *Non madame.*

a. EN RECEVOIR / ACHETER

– Bonjour. Je suis furieux ! Je .... ce téléphone et il est déjà en panne !

– Ne vous inquiétez pas monsieur, votre téléphone est sous garantie et nous .... ce matin, je vais donc vous le changer.

b. ARRIVER / ÊTRE MUTÉ

– Mon fils et ma belle-fille .... du Canada avec leurs enfants pour passer les vacances de Noël avec nous.

– Où habitent-ils là-bas ?

– Avant, ils étaient à Québec, mais Arnaud .... à Montréal.

c. SE MARIER / DIVORCER

– Tu sais Véronique ....

– Avec qui ?

– Avec Alexis Martin, le fils de Jean.

– Celui qui ....

– Oui, celui-là même !

3 Make sentences.

Exemple : *vous / arriver à Taipei* → ***Vous venez d'arriver à Taipei ?***

a. Tu / s'installer en Afrique du Sud → .... ?

b. Il / déménager à Bogota → ....

c. Nous / louer un appartement à Sydney → ....

d. Elles / séjourner au Maroc → .... ?

e. Je / voyager en Thaïlande → ....

f. Ils / faire un reportage sur Cuba → .... ?

Le passé composé

LA FORMATION DU PASSÉ COMPOSÉ

4 Find the verbs in the *passé composé* used in these newspaper titles, and write their infinitive form.

Exemple : *Plus de 2 000 Indonésiennes **ont battu** dimanche le record de la plus grande lessive du monde*

Un parieur britannique a remporté plusieurs milliers de livres après avoir misé, il y a dix ans, sur sa propre longévité

Cinq petits Britanniques ont collecté 275 livres (387 euros) en vendant leurs cadeaux de Noël

Un chômeur danois a dépensé ses économies pour faire de la maison de ses parents la mieux décorée du Danemark pour Noël

Le duc de Gloucester, président d'une association de sécurité routière, a vu son permis suspendu pour six mois

La province de Trévise a acheté six ânes nains pour entretenir les bordures et les terre-pleins de ses routes

Il nous vient de l'Ouest, ou plutôt, le Père Noël « country » d'abord importé aux States nous est revenu joufflu

Verbes au passé composé	Infinitif
ont battu	*battre*

5 **Find the celebrity who corresponds to each biography.**

Victor Hugo – Jeanne d'Arc – Alexandre le Grand – Gandhi – **Marilyn Monroe**

Exemple :   *Elle est née aux États-Unis.*
Elle a fait du cinéma.
Elle est devenue un mythe.   → **Marilyn Monroe**
Elle est morte à 36 ans.

a. Il a vécu en Afrique du Sud.
Il a été avocat.
Il a prêché la non-violence.
Un extrémiste hindou l'a assassiné.

→ ....

b. Elle a entendu des voix.
Elle est allée voir le roi.
Elle a délivré Orléans.
Elle a été brûlée à Rouen.

→ ....

c. Il a écrit beaucoup de romans et de poèmes.
Il est entré à l'Académie française en 1841.
Il a été député de Paris puis sénateur.
Il est entré au Panthéon à sa mort en 1885.

→ ....

d. Il a eu pour maître Aristote.
Il a conquis l'empire Perse.
Il est devenu le souverain de l'Asie.
Il est mort à 33 ans.

→ ....

LE PASSÉ COMPOSÉ AVEC *AVOIR*

6 **Change the tense of these verbs.**

Exemple : *je travaille* → ***j'ai travaillé***

a. tu étudies → ....

b. il pense → ....

c. elle fabrique → ....

d. on prépare → ....

e. nous cherchons → ....

f. vous examinez → ....

g. ils trouvent → ....

h. elles imaginent → ....

7 **Put the verbs in the *passé composé*.**

Exemple : ***J'ai passé*** *l'aspirateur dans le salon. (passer)*

a. Ma mère .... le linge tout l'après-midi. (repasser)

b. Nous .... la cuisine pour au moins 12 personnes. (préparer)

c. Est-ce que tu .... ta chambre ? (nettoyer)

d. Teresa et Michaëla .... toutes les vitres. (laver)

e. Jean .... le parquet. (cirer)

f. Vous .... la salle à manger ? (balayer)

2. Le groupe verbal

8 **Change the tense of these verbs.**

Exemple : *Je grandis.* → ***J'ai grandi.***

a. Tu grossis. → ....

b. Elle maigrit. → ....

c. Il blondit. → ....

d. On vieillit. → ....

e. Nous rajeunissons. → ....

f. Vous rougissez. → ....

9 **Underline the correct *participe passé*.**

Exemple : *Clémentine a **voulu** / **vu** / vendu dix paires de chaussures à une cliente.*

a. J'ai **plu** / **paru** / **perdu** ma montre.

b. Elles ont **pris** / **appris** / **compris** leur plus belle robe.

c. Vous avez **entendu** / **attendu** / **étendu** le linge ?

d. Il lui a **ouvert** / **découvert** / **offert** un magnifique manteau.

e. Comment ont-ils **dit** / **décrit** / **conduit** ses vêtements ?

f. Où as-tu **eu** / **lu** / **su** cette écharpe ?

10 **Write the *participe passé* of these verbs.**

Exemple : *boire : **bu***

a. devoir : ....

b. lire : ....

c. plaire *ou* pleuvoir : ....

d. pouvoir : ....

e. savoir : ....

f. voir : ....

11 **Complete these sentences.**

Ces gens qui ont fait avancer la science...

Exemple : *Les frères Montgolfier **ont imaginé** (imaginer) de gonfler un ballon à l'air chaud.*

a. Les frères Chappe .... (transmettre) des messages lors des guerres de la Révolution française grâce au télégraphe aérien qu'ils venaient d'inventer.

b. René Théophile Hyacinthe Laënnec .... (inventer) le stéthoscope.

c. Gilles Personne de Roberval .... (présenter) à l'Académie des sciences la balance à plateaux en 1669.

d. Blaise Pascal .... (construire) la Pascaline, calculateur mécanique.

e. Les frères Lumière .... (mettre) au point la première caméra : le cinématographe.

f. Denis Papin .... (créer) la machine à vapeur à piston.

12 Complete these sentences using the *participe passé* of the following verbs:

suffire – finir – rougir – suivre – servir – rire – réussir – **dormir** – mentir.

Exemple : *Hier soir, j'avais trop mangé donc je n'ai pas bien **dormi**.*

a. Hier soir, tu nous a ....! Tu es allé en discothèque sans nous le dire!

b. Hier soir, qu'est-ce que vous avez .... à vos invités?

c. Hier soir, ils ont .... tous les gâteaux.

d. Hier soir, la soirée était très amusante : on a beaucoup ....

e. Hier soir, quand Cédric l'a regardée, elle a ....

f. Hier soir, après la fête, quelqu'un a .... Claude-Julie.

g. Hier soir, Sylvie et Valérie n'ont pas .... à entrer; il y avait beaucoup de monde.

h. Hier soir, nous avons bu seulement un verre et cela nous a ....

LE PASSÉ COMPOSÉ AVEC *ÊTRE*

13 Tick the correct answer.

Exemple : *Elle est* ❏ *parti* ☒ *partie* ❏ *partis* à la campagne.

a. Alice et Sophie ❏ sont allé ❏ sont allée ❏ sont allées au bord de la mer.

b. Je (Joseph) ❏ suis rentré ❏ suis rentrée ❏ suis rentrés de vacances.

c. Nous (ma femme et moi) ❏ sommes resté ❏ sommes restés ❏ sommes restées à l'hôtel.

d. Vous (les amis) ❏ êtes passé ❏ êtes passés ❏ êtes passées par la Dordogne?

e. Tu (Marie) ❏ es descendu ❏ es descendue ❏ es descendus dans le Sud?

f. Ils ❏ sont venu ❏ sont venus ❏ sont venues se reposer à la montagne.

g. Marco ❏ est arrivé ❏ est arrivée ❏ est arrivés dans les Landes.

h. Mes filles ❏ sont retourné ❏ sont retournés ❏ sont retournées en Alsace.

14 **Complete the first page of this novel.**

CHAPITRE I

Luciano Ferranti *est né* (naître) le 15 août 1923 à Catane. Lucia Ferranti, elle, ... (venir) au monde le 28 juin 1925 à Palerme. Ils .... (arriver) à Marseille le 24 décembre 1945 et ils .... (monter) à Paris le 1er janvier 1946. Leurs deux garçons, Luigi et Paulo .... (entrer) à l'université. Luigi .... (sortir) avec un doctorat de lettres de la Sorbonne. Il est aujourd'hui professeur au Collège de France. Paulo, lui, ... (partir) aux États-Unis. Aujourd'hui, il dirige une chaîne de pizzerias dans tout le pays. Mais l'an passé, il a eu un accident : il .... (tomber) de moto. Il .... (aller) à l'hôpital et il y .... (rester) six mois. Un grand chirurgien .... (intervenir) car ses blessures étaient graves.

Je suis Kate, la femme de Paulo. Nous nous sommes mariés il y a cinq ans. Nous habitons New York. Mes parents .... (mourir) quand j'avais huit ans. Je .... (ne jamais retourner) à Wilsburg, le village où je .... (naître). Lucia Ferranti, ma belle-mère, ... (décéder) il y a six mois. Elle a voulu être enterrée en Sicile. Nous .... (descendre) à l'hôtel des Palmes à Palerme. Toute la famille .... (passer) nous voir. Nous avons revu Luigi aussi.

15 **Underline the correct answer.**

Exemple : *Tu as __entendu__ / écouté ce bruit hier soir ?*

a. Vous avez **mis / pris** deux heures de repos.

b. Elles sont **arrivées / allées** à 15 h 00.

c. J'ai **commencé / fini** à lire ce livre.

d. Mes parents ont **joué / fait** au tennis ce matin.

e. Loïc et Naïk ont **vu / regardé** la télévision tout l'après-midi.

f. Gabriel est **sorti / parti** se coucher, il n'a pas dormi de la nuit.

16 **Change the verb ending when necessary to agree with the subject.**

Biographie de Marguerite Duras

Exemple : *Marguerite Duras est né**e** en Indochine en 1914.*

> Elle a vécu...... à Phnom Penh et à Saigon.
>
> Elle est retourné...... en France après le bac.
>
> Elle a épousé...... Robert Antelme en 1939.
>
> Elle a eu...... un fils, Jean, avec Dyonis Mascolo.
>
> Elle a réalisé...... plusieurs films.
>
> Elle a obtenu...... le prix Goncourt en 1984 pour L'Amant.
>
> Elle est mort...... à Paris en 1996.

17 **Complete these sentences using *je*.**

Un récit

Exemple : *J'**ai vu** (voir) de la lumière.*

a. .... (apercevoir) une ombre dans le salon.

b. .... (avoir) peur.

c. .... (monter) à l'étage.

d. .... (entendre) un grand bruit en bas.

e. .... (descendre).

f. .... (sortir) en courant.

18 **Complete these sentences using *elle*.**

Une biographie

Exemple :   *Elle **a écrit** (écrire) dix romans.*

a. .... (avoir) le prix Goncourt.

b. .... (devenir) célèbre.

c. .... (voyager) dans le monde entier.

d. .... (entrer) à l'Académie française.

e. .... (commencer) à faire de la politique.

f. .... (occuper) le poste de ministre de la Culture.

19 **Complete these sentences using *nous* (*ma femme et moi*).**

Exemple :   *Nous **sommes nés** (naître) en Côte d'Ivoire.*

a. .... (aller) à l'université d'Abidjan.

b. .... (créer) cette entreprise en 1980.

c. .... (avoir) une croissance de 10 % par an.

d. .... (atteindre) le chiffre de 1 000 employés.

e. .... (ouvrir) une filiale en France.

f. .... (faire) des bénéfices pendant dix ans.

g. .... (acheter) une autre entreprise.

h. .... (doubler) notre chiffre d'affaires.

20 **Complete these sentences using *elles*.**

Un récit

Exemple :   *Elles **sont arrivées** (arriver) à la frontière.*

a. .... (arrêter) la voiture.

b. .... (montrer) leurs papiers aux douaniers.

c. .... (ouvrir) le coffre de la voiture.

d. .... (vider) leurs valises.

e. .... (ranger) leurs affaires.

f. .... (redémarrer) la voiture.

g. .... (repartir).

h. .... (apercevoir) un barrage de police à 2 km de là.

21 **Make sentences using the words below the following drawings.**

On a tous pris une année sabbatique.

Exemple : *Je / voyager en Asie* → ***J'ai voyagé en Asie.***

a.

Carole / lire 365 livres

....

b.

Thierry / aller aider une ONG à construire une école au Laos

....

c.

Mes cousins / créer leur entreprise

....

d.

Mon frère / escalader l'Everest

....

e.

Mes parents / traverser le Sahara à pied

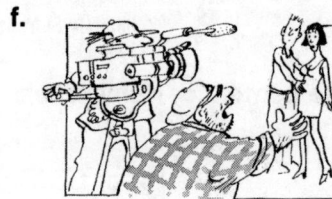

....

f.

Robert et Nicolas / faire un film

....

g.

Mes amis / partir étudier le chinois

....

h.

Ma sœur / prendre soin de son bébé

....

22 Rewrite this letter in the *passé composé*.

> Chère Mathilde,
>
> Mon frère et moi **allons** en vacances chez nos grands-parents pendant l'été. Nous rions beaucoup. Avec le fils des voisins, nous faisons du vélo et nageons dans la rivière. Notre grand-mère nous prépare plein de bons petits plats et notre grand-père nous apprend à jouer à la pétanque. Je gagne toutes les parties. À la fin des vacances, nos parents viennent nous chercher.
>
> Et toi, tu passes de bonnes vacances?
> Bises,
>
> Sébastien

Chère Mathilde,

Mon frère et moi **sommes allés** *en vacances…* ....

....

....

....

....

L'INTERROGATION ET LA NÉGATION AVEC LE PASSÉ COMPOSÉ

23 Write three questions for the following answers.

Exemple : – *Elle a payé sa robe ?*
– *Est-ce qu'elle a payé sa robe ?* – *Non, elle n'a pas payé sa robe.*
– *A-t-elle payé sa robe ?*

a. ....

....

– Non, ses chaussures n'ont pas coûté cher.

b. ....

....

– Non, je n'ai pas vu le sac jaune.

c. ....

....

– Oui, elle a acheté ces gants déjà troués.

d. ....

....

– Oui, il a cassé sa ceinture.

e. ....

....

– Non, je n'ai pas choisi de pantalon.

f. ....

....

– Oui, j'ai trouvé des lunettes bleues.

24 **Arthur hasn't done anything! Write sentences for each of the following, as in the example.**

Exemple : *faire les courses*
  *– **Tu as fait les courses ? – Non, je n'ai pas fait les courses.***

a. téléphoner à Jean-Pierre

....

b. aller au pressing

....

c. acheter du pain

....

d. mettre le linge dans la machine

....

e. prendre des places pour le concert de samedi

....

f. répondre aux courriels

....

g. tondre la pelouse

....

h. écrire à oncle Jules

....

25 **Make a sentence out of each group of words.**

Exemple : *allés / ne / à / Ils / Paris. / jamais / sont* → **Ils ne sont jamais allés à Paris.**

a. pas / Je / voyagé. / n' / beaucoup / ai

....

b. encore / Antilles. / Nous / pas / allés / aux / ne / sommes

....

c. voulu / Dominique / n' / ferry / a / Douvres. / le / pour / prendre / pas

....

d. pas / dormi / Mon / l' / n' / mari / a / avion. / dans

....

e. On / Bruxelles. / passé / est / par / pas / n'

....

f. Tunis / pas / arrivés / hier / n' / à / soir ? / êtes / Vous

.... ?

g. 80 / Michael / ont / pas / tour / le / jours. / David / et / fait / du / n' / monde / en

....

h. pas / est / du / n' / Elle / Cambodge ? / revenue

.... ?

L'imparfait

LA FORMATION DE L'IMPARFAIT

26 **Write the infinitive form of each underlined verb.**

Exemple : *Elle avait une robe rouge, je crois.* → **avoir**

a. Je ne portais pas de lunettes à l'époque. → ....

b. Vous étiez responsable d'un magasin de lingerie ? → ....

c. Tu voulais prendre mon manteau ? → ....

d. Les femmes ne pouvaient pas porter de pantalons. → ....

e. Pour des chaussures, elle dépensait sans compter. → ....

f. Ils n'achetaient que des marques ! → ....

g. On ne choisissait pas ses vêtements, alors. → ....

h. Elles produisaient seulement des chapeaux. → ....

27 Complete the chart below.

	faire	écrire	boire	voir	connaître	lire	peindre	mettre	placer
Je (J')	*faisais*								
Tu									
Il /Elle /On									
Nous									
Vous									
Ils / Elles									

28 Complete these sentences.

Parler de son enfance

Exemple : J'**étudiais** *(étudier) tous les jours.*

a. Stéphanie .... (monter) à cheval une fois par semaine.

b. Julien .... (regarder) la télé tous les après-midi.

c. Nous .... (chanter) dans une chorale.

d. Christophe et Marc .... (pratiquer) la natation.

e. Vous .... (habiter) à Marseille.

f. On .... (écouter) des chansons pour enfant.

g. Tu .... (passer) tes vacances chez tes grands-parents.

29 Complete these sentences.

Exemples : *Je* **traçais** *(tracer) un trait au tableau.* → *Nous* **tracions** *un trait au tableau.*
Tu **rangeais** *(ranger) les documents.* → *Vous* **rangiez** *les documents.*

a. Il .... (effacer) le tableau. → Ils ....

b. Tu .... (changer) de place. → Vous ....

c. Elle .... (prononcer) mal. → Elles ....

d. Je .... (corriger) les erreurs. → Nous ....

e. Tu .... (placer) les élèves. → Vous ....

f. Il .... (engager) de nouveaux professeurs. → Ils ....

....

g. Je .... (commencer) une nouvelle méthode. → Nous ....

....

30 **Complete these sentences.**

Exemple : *Je **finissais** (finir) mes devoirs quand tout à coup...*

a. Nous .... (choisir) un livre à la bibliothèque quand tout à coup...

b. Vous .... (applaudir) le professeur quand tout à coup...

c. On .... (atterrir) à l'aéroport de Cambridge quand tout à coup...

d. Il .... (réunir) tout le personnel de l'université quand tout à coup...

e. Elles........................... (franchir) l'entrée de la fac quand tout à coup...

f. Ils .... (remplir) le formulaire d'inscription quand tout à coup...

g. Elle .... (ralentir) devant l'école quand tout à coup...

h. Tu .... (réfléchir) à tes examens quand tout à coup...

L'INTERROGATION ET LA NÉGATION AVEC L'IMPARFAIT

31 **Make three questions for the following answers.**

Exemple : – *Quand vous étiez enfant, **vous pratiquiez** beaucoup le piano ?*
   – *Oui, je pratiquais beaucoup le piano.*

a. – Quand vous habitiez à Londres, ... ?

   – Oui, j'allais souvent au concert.

b. – Quand vous aviez huit ans, vous .... ?

   – Oui, je voulais être musicien.

c. – Quand vous faisiez une tournée en Asie, ... ?

   – Oui, je voyageais toujours en avion.

d. – Quand vous jouiez dans l'orchestre Lala, ... ?

   – Oui, nous étions nombreux.

e. – Quand vous donniez un récital, ... ?

   – Oui, j'avais le trac.

f. – Quand vous chantiez au Brésil, ... ?

   – Oui, le public était heureux.

g. – Quand vous passiez à la télé, ... ?

   – Oui, mes enfants regardaient le concert.

h. – Quand vous étudiiez le chant, ... ?

   – Oui, j'écoutais Maria Callas.

32 Make three questions for the following answers.

Exemple : – *Où étais-tu ? / Où est-ce que tu étais ? / Tu étais où ?*
           – *J'étais à la bibliothèque.*

a. – ....

....

– Nous lisions.

b. – ....

....

– Il parlait au libraire.

c. – ....

....

– Tu disais que tu aimais ce livre.

d. – ....

....

– Elle écrivait un roman.

e. – ....

....

– Ils traduisaient des poèmes de Pablo Neruda.

33 Answer these questions in the negative form.

Exemple : – *Quand tu habitais en Chine, tu parlais le chinois ?*
           – *Non, **je ne parlais pas le chinois.***

– Vous habitiez dans la capitale ?

– Non, nous ....

– Ton mari était expatrié ?

– Non, il ....

– Il travaillait à Pékin même ?

– Non, il ....

– Les enfants allaient à l'école française ?

– Non, ils ....

– Vous compreniez les idéogrammes ?

– Non, nous ....

TOUS LES VERBES

34 **Complete these sentences.**

Au XVIIᵉ siècle...

Exemple : *Il **n'y avait pas** (ne pas y avoir) l'électricité.*

a. Les voitures .... (ne pas exister).

b. À la cour du roi, on .... (manger) beaucoup plus qu'aujourd'hui.

c. Les gens .... (mourir) plus jeunes.

d. L'hiver, il .... (faire) plus froid.

e. La majorité des Français .... (vivre) à la campagne.

f. La population .... (être) plus faible.

35 **Make sentences.**

Exemple : AVANT : *mince / peser 60 kg / ne pas porter de lunettes / avoir de beaux cheveux*
AUJOURD'HUI : *gros / peser 120 kg / porter des lunettes / ne plus avoir de cheveux*

Avant, il était mince, il pesait 60 kg, il ne portait pas de lunettes et il avait de beaux cheveux.
Aujourd'hui, il est gros, il pèse 120 kg, il porte des lunettes et il n'a plus de cheveux.

a. AVANT : ne pas boire / être heureux / avoir un bon travail / ne jamais regarder la télé
AUJOURD'HUI : boire / être triste / ne plus travailler / regarder la télé tout le temps

Avant, je ....

....

b. AVANT : ne pas faire de yoga / être toujours de mauvaise humeur / ne pas aider les autres / ne pas avoir d'amis
AUJOURD'HUI : faire du yoga / être toujours de bonne humeur / aider les autres / avoir beaucoup d'amis

Avant, tu ....

....

c. AVANT : être célibataire / ne pas avoir d'enfant / rester toujours chez elle / ne jamais cuisiner
AUJOURD'HUI : être mariée / avoir deux enfants / sortir beaucoup / cuisiner beaucoup

Avant, elle ....

....

d. AVANT : être mariée / cuisiner tous les jours / ne jamais voyager / s'ennuyer
AUJOURD'HUI : être divorcée / cuisiner une ou deux fois par semaine / voyager beaucoup / s'amuser vraiment

Avant, elle ....

....

e. AVANT : habiter dans un petit village / être très calme / connaître tout le monde / avoir une grande maison

AUJOURD'HUI : habiter dans une grande ville / être très bruyant / ne connaître personne / avoir un petit appartement

Avant, nous ....

....

36 **Complete this text using the following verbs:**

passer – adorer – emmener – **être** (*twice*) – aider – faire – rire – aimer.

Récit

Quand elle *était* enfant, Sophie .... beaucoup dessiner. Elle .... tout le

temps. Elle .... des blagues : c'........................... une enfant espiègle. Michel et moi

.... beaucoup de temps avec elle ; nous l'........................... à faire ses devoirs, nous

l'........................... à la piscine, à la danse. Tous les gens l'........................... . Puis un jour…

Le passé composé et l'imparfait

37 **Find the verbs in this extract, and classify them.**

Valérie a disparu… La police interroge une de ses amies, Rebecca, et lui demande de raconter sa journée.

« Le matin, Valérie et moi *avons pris* le petit-déjeuner au café. Il faisait froid. Nous avons mangé des œufs, des toasts et du bacon. Nous avons bu du café et du jus d'orange. C'était très bon. Nous avons discuté pendant une heure. Ensuite, elle est allée au musée avec un jeune homme. Il ressemblait à Sean Connery jeune. Il semblait très riche avec son costume noir. Elle n'a rien dit d'autre. Nous nous sommes séparées à 9 h 30. Alors, je suis sortie pour ma promenade quotidienne. Je suis retournée à l'hôtel à 11 h 15. Il commençait à neiger. J'ai regardé la télé française pendant une heure. Il y avait un feuilleton télévisé (pas très bon). Je suis restée là. Je n'ai rien entendu. Oui, j'étais seule !! Pendant la soirée, j'ai téléphoné à mon petit ami comme d'habitude. Nous avons parlé pendant 30 minutes. »

Verbes qui font avancer l'action (passé composé) : *avons pris,* ....

....

Verbes qui apportent des précisions sur l'ambiance, le décor… (imparfait) : ....

....

....

38 **Underline the correct answer.**

Exemple : *Hier, **je suis allé** / **j'allais** au cinéma, le film **a été** / **était** génial.*

a. Quand il **a été** / **était** étudiant, il **a vu** / **voyait** toute l'œuvre de Ozu.

b. Nous **avons regardé** / **regardions** *Les oiseaux* de Hitchcock quand un corbeau **est entré** / **entrait** dans la pièce.

c. Vous **avez réalisé** / **réalisiez** ce film avec peu de moyens. Comment **avez-vous fait** / **faisiez-vous** ?

d. On **a beaucoup ri** / **riait beaucoup** avec la scène du fantôme quand on **l'a vue** / **la voyait** la première fois.

e. Les acteurs **ont attendu** / **attendaient** depuis cinq heures, quand enfin ils **ont pu** / **pouvaient** jouer !

f. Tu **n'as pas tourné** / **ne tournais pas** en studio ? Les décors **ont été** / **étaient** naturels ?

39 **Complete these sentences using the *passé composé* or the *imparfait*.**

Exemple : *En 1968, j'**étais** (être) étudiant, j'**allais** (aller) à la Sorbonne.*

a. Ce matin, le professeur .... (entrer), les élèves .... (applaudir).

b. Vous .... (prendre) combien d'heures de cours, la semaine dernière ?
Moi, je .... (ne pas venir).

c. Nous .... (déjà étudier) le passé composé mais nous ....
.... (ne pas encore voir) l'imparfait.

d. Autrefois, quand on .... (faire) une bêtise, on .... (recevoir) une punition, mais aujourd'hui...

e. À l'école primaire, tu .... (déjeuner) à la cantine ou tu .... (rentrer) chez toi ?

f. Au collège, je/j' .... (avoir) un excellent professeur de français.
Elle .... (s'appeler) madame Renouf.

g. Mathieu, tu .... (ne pas faire) tes devoirs et tu .... (vouloir) aller jouer avec Rodolphe ? Pas question !

h. On .... (tomber) sur un examinateur très sévère. Il .... (porter) de grosses lunettes et une moustache noire.

40 Complete this extract using the *passé composé* or the *imparfait*.

Ce jour-là, la pluie *a commencé* (commencer) à tomber très fort.

Nous .... (déplier) la bâche et nous .... (accroché)

les hamacs. Nous .... (discuté) pendant 3 ou 4 heures puis, fatigués,

nous .... (dormir) jusqu'à 18 h 00.

La nuit tombée, nous .... (manger) et .... (attendre)

que la pluie se calme. Vers 22 h 00, nous .... (repartir). À un moment,

nous .... (apercevoir) une paire d'yeux rouges ; c' .... (être)

un petit caïman. Arrivés à un croisement, nous .... (former) deux groupes pour

aller chasser avec nos lampes frontales, Laurent et Marius d'un côté, Allan

et moi de l'autre. Nous .... (marcher) depuis 10 minutes quand tout

à coup, je/j' .... (sentir) quelque chose tourner autour de ma tête et aussitôt,

une douleur terrible : une guêpe .... (venir) de me piquer deux fois. « Allan,

j'ai très mal, il faut que je rentre », lui .... (dire).

Je/j' .... (avoir) chaud et soif, je .... (perdre) de plus

en plus de forces. Nous .... (être) à une demi-heure de la voiture.

Le retour me/m' .... (paraître) une éternité.

41 Rewrite this text using the past tense.

Une semaine après mon arrivée dans cette maison, je commence à entendre des cris horribles. Chaque nuit, ils me réveillent : je me relève brusquement et je retiens ma respiration. Par la fenêtre de ma chambre, je regarde la lune. Et j'écoute. Quelle créature peut pousser des cris pareils ? Et où se trouve-t-elle ? Une nuit, je suis à moitié endormie quand j'entends la poignée de la porte tourner. J'attrape le couteau que je garde sur la table de nuit. Je marche sans faire de bruit. Il fait complètement noir, je ne vois rien. Tout à coup je sens un violent coup sur la tête et puis, plus rien ! Quand je reprends mes esprits, il fait jour...

*Une semaine après mon arrivée dans cette maison, **j'ai commencé** à ...* ....

....

....

....

....

....

Évaluation 7

1 **Complete these messages.** /10 points

Exemple : *Madame Deyvant **est passée** (passer) ce matin.*
Vous pouvez la rappeler au 01 42 61 25 02.

a. Monsieur Gloux .... (téléphoner). Il va rappeler après déjeuner.

b. L'entreprise ARVEN .... (ne pas envoyer) de télécopie ?

c. Votre femme .... (appeler) : vous pouvez la joindre sur son portable.

d. Alain Lefort .... (ne pas partir) en rendez-vous chez Unilever.

e. La comptabilité .... (perdre) la facture « Bonnet ».

f. Albert .... (tomber) en allant au bureau : il est arrêté pour un mois.

g. J'... (écrire) à la société AVS à propos du nouveau système.

h. Nous .... (recevoir) un paquet des USA.

i. Vous .... (ne pas sortir) le CV de notre prochain candidat ?

j. Ma secrétaire .... (faire) la réservation de votre chambre d'hôtel.

2 **Put this poem in the *passé composé*.** /10 points

Il ouvre la porte. Il entre. *Il a **ouvert** la porte.* ....

Il ne me dit pas bonjour. ....

Il sort son sac de l'armoire. ....

Il met ses affaires dans le sac. ....

Ensuite, il boit un verre d'eau. ....

Je lui demande quelque chose. ....

Mais il ne répond pas. ....

Je répète ma question. Je crie presque. ....

Mais il part sans même me regarder. ....

3 **Complete these sentences using the following verbs:** /8 points

mourir – être – régner – **capituler** – imposer – choisir – présider – créer – commencer.

Exemple : *Vercingétorix, le chef gaulois, **a capitulé** à Alésia en 52 avant Jésus Christ.*

a. Charlemagne .... Aix-la-Chapelle comme capitale pour gouverner l'Empire d'Occident.

b. Maurice de Sully .... la construction de Notre-Dame de Paris en 1163.

c. Saint-Louis .... à Tunis en 1270.

d. Richelieu .... l'Académie française en 1635.

e. Colbert .... ministre des Finances de Louis XIV.

f. Louis XV .... de 1715 à 1774.

g. Jules Ferry .... la scolarité gratuite et obligatoire.

h. De Gaulle .... la France de 1958 à 1969.

4 **Complete these sentences.** /8 points

Exemple : *Il **faisait** (faire) froid, j'**avais** (avoir) les mains gelées.*

a. La pluie .... (tomber) depuis trois jours et le niveau de la rivière .... (monter) dangereusement.

b. Nous .... (conduire) dans le brouillard, on ne .... (voir) rien.

c. Je .... (regarder) la neige tomber, c'............................ (être) magnifique.

d. Vous .... (avoir) peur de l'orage, et les éclairs vous .... (terroriser).

e. On .... (mourir) de chaud et le climatiseur ne .... (marcher) pas.

f. Tu .... (être) en Inde, la mousson .... (venir) de commencer.

g. Les nuages .... (arriver) en masse, le vent .... (souffler) fort.

h. Le givre .... (couvrir) les champs et le soleil .... (se lever).

5 **Put the verbs in the *passé composé* or the *imparfait*.** /10 points

Début d'un récit...

Ce jour-là, Carla ***est allée*** (aller) à la boulangerie à 7h00. Elle aime marcher dans les rues désertes de son quartier mais, à peine sortie, elle .... (sentir) une présence derrière elle. Alors, elle .... (commencer) à accélérer. Heureusement, la boulangerie .... (ne pas être) loin. Là, à l'intérieur, elle .... (pouvoir) être en sécurité. Elle .... (prendre) une baguette et deux croissants comme d'habitude. Mais sur le chemin du retour, elle .... encore .... (entendre) des pas derrière elle, alors cette fois, elle .... (faire) demi-tour. Et qui ....-t-elle .... (voir)? Son voisin qui lui .... (dire) : « Bonjour mademoiselle Bélanger ». Et il .... (sourire) bizarrement...

L.S. p. 197

Le présent à valeur de futur

1 **Underline all the verbs that express the future.**

Exemples : ***Vous faites*** *du vélo demain ?*
                Il fait du tennis tous les lundis.

a. À tout à l'heure ! Je skie à 9 h 00.

b. Elle joue au basket dans l'équipe de France.

c. Tu vois ton père ? C'est le coureur avec le maillot vert.

d. Nous prenons un cours de natation ce soir.

e. On regarde le match chez Xavier à 20 h 00.

f. Ils vont à la finale de la Coupe du Monde la semaine prochaine.

g. Vous participez à un tournoi de golf prochainement.

h. Elles ne sont pas présentes au championnat de tennis.

2 **Match the questions to the correct answers.**

a. ***Tu fais quoi ce soir ?***

b. Vous êtes là demain ?

c. Il arrive deux jours après toi ?

d. On mange quoi à midi ?

e. Je vais où la semaine prochaine ?

f. Nous partons bientôt en vacances ?

g. Elle met quoi pour le gala ?

h. Elles finissent à 23 h 00 ?

i. Ils prennent l'avion pour partir ?

1. Au Japon.

2. Oui, exactement.

3. Non, le train.

4. Oui, le mois prochain.

5. Non, nous allons à Munich.

6. Une robe Yves Saint Laurent.

7. Des pâtes.

8. Oui, moi, j'arrive le 15.

9. ***Je vais au ciné.***

a9 ; b .... ; c .... ; d .... ; e .... ; f .... ; g .... ; h .... ; i ....

3 Using Grégoire's appointment book, make up sentences using the verbs on the list below.

Juillet   *Juillet*

lundi 24

9H00	dentiste
12H00	resto avec Évelyne
18H00	arrivée Judith à l'aéroport

mardi 25

11H00	gym
14H00	cartes postales
19H00	cocktail à la galerie
	Doll'art

mercredi 26

6H00	aller avec Judith
	à l'aéroport
10H30	opéra Garnier
17H00	rendez-vous avec le maire

jeudi 27

9H00	billets pour Deauville
11H00	envoi de fleurs à grand-mère
15H00	livres à la bibliothèque

vendredi 28

10H00	cours de piano
14H00	enregistrement de l'émission
	« D'accord, pas d'accord »

samedi 29

8H00	départ pour Deauville
	après-midi à la plage

dimanche 29

	matinée au casino de Deauville
14H00	promenade à Étretat
18H00	retour Paris

passer – jouer – déjeuner – rencontrer – **aller** – envoyer – visiter – rentrer – faire – prendre – écrire – avoir – partir – se promener – enregistrer – accueillir – raccompagner – rapporter – acheter

Exemple : *Lundi prochain, à 9 h 00, Grégoire **va** chez le dentiste.*

....

....

....

....

....

....

....

....

....

Le futur proche

4 **Match the following sentences with the correct places.**

a. « ***Mesdames et messieurs, le spectacle va commencer.*** »

b. « Le train n° 2832 pour Cahors va partir ! »

c. « Le magasin va fermer dans quelques instants. »

d. « L'avion va décoller. Attachez vos ceintures ! »

e. « Ne bougez pas ! L'ambulance va arriver. »

f. « Nous allons voir un film tourné dans un décor naturel. »

g. « Asseyez-vous. Le docteur Sabba va bientôt arriver. »

h. « Je vais prendre votre commande. »

i. « Nous allons monter votre valise dans votre chambre. »

1. dans un cinéma

2. chez un médecin

3. dans un hôtel

4. ***dans un théâtre***

5. dans un supermarché

6. dans une gare

7. au bord d'une route

8. dans un avion

9. dans un restaurant

a4 ; b .... ; c .... ; d .... ; e .... ; f .... ; g .... ; h .... ; i ....

5 **Complete these sentences.**

Exemple : *Son frère **va apprendre** (apprendre) le français.*

a. Elles .... (étudier) à Londres.

b. Demain, je .... (passer) un examen de chinois.

c. Tu .... (faire) tous les exercices ?

d. On .... (pratiquer) surtout l'oral.

e. Elle .... (commencer) à faire de l'arabe à l'INALCO.

f. Vous .... (devenir) traducteur ?

g. Ils .... (se mettre) enfin à l'anglais.

h. Comment nous .... (réussir) à nous faire comprendre ?

6 **Make sentences using the following words.**

Exemple : *Elsa / se maquiller → **Elsa va se maquiller.***

a. Nous / se changer → ....

b. Tu / se laver → ....

c. Il / se raser → ....

d. Elles / se coiffer → ....

e. On / se lever → ....

f. Je / se coucher → ....

g. Ils / s'habiller → ....

h. Vous / se doucher → ....

7 **Complete these sentences.**

Exemple : *Avant, je ne faisais pas mes devoirs, bientôt, je **vais faire** mes devoirs.*

a. Avant, elle n'étudiait pas, bientôt, elle ....

b. Avant, ils n'écoutaient pas le professeur, bientôt, ils ....

c. Avant, tu n'allais pas souvent en cours, bientôt, tu ....

d. Avant, on ne lisait pas beaucoup, bientôt, on ....

e. Avant, il ne réussissait pas, bientôt, il ....

f. Avant, elle ne rendait jamais les copies, bientôt, elle ....

g. Avant, nous n'étions pas attentifs, bientôt, nous ....

h. Avant, vous ne passiez pas beaucoup de temps à la bibliothèque, bientôt, vous ....

....

8 **Put these sentences in the *futur proche*.**

Exemple : *Nous n'abandonnerons pas la lutte ! → Nous **n'allons pas abandonner** la lutte !*

a. Je ne laisserai pas la direction fermer l'usine ! → ....

.... !

b. Vous ne partirez pas sans me payer ! → ....

.... !

c. Ils ne déménageront pas l'usine en Inde ! → ....

.... !

d. On ne quittera pas l'entreprise ! → .... !

e. Elle ne perdra pas son travail ! → .... !

f. Tu ne changeras pas d'avis devant le patron ! → ....

.... !

g. Elles ne démissionneront pas ! → .... !

h. Il ne pourra pas empêcher la poursuite de la grève ! → ....

.... !

Le futur simple

9 **Find all the verbs in the *futur*, put them on the chart and find their infinitive form.**

Futur	Infinitif
– *ils pourront* →	– *pouvoir*
–	–
–	–
–	–
–	–
–	–
–	–
–	–
–	–

nous commençons   j'ai
ils **pourront**   elle mettait
tu partiras   on attendra
nous mourons   vous lirez   il choisira
nous rions   elles sont   nous désirons
tu vas   vous réparez   on terminera
je courais   vous devrez
elles font   il rentrera
ils auront   on jouait   je garais
nous dormons
tu connais

10 **Put the correct endings on the verbs in this extract.**

Chercheur d'or et de gloire

« Je chercher**ai** le temps nécessaire pour trouver l'Eldorado mais tu m'aider ……. Théo. Demain mon frère réserver ……. les billets et ma sœur préparer ……. les bagages. On voyager ……. jour et nuit ! Ah ! Nous creuser ……. des montagnes s'il le faut ! Rien ne peut nous arrêter. Puis, vous, mes amis, vous annoncer ……. la bonne nouvelle au monde entier ! Tous les peuples nous saluer ……. ! Toutes les femmes nous admirer ……. ! »

11 **Add the missing part of each verb.**

Exemple : *L'année dernière, Marc est allé en Argentine et l'année prochaine, il ira au Canada.*

a. L'année dernière, nous avons fait le tour de la Corse à la voile et l'année prochaine, nous f__ __ ons le tour de la Sardaigne.

b. L'année dernière, nos amis italiens sont venus à Paris. L'année prochaine, ce sont nos amis singapouriens qui v__ __ __ __ __ont.

c. L'année dernière, Eiko a vu la Côte d'Azur. L'année prochaine, elle v__ __ __ l'Alsace.

d. L'année dernière, tu as dû voyager seul. L'année prochaine aussi, tu d__ __ __ as voyager seul.

e. L'année dernière, les enfants ont pu partir en vacances en Bretagne. L'année prochaine, ils p_ _ _ _ ont partir dans les Alpes.

f. L'année dernière, on m'a envoyé au Maroc. L'année prochaine, on m'e_ _ _ _ _ a en Turquie.

g. L'année dernière, tu étais en Grèce. L'année prochaine, tu s_ _ as en Roumanie.

12 **Complete these sentences.**

Exemple : *Quand nous **jouerons** (jouer), vous **compterez** (compter) les points.*

a. Quand il .... (siffler), nous .... (commencer) le match.

b. Quand elles .... (passer), je les .... (applaudir).

c. Quand on .... (gagner), on vous .... (inviter) au resto.

d. Quand tu .... (pratiquer) ton sport deux heures par jour, tu .... (progresser) vraiment.

e. Quand j' .... (arrêter) le sport, je .... (grossir).

f. Quand nous .... (sélectionner) les joueurs, vous nous .... (donner) votre avis.

g. Quand vous .... (sauter), je .... (filmer).

13 **Complete this poem by Arthur Rimbaud.**

Sensation

Par les soirs bleus d'été, j'***irai*** (aller) dans les sentiers,

Picoté par les blés, fouler l'herbe menue :

Rêveur, j'en .... (sentir) la fraîcheur à mes pieds,

Je .... (laisser) le vent baigner ma tête nue !

Je ne .... (parler) pas, je ne penserai rien.

Mais l'amour infini me .... (monter) dans l'âme ;

Et j' .... (aller) loin, bien loin, comme un bohémien,

Par la Nature, – heureux comme avec une femme.

Arthur RIMBAUD,
second poème du *Cahier de Douai, Poésies*, 1870.

14 **Complete these sentences with a promise.**

Exemple : *Je n'ai pas encore fait la lettre mais je te **promets que je la ferai***.

a. Il n'a pas encore écrit au maire, mais il me ....

b. On ne vous a pas encore envoyé la télécopie, mais on vous ....

c. Vous n'avez pas encore téléphoné, mais vous nous ....

d. Elles n'ont pas encore fini leur travail, mais elles me ....

e. Tu n'as pas encore appelé l'avocat, mais tu nous ....

f. Elle n'a pas encore parlé au directeur, mais elle vous ....

15 **Replace the *futur proche* with the *futur simple*.**

Exemple : *Jacques va se marier à Madagascar.* → *Jacques **se mariera** à Madagascar.*

a. Je ne vais pas divorcer pour ça ! ....

b. On va avoir un enfant en juin. ....

c. Vous allez épouser cet homme ? ....

d. Elles vont rester célibataires toute leur vie ? ....

e. Tu vas te fiancer où ? ....

f. Ils ne vont pas vivre longtemps ensemble. ....

16 **Put Napoleon's biography in the *futur*, as in the example.**

Il est né le 15 août 1769 à Ajaccio (Corse).
À dix ans, il est admis au collège militaire de Brienne jusqu'en 1784 puis à l'école royale militaire de Paris.
À seize ans, il devient lieutenant en second dans l'artillerie.
En 1796, Napoléon part pour l'armée d'Italie puis en 1798 pour l'Égypte.
Il devient empereur en 1804 à 35 ans.
Pendant son règne, il modernise la France.
Il envahit une grande partie de l'Europe.
Il gagne et perd des batailles jusqu'à la défaite de Waterloo en 1815.
Il meurt en exil à Sainte-Hélène en 1821.

En 1768, une voyante prédit la vie de Napoléon…
*Il **naîtra** le 15 août 1769 à Ajaccio, en Corse. À dix ans…* ....

....

....

17 **Match these maps of France with the weather forecasts below.**

a.
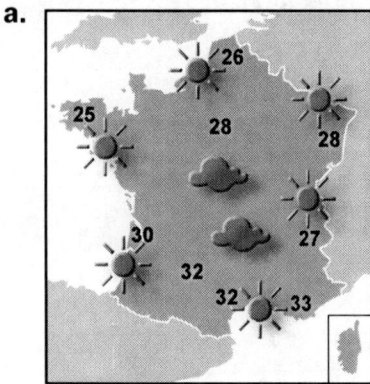

b.
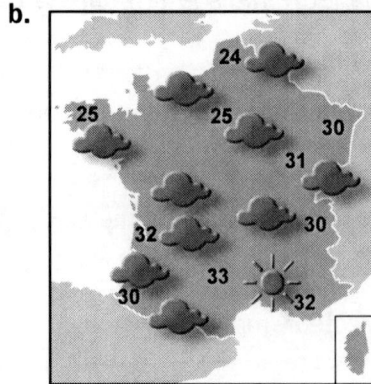

c.
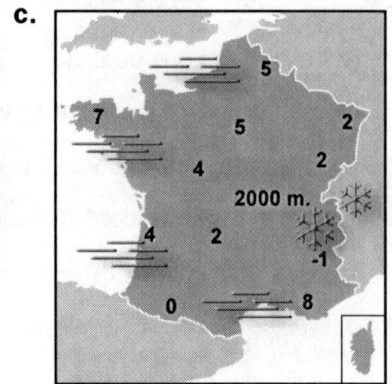

d.
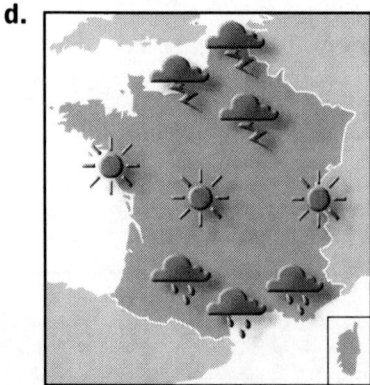

e.
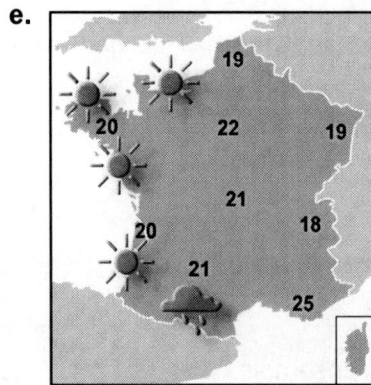

f.
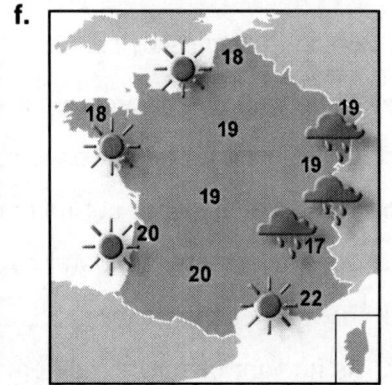

1. Il neigera à partir de 2000 m. Il fera froid sur tout le pays. Il y aura du brouillard près des côtes.

2. Il fera beau dans l'Ouest. Il pleuvra sur les Pyrénées. Les températures seront douces.

3. *Il fera chaud partout en France. Il y aura du soleil dans tout le pays sauf dans le Centre où il y aura des nuages.*

4. Il y aura de l'orage dans le Nord. Il pleuvra dans le Sud et partout ailleurs, il fera beau.

5. Le ciel sera nuageux sur l'ensemble du pays sauf sur le Sud-Est. Il fera chaud surtout dans l'Est et le Sud-Ouest.

6. Les températures seront douces pour la saison. Le soleil brillera près des côtes mais il y aura quelques averses en Alsace et sur les Alpes.

a3 ; b .... ; c .... ; d .... ; e .... ; f ....

1 **Put these sentences in the *futur proche*.** `/10 points`

Exemple : *Louis et Solange prennent leur retraite.* →
*Louis et Solange **vont prendre** leur retraite.*

a. Ils ne s'ennuient pas. ....

b. Louis peut jardiner. ....

c. Solange fait de la couture. ....

d. Louis lit beaucoup de romans. ....

e. Solange joue au bridge avec ses amies. ....

....

f. Solange prend des cours de tango avec Louis. ....

....

g. Ils s'occupent de leurs petits-enfants. ....

....

h. Ils voyagent. ....

i. Ils étudient l'espagnol. ....

j. Ils sont heureux. ....

2 **Put this text in the *futur proche*.** `/8 points`

L'an passé, Thomas **a quitté** son pays. Il s'est installé au Canada et il a cherché du travail dans l'informatique. Sa femme Annie et son fils David l'ont rejoint deux mois plus tard. Ils ont loué une maison dans la banlieue de Vancouver. David est allé à l'école française et Annie a donné des cours de cuisine à domicile. Ils ont commencé une nouvelle vie et ils n'ont pas regretté ce changement.

*L'année prochaine, Thomas **va quitter** son pays. Il* ....

....

....

....

....

....

....

3 **Complete this letter.** /10 points

> Chère Caroline,
>
> J'ai bien reçu ta lettre et je suis très heureuse de ta venue à Lyon. Pas de problème! Tu **pourras** habiter chez moi, je te .... (donner) la petite chambre sur le jardin. Tu .... (être) très bien.
>
> À midi, tu .... (manger) au restaurant universitaire. Mais le soir, nous .... (faire) des petits repas ensemble, ici, à la maison. Je te .... (présenter) mes amis, ils te .... (plaire) beaucoup.
>
> Si tu viens en cours avec moi, tu .... (rencontrer) peut-être aussi l'assistant du professeur. Tu .... (voir), il est jeune, mais il est bien mieux préparé et plus disponible que le professeur.
>
> Le week-end, nous .... (aller) dans les Alpes et nous .... (se promener) en forêt.
>
> Je t'embrasse,
>
> Mélanie

4 **Complete this extract using the following verbs in the *futur simple*:** /10 points

raconter – causer – voir – **demander** – entrer – rire – croire – parler – embrasser – crier – écouter.

Il faut que tu me rendes un service, mon ami. Tu vas fermer ton moulin pour un jour et t'en aller tout de suite à Eyguières… Eyguières est un gros bourg à trois ou quatre lieues de chez toi, – une promenade. En arrivant, tu **demanderas** le couvent des Orphelines. La première maison après le couvent est une maison basse à volets gris avec un jardinet der-rière. Tu .... sans frapper – la porte est toujours ouverte – et, en entrant, tu .... bien fort : « Bonjour braves gens. Je suis l'ami de Maurice… » Alors, tu .... deux petits vieux, oh! mais vieux, vieux, archi-vieux, te tendre les bras du fond de leurs grands fauteuils, et tu les .... de ma part, avec tout ton cœur comme s'ils étaient à toi. Puis vous ...., ils te .... de moi, rien que de moi; ils te .... mille folies que tu .... sans rire… Tu ne .... pas, hein?… Ce sont mes grands-parents, deux êtres dont je suis toute la vie et qui ne m'ont pas vu depuis dix ans… […]

Heureusement, tu es là-bas, mon cher meunier et, en t'embrassant, les pauvres gens .... m'embrasser un peu moi-même…

Alphonse DAUDET, « Les Vieux », *Lettres de mon moulin*, 1869.

5 **Make up sentences using the following list of activities.** /8 points

Programme du voyage de noces de Nathalie et Manuel

- **aller à Bora Bora**
- *se baigner tous les jours*
- *déguster des poissons*
- *voir des spectacles de danses tahitiennes*
- *faire un tour en hélicoptère au-dessus des îles*
- *se reposer*
- *pêcher en haute mer*
- *avoir beau temps tous les jours*
- *prendre beaucoup de photos*

Ils **iront** à Bora Bora.

....

....

....

....

....

....

....

La formation de l'impératif

1 **Match each sentence with the correct person.**

Qui donne les ordres ?

a. ***Montrez-moi vos papiers !***

b. Écoutez et répétez !

c. Levez la jambe droite et tournez !

d. Mange ta soupe !

e. Souriez ! Attention, ne bougez plus !

f. Ouvrez votre valise !

g. Attachez votre ceinture !

h. Éteignez votre portable !

i. Toussez ! Plus fort !

1. un docteur

2. un photographe

3. un employé de théâtre

4. un professeur d'anglais

5. un douanier

6. ***un policier***

7. un professeur de danse

8. une hôtesse de l'air

9. une mère à son fils

a6 ; b .... ; c .... ; d .... ; e .... ; f .... ; g .... ; h .... ; i ....

2 **Complete this chart.**

Verbes à l'infinitif	2ᵉ personne du sing.	1ʳᵉ personne du pluriel	2ᵉ personne du pluriel
travailler	*travaille*	*travaillons*	*travaillez*
sourire			
prendre			
mettre			
dormir			
croire			
courir			
faire			
attendre			

3 **Put these sentences in the *impératif*.**

Exemple : *Vous devez sortir !* → ***Sortez !***

a. Nous devons partir ! → .... !

b. Tu dois venir ! → .... !

c. Vous devez dormir ! → .... !

d. Tu dois attendre ! → .... !

e. Nous devons sourire ! → .... !

f. Vous devez répondre ! → .... !

g. Nous devons éteindre ! → .... !

h. Tu dois réfléchir ! → .... !

4 Complete these sentences.

Exemple : **Lis** (tu/lire) le premier paragraphe !

a. .... (vous/répéter) tous ensemble !

b. .... (nous/voir) maintenant la leçon 3 !

c. .... (tu/écouter) tes petits camarades !

d. .... (vous/arrêter) de faire les imbéciles !

e. .... (vous/écrire) un poème sur le modèle de « Mignonne... » !

f. .... (nous/regarder) ensemble cette règle de grammaire !

g. .... (tu / apprendre) tes verbes irréguliers, c'est la seule façon !

h. .... (vous/faire) pour demain l'exercice n° 4 page 25 !

5 Complete this message.

Maryse,

S'il vous plaît, aujourd'hui il y a beaucoup de ménage
à faire (nous avons eu du monde ce week-end).

- D'abord, **faites** (faire) la vaisselle.

- Puis ....-la (ranger) dans le placard.

- .... (arroser) les plantes.

- .... (repasser) les chemises de Jean-Louis.

- .... (passer) l'aspirateur dans toutes les pièces.

- .... (laver) les vitres.

- .... (changer) l'eau des fleurs dans le vase.

- .... (nettoyer) le four.

- Enfin, ... (cirer) le parquet.

Merci.

À demain.

Les verbes pronominaux à l'impératif

6 **Complete this chart.**

Verbes à l'infinitif	2ᵉ personne du sing.	1ʳᵉ personne du pluriel	2ᵉ personne du pluriel
se réveiller	*réveille-toi*	*réveillons-nous*	*réveillez-vous*
se lever			
se dépêcher			
se préparer			
se raser			
se doucher			
s'habiller			
se peigner			
se coucher			

7 **Change these sentences.**

Exemple : *Il faut nous faire discrets.* → ***Faisons-nous** discrets !*

a. Il faut vous taire ! → .... !

b. Il faut te tenir droit. → .... !

c. Il faut vous asseoir en silence. → .... !

d. Il faut te calmer. → .... !

e. Il faut vous excuser. → .... !

f. Il faut te mettre dans le coin. → .... !

Et encore...

8 **Complete these lines from poems and songs.**

Exemple : « ***Dites** (vous / dire) ces mots Ma vie*
*Et **retenez** (vous / retenir) vos larmes. »*
(Louis ARAGON, « Il n'y a pas d'amour heureux », *La Diane française*, 1946.)

a. « Odeur du temps brin de bruyère

Et .... (tu / se souvenir) que je t'attends. »

(Guillaume APOLLINAIRE, « L'Adieu », *Alcools*, 1913)

b. « Ah ! Déesse ! .... (vous / avoir) pitié de ma tristesse et de mon délire. »

(Charles BAUDELAIRE, « Le Fou et la Vénus », *Le Spleen de Paris*, 1869)

c. « .... (nous / aller), guerriers ! La charge sonne !

.... (vous / courir), ... (vous / frapper), c'est le moment ! »

(Victor HUGO, « La Mêlée », *Odes et Ballades*, 1826)

d. « .... (tu / se rappeler) Barbara

Il pleuvait sans cesse sur Brest ce jour-là. »

(Jacques PRÉVERT, « Rappelle-toi Barbara », *Paroles*, 1946)

e. « Ne .... pas (tu / rentrer) trop tard, surtout ne .... pas

(tu / prendre) froid. »

(Léo FERRÉ, *Avec le temps*, 1972)

f. « Puis après, comme moi, ... (tu / souffrir) et .... (tu / mourir) sans

parler. »

(Alfred DE VIGNY, « La Mort du loup », *Les Destinées*, 1838)

g. « Ne me .... (tu / quitter) pas. […]

................................-moi (tu / laisser) devenir l'ombre de ton ombre. »

(Jacques BREL, *Ne me quitte pas*, 1959)

9 **Give advice or an order.**

Exemple : *Votre ami est fatigué. (se reposer, prendre des vacances, aller au bord de la mer)* →
Repose-toi ! Prends des vacances ! Va au bord de la mer !

a. Votre directeur a mal à la tête. (aller chez le médecin, rentrer à la maison, prendre de

l'aspirine)

.... !

b. Votre fils regarde trop la télé. (arrêter de regarder la télé, faire ses devoirs, être plus sérieux)

.... !

c. Vos voisins font du bruit. (baisser le son, enlever ses chaussures, être plus discrets)

.... !

d. Votre ami est triste. (sortir de chez soi, s'amuser, venir avec nous à la plage)

.... !

e. Vous avez un jeune chien. (arrêter de saute, se coucher, ne pas aboyer)

.... !

L'impératif à la forme négative

10 Match the items in each column to form sentences.

a. Ne lis pas · · · · · · · · · ·

b. N'achetez pas

c. N'écris pas

d. N'envoie pas

e. N'oublions pas

f. Ne prenons pas

1. ma photo !

2. mon courrier !

3. sur ce livre ! Il est très précieux.

4. le journal !

5. de lui donner notre e-mail !

6. ce guide, nous en avons déjà un !

a2 ; b .... ; c .... ; d .... ; e .... ; f ....

11 Write the opposite of each sentence.

Exemple : **N'enlève pas** tes chaussures ! → **Enlève** tes chaussures !

a. Ne jetez pas ces chaussettes ! → .... !

b. Ne lave pas ce pull ! → .... !

c. Ne repasse pas mon pantalon ! → .... !

d. Ne prenez pas de veste ! → .... !

e. N'emporte pas de blouson ! → .... !

f. Ne change pas de vêtements ! → .... !

12 Make a sentence out of each group of words.

Exemple : *salons ! / fumez / dans / Ne / les / pas* → **Ne fumez pas dans les salons !**

a. après / Ne / de / faites / bruit / 22h00 ! / pas

.... !

b. courez / couloirs ! / pas / Ne / les / dans

.... !

c. les / en / incendie ! / pas / ascenseurs / Ne / cas / d' / prenez

.... !

d. ouvertes ! / pas / fenêtres / laissez / Ne / les

.... !

e. pas / de / N' / les / emportez / toilette ! / serviettes

.... !

13 **Write the opposite of the following sentences.**

Exemple : ***Mets-toi*** *en colère !* → ***Ne te mets pas*** *en colère !*

a. Disputez-vous ! → .... !

b. Énerve-toi ! → .... !

c. Inquiétez-vous ! → .... !

d. Affolons-nous ! → .... !

e. Fais-toi du souci ! → .... !

f. Battons-nous ! → .... !

L'impératif et les pronoms

14 **Change these sentences.**

Exemples : *Tu dois téléphoner à la responsable marketing !* → ***Téléphone-lui !***
Nous devons donner du travail aux employés ! → ***Donnons-leur du travail !***

a. Nous devons demander le prix aux vendeurs ! → .... !

b. Tu dois écrire aux anciens clients ! → .... !

c. Vous devez nous envoyer un e-mail ! → .... !

d. Nous devons parler au directeur ! → .... !

e. Tu dois apporter le courrier à ton collègue ! → .... !

f. Tu dois me prêter ton stylo ! → .... !

15 **Make a sentence out of each group of words.**

Exemple : *lui / Offrons / fleurs ! / des* → ***Offrons-lui des fleurs !***

a. autographe ! / Demandez- / un / leur

.... !

b. de / Envoie- / mot / lui / félicitations ! / un

.... !

c. bise ! / moi / une / Fais-

.... !

d. le / Donnez- / résultat ! / nous

.... !

e. « Joyeux / leur / Chante- / anniversaire » !

.... !

16 Change these sentences.

Exemple : *Vous devez changer l'ampoule !* → ***Changez-la !***

a. Tu dois réparer l'autoradio ! → .... !

b. Nous devons repeindre l'appartement ! → .... !

c. Vous devez installer l'électricité ! → .... !

d. Tu dois nettoyer l'évier ! → .... !

e. Nous devons monter l'armoire ! → .... !

f. Vous devez mettre l'air conditionné ! → .... !

L'impératif avec *y* et *en*

17 Change these sentences.

Exemple : *Tu dois aller au supermarché !* → ***Vas-y !***

a. Vous devez venir à la piscine ! → .... !

b. Nous devons passer par la gare ! → .... !

c. Tu dois retourner à la fac ! → .... !

d. Vous devez entrer dans le cinéma ! → .... !

e. Nous devons monter en haut de la tour ! → .... !

f. Tu dois courir au théâtre ! → .... !

18 Answer these questions in the negative form.

Exemple : – *Nous entrons dans ce café ?*
  – ***Non, n'y entrons pas !***

a. – Je passe à la cafétéria ?

  – Non, ... !

b. – On va dans ce restaurant ?

  – Non, ... !

c. – Je reste au bar ?

  – Non, ... !

d. – On mange à la cantine ?

  – Non, ... !

e. – Je retourne à la crêperie ?

  – Non, ... !

f. – On déjeune dans cette pizzeria ?

  – Non, ... !

g. – Je reviens au pub ?

  – Non, ... !

h. – On dîne dans cette brasserie ?

  – Non, ... !

19 **Change these sentences.**

Exemple : *Mange des légumes !* → ***Manges-en !***

a. Vous devez prendre des gâteaux ! → .... !

b. Nous devons boire de l'eau ! → .... !

c. Tu dois acheter du pain ! → .... !

d. Vous devez faire de la salade ! → .... !

e. Nous devons offrir des chocolats ! → .... !

f. Tu dois apporter du vin ! → .... !

g. Vous devez mettre du sel ! → .... !

h. Nous devons demander des fruits ! → .... !

20 **Make negative sentences.**

Exemple : *tu / jouer* → ***N'en joue pas !***

a. nous / écouter → .... !

b. vous / acheter → .... !

c. tu / mettre → .... !

d. nous / choisir → .... !

e. tu / chanter → .... !

f. vous / faire → .... !

g. nous / enregistrer → .... !

h. tu / sélectionner → .... !

Évaluation 9

1 **Put a caption below each drawing by writing what is forbidden.** /8 points

a.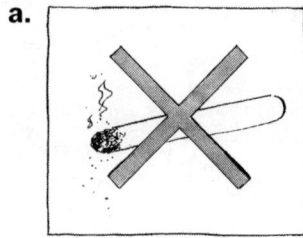

fumer : ***Ne fumez pas !***

b.

boire : ....

.... !

c.

téléphoner : ....

.... !

d.

traverser : ....

.... !

e.

tourner : ....

.... !

f.

tourner : ....

.... !

g.

pique-niquer : ....

.... !

h.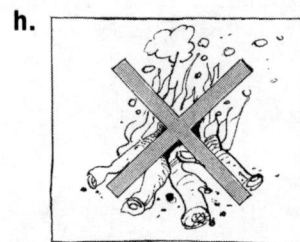

faire : ....

.... !

i.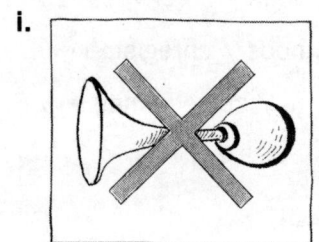

faire : ....

.... !

2 **Put the verbs in the *impératif* to complete this e-mail.**

/8 points

```
                              message
De : marielavaux@wanadoo.fr
À : paullavaux@didier.fr
Date : mercredi 23 mars 2004
Objet : courses pour ce soir

Chéri,
Je dois rester plus tard au bureau ce soir. Peux-tu t'occuper du dîner ?
- Va chez le boucher rue Lepic et ......................... (prendre) un rôti de boeuf.
- ......................... (acheter) un kilo de haricots verts à Monoprix et
......................... (ne pas oublier) le pain (2 baguettes).
- ......................... (apporter) ma jupe bleue au pressing et .........................
(récupérer) mon ensemble rouge (le ticket est dans le tiroir de la table
de nuit).
- ......................... (mettre) le rôti dans le four à 20h00 (thermostat 7) avec
sel et poivre et ......................... (faire) cuire les haricots verts.
- et comme tu es un amour, ......................... -moi (préparer) un bon bain chaud !
Ta petite femme adorée,
Marie.
```

3 **Rewrite this letter.**

/8 points

> Mon amour,
>
> **Tu dois venir** me rejoindre sur mon bateau ! Nous devons partir loin, au bout de la terre, là où les rêves ne meurent pas. Tu dois tout laisser et me suivre. Je te ferai découvrir des paradis perdus, tu dois me croire. Tu dois me faire confiance. Le bonheur est là ! Tu ne dois pas réfléchir. Tu dois courir à présent et nous devons disparaître !
>
> Ton Robert qui t'aime.

Mon amour,

Viens me rejoindre ....

....

....

....

....

évaluation 9

127

4 **Put the verbs in the *impératif* to complete this recipe.** /8 points

---

CAKE AUX OLIVES ET AUX NOISETTES

Préparation : 30 mn
Cuisson : 1 h 15 min

Ingrédients (pour 20 tranches environ) :
150 g de farine – 4 œufs – 8 cl d'huile – 15 cl de lait –
1 sachet de levure chimique – 150 g d'olives vertes
dénoyautées – 150 g de noisettes décortiquées –
150 g de comté râpé – 15 g de beurre – sel et poivre.

Préparation :

Préchauffez (préchauffer) le four thermostat 6 (180°C). .... (mélanger) la farine avec la levure chimique et une pincée de sel. .... (incorporer) les œufs l'un après l'autre en mélangeant avec une cuillère en bois. .... (verser) l'huile, puis le lait, sans cesser de mélanger. .... (travailler) cette pâte au fouet électrique jusqu'à ce qu'elle soit lisse et onctueuse. .... (poivrer). .... (beurrer) soigneusement un moule à cake. .... (plonger) les olives vertes quelques secondes dans de l'eau bouillante. ....-les (rafraîchir) sous l'eau froide. .... (égoutter) et ....-les (éponger) dans du papier absorbant. .... (incorporer) les olives délicatement à la pâte ainsi que les noisettes et le fromage râpé. .... (verser) dans le moule à cake qui doit être rempli seulement aux deux tiers de sa hauteur. .... (mettre) au four. .... (laisser) cuire 1 heure 15. .... (démouler) à la sortie du four et .... (laisser) refroidir sur une grille avant de le couper en tranches.

Unité **3**

Les mots invariables

PAGES

1 *à* or *de*? Circle the correct answer.

Exemple : *Marco étudie* (**à**) / *de* / *d' l'université d'Angers.*

a. Pierre va **à** / **de** / **d'** la fac tous les matins.

b. Alice et Hyacinthe sortent **à** / **de** / **d'** la bibliothèque.

c. Nous sommes **à** / **de** / **d'** l'entrée de l'école.

d. Vous mangez **à** / **de** / **d'** la cafétéria ?

e. Je pars faire des études de médecine **à** / **de** / **d'** Montpellier.

f. On passe **à** / **de** / **d'** la librairie acheter les CD-ROM d'anglais.

g. Les étudiants manifestent **à** / **de** / **d'** l'entrée du campus.

h. Le ministre de l'Éducation nationale descend **à** / **de** / **d'** l'avion.

2 *à* or *de*? Tick the right answer. Then, correct the incorrect forms.

	Correcte	Incorrecte	
a. *Il joue ~~du~~ tennis.*	❏	☒	*au tennis*
b. Vous faites au violon.	❏	❏	....
c. Tu parles de sport tout le temps.	❏	❏	....
d. Elles vont du conservatoire.	❏	❏	....
e. C'est difficile de nager.	❏	❏	....
f. Ils viennent à commencer le match.	❏	❏	....
g. Vous voulez écouter au jazz ?	❏	❏	....
h. On cherche le titre du morceau.	❏	❏	....
i. L'organisation de ce concert n'est pas facile.	❏	❏	....

3 Complete these sentences using *au, en* or *aux*.

Exemple : *Les grottes de Lascaux se trouvent **en** France.*

a. Le temple d'Angkor est situé .... Cambodge.

b. Le site de Machu Picchu se trouve .... Pérou.

c. Le temple de Borobudur est .... Indonésie.

d. Le tombeau de Toutankhamon se trouve .... Égypte.

e. Le site indien de Mesa Verde se trouve .... États-Unis.

f. Les ruines de Pompéi sont .... Italie.

g. L'armée de terre cuite du premier empereur est .... Chine.

h. Les rizières en terrasse de Banaue se trouvent .... Philippines.

4 **Make sentences using *à*, *au*, *en* or *aux*.**

Exemple : *Fernando / ingénieur / Portugal* → *Fernando est ingénieur **au** Portugal.*

a. Olga / guide / Russie → ....

b. Chang / pharmacien / Singapour → ....

c. Mathurin / pâtissier / Antilles → ....

d. Tony / journaliste / Angleterre → ....

e. Fatima / informaticienne / Angola → ....

f. Kathy / directrice / Seychelles → ....

g. Vladimir / chanteur / Cuba → ....

h. Soubanh / ministre / Laos → ....

5 **Complete these sentences using *à, dans* or *chez*.**

Exemple : *Je reste **chez** le coiffeur jusqu'à midi.*

a. Tu peux acheter une baguette .... la boulangerie ?

b. Patrick a rendez-vous .... le médecin.

c. .... cette boutique, on trouve de tout.

d. On va .... Serge, il habite à côté du cinéma, là-bas.

e. Elle ne va pas passer l'après-midi .... le magasin !

f. Vous voulez des œufs ? Vous en trouverez .... l'épicier.

g. Achetez de l'aspirine .... la pharmacie ! J'ai mal à la tête.

h. J'ai oublié mon portefeuille .... la chambre.

6 Complete these sentences using *par*, *pour* or *avec*.

Exemple : *Je cherche un appartement **avec** trois chambres.*

a. Vous devez signer un bail* .... 3 ans.

b. Je voudrais réserver une chambre .... mes cousins. Ils arrivent le 28 avril. ....

   deux personnes.

c. Nous préférons une salle de bains .... une douche.

d. Sylvie est passée .... cette agence pour louer sa maison.

e. Je suis d'accord .... l'hôtel des Marronniers, il est moins cher.

f. Ils ont trouvé leur studio .... annonce.

g. On a choisi le quartier .... son calme.

h. .... qui tu vas habiter ici ?

   *contrat

7 *en* or *dans*? Cross out the wrong answer.

Exemple : *L'avion va décoller ~~en~~ / **dans** trente minutes.*

a. Il n'y a pas assez de kérosène **en / dans** le réservoir.

b. Le Concorde était très rapide : il faisait Paris-New York **en / dans** 3 heures 45 minutes.

c. Je fais toujours le trajet **en / dans** avion.

d. Les bagages sont **en / dans** la soute.

e. Le vol pour Los Angeles sera **en / dans** retard.

f. L'appareil a explosé **en / dans** vol.

g. L'aéroport se trouve **en / dans** plein centre-ville.

h. On doit passer les valises **en / dans** les machines à rayons X.

Évaluation 10

1 **Complete these sentences using *à*, *de*, *en*, *chez* or *dans*.** /10 points

Exemple : *Magali est née **en** Suisse.*

a. Marie-Lucie vient .... Marseille lundi.

b. Les parents de Benazir vivent .... pleine campagne.

c. Olivier va .... la cuisine.

d. Les enfants sont .... la chambre.

e. Son frère habite .... Bangkok.

f. Allons .... la bibliothèque !

g. Nous sommes invités .... les parents de Benoît.

h. Rendez-vous .... ce café à 18 h 00.

i. Tu veux aller .... Sandra ?

j. Nous revenons juste .... la poste.

2 **Complete this dialogue using *à*, *de*, *dans*, *en*, *avec*, *par*, *pour* or *sur*.** /8 points

MONSIEUR GUILLOUX : Bonjour, je voudrais réserver une chambre.

L'EMPLOYÉE : ***Pour*** combien de nuits ?

MONSIEUR GUILLOUX : Deux nuits. .... 15 .... 17 mai.

L'EMPLOYÉE : .... quel nom ?

MONSIEUR GUILLOUX : Thuard. T.H.U.A.R.D.

L'EMPLOYÉE : .... bain ou .... douche ?

MONSIEUR GUILLOUX : .... douche. Et vue .... la mer, une chambre .... terrasse.

L'EMPLOYÉE : .... demi-pension ou pension complète ?

MONSIEUR GUILLOUX : .... demi-pension. Les animaux sont-ils admis .... l'hôtel ?

L'EMPLOYÉE : Non monsieur, je suis désolée.

MONSIEUR GUILLOUX : Tant pis.

L'EMPLOYÉE : Vous avez accès .... un parking gratuit et il y a un coffre .... la réception. Vous paierez .... carte ou .... chèque ?

MONSIEUR GUILLOUX : .... carte.

L'EMPLOYÉE : Merci, monsieur. Au revoir !

Le temps

1 **Underline the correct answer.**

Exemple : *Il est 21 h 00. Aurélie est fatiguée, elle se couche __tôt__ / tard.*

a. Je ne vais **jamais / toujours** au lit avant minuit.

b. **Aujourd'hui / Demain**, nous sommes en pleine forme.

c. Il est midi et les enfants dorment **déjà / encore** ?

d. Vous êtes **ensuite / enfin** levés !

e. On se repose **maintenant / bientôt** et on va dîner à 19 h 00, d'accord ?

f. Alice ! Qu'est-ce que tu fais ici ? Tu es **quelquefois / rarement** réveillée à cette heure-là !

g. Martin veut rentrer ! Il a beaucoup travaillé et **d'abord / puis**, il a sommeil.

h. **Avant / Après** une bonne nuit, on se sent beaucoup mieux !

2 **Complete this letter using the following words:**

encore – **souvent** – toujours – bientôt – hier – jamais – maintenant – demain – aujourd'hui.

Salut Frank,

Mon séjour à Grenoble se passe bien. L'école est super sympa et les étudiants aussi.
*Je fais **souvent** du ski le week-end, les pistes sont très près.*

........................, nous sommes allés à Chamrousse, c'était super, il y avait beaucoup
de neige. ...., nous sommes à Lans-en-Vercors avec Rita et David.

Rita est brésilienne et David est suisse. Nous partageons un appartement de 100 m².
C'est .... moi qui fais la cuisine mais je ne fais ....
le ménage. ...., je passe un examen : le DALF ; ensuite, j'entrerai
à l'université en octobre, si je réussis bien sûr…

Et toi, comment vas-tu ? Es-tu .... célibataire ? .... que
fais-tu ? J'espère que tu vas venir me voir ....

À plus tard,

Alex

La fréquence

3 **Make a sentence out of each group of words.**

Exemple : *souvent / Nous / au / jouons / tennis.* → ***Nous jouons souvent au tennis****.*

a. voisins / rarement / Mes / sport. / font / du ....

b. pratique / la / Généralement, / natation. / je ....

c. foot. / en train de / Mon / au / de / fils / tout le temps / est / jouer ....

....

d. golf / fais / du / de temps en temps ? / Tu .... ?

e. femme / regarde / les / de / Ma / rugby. / quelquefois / matchs ....

....

f. le / gagne / Tour / toujours / France. / Il / de ....

....

g. montes / cheval ? / tu / parfois / Est-ce que / à ....

.... ?

h. compétition. / ne / On / jamais / à / participe / cette ....

....

La quantité

4 **Match the items in each column to form sentences.**

a. ***Viviane est*** ....

b. Tu as mal au ventre, c'est normal, tu manges

c. Vous aimez mon cassoulet, prenez-en

d. Depuis son mariage, Pascal a arrêté le sport, il bouge

e. Mon Dieu ! Je fais

f. Ces enfants sont maigres, ils ne mangent pas

g. Claire et Maryse font

h. On prend

i. Nous pesons chacun 70 kg

1. seulement de la soupe !

2. assez !

3. environ.

4. peu attention à leur poids.

5. plus !

6. ***très mince.***

7. presque 90 kg !

8. trop !

9. moins !

a6 ; b .... ; c .... ; d .... ; e .... ; f .... ; g .... ; h .... ; i ....

5 Complete these sentences using *assez, trop, peu, moins, plus* or *beaucoup*.
(Careful: there is more than one answer.)

Exemple : *Sylvain a mal aux yeux parce qu'il regarde **trop** (ou : **beaucoup**) la télévision.*

a. Maud lit .... : un ou deux livres par an.

b. J'écoute .... la radio, j'adore les émissions politiques et les chansons.

c. Ce journal se vend .... : 20 % de baisse en un an !

d. Vous pouvez regarder la BBC parce que vous comprenez .... bien l'anglais.

e. Aujourd'hui, les enfants jouent .... aux jeux vidéo.

f. Comme ils sont à la retraite, mes parents vont .... souvent à la bibliothèque.

6 Underline the correct answer.

Exemple : *Il n'a pas **très** / **beaucoup** faim.*

a. On n'a pas **très** / **beaucoup** de pain.

b. Je n'aime pas **très** / **beaucoup** ce restaurant.

c. Vous n'êtes pas **très** / **beaucoup** gourmand.

d. Nous ne mangeons pas **très** / **beaucoup**.

e. Ça lui fait **très** / **beaucoup** plaisir de dîner avec nous.

f. Ce plat est **très** / **beaucoup** épicé.

L'intensité

7 Underline the correct answer.

Exemple : *Demain, nous nous levons **très** / **trop** tôt.*

a. Éric a préparé les bagages : c'est **très** / **trop** bien.

b. J'étais **très** / **trop** fatiguée pour les faire.

c. Là-bas, il fait 40°C à l'ombre ; pour moi, c'est **très** / **trop** chaud.

d. On m'a dit que les gens étaient **très** / **trop** gentils.

e. Et la nourriture est **très** / **trop** bonne.

f. On peut se baigner : la mer est **très** / **trop** claire.

g. Si l'hôtel n'est pas **très** / **trop** loin de la plage, j'irai nager tous les jours.

h. Le voyage est **très** / **trop** long : il dure 11 heures.

La manière

8 **Complete these sentences using the following words:**

mal – dur – fort – clair – vite – droit – **bien** – cher – faux.

Ma famille !

a. Ma mère cuisine **bien**.

b. Mon père travaille ....

c. Mon grand-père ne voit pas ....

d. Ma grand-mère ne marche pas ....

e. Ma sœur court très ....

f. Mon frère parle ....

g. Mon oncle va ....

h. Mon chien coûte ....

i. Et moi je chante ....

Le lieu

9 **Complete these sentences using the following words:**

dehors – à côté – loin – là-bas – ici – devant – ailleurs – derrière – près.

Photo de famille

« Bon, nous allons prendre une photo, venez tous **dehors** ! Stéphane, vient .... , à côté de moi ! Et toi, Ondine mets-toi .... , sous le pommier ! Romain, va avec Ondine et place-toi .... ! Paul et Hugues, vous êtes grands, mettez-vous .... Et les enfants, Antoine et Alphonse, asseyez-vous .... Jean ! Tu peux enlever le vélo, s'il te plaît ? Mets-le .... Et pour prendre la photo, ne te mets ni trop .... , ni trop .... »

Les adverbes en -*ment*

10 **Complete this chart.**

Adjectif masculin	Adjectif féminin	Adverbe
clair	*claire*	*clairement*
lent		
certain		
sérieux		
régulier		
actuel		
complet		

11 **What does each adverb express? Choose the correct answer.**

le temps – la manière – la fréquence – la quantité – l'intensité

Exemple : *Nous achetons <u>régulièrement</u> des magazines.* → ***la fréquence***

a. Tu lis très <u>lentement</u> ! → ....

b. Ces livres sont <u>entièrement</u> gratuits. → ....

c. <u>Dernièrement</u>, j'ai reçu ce roman. → ....

d. <u>Habituellement</u>, ils vendent des journaux dans cette boutique. → ....

e. Cet article est <u>extrêmement</u> intéressant. → ....

f. Votre bibliothèque a <u>nettement</u> plus d'ouvrages que la mienne. → ....

g. On a <u>rarement</u> l'occasion de lire. → ....

h. Mon grand-père garde <u>soigneusement</u> ses vieux manuscrits du XVIIIe siècle. → ....

12 **Put each adverb in the correct place in the sentence.**

Exemple : *Ce tableau est laid. (franchement)* → *Ce tableau est **franchement** laid.*

a. La sculpture de Yanis est vendue ! (déjà) → ....

.... !

b. Que pensez-vous de Picasso ? (réellement) → ....

.... ?

c. La galerie Sanguine ferme tard ! (très) → ....

.... !

d. C'est un artiste fou ! (complètement) → ....

.... !

e. Je ne paierai ce prix pour une œuvre d'art ! (jamais) → ....

.... !

f. Tu crois que l'on peut entrer à l'exposition ? (gratuitement) → ....

.... ?

g. On a envie d'acheter cette photo. (presque) → ....

....

h. Le peintre nous a expliqué son travail. (longuement) → ....

....

Évaluation **11**

① **Write the adverbial form of the following words.** /10 points

Exemple : *grand* → ***grandement***

a. joyeux → ....

b. fatal → ....

c. actif → ....

d. sûr → ....

e. tranquille → ....

f. spécial → ....

g. dernier → ....

h. final → ....

i. dur → ....

j. froid → ....

② **Underline the correct answer.** /10 points

Je suis **trop / très** sportif, et **particulièrement / sincèrement** fort au football et en acrobatie. Je cours **vite / lentement**. Je mets **tout le temps / jamais** des pantalons et les mêmes habits. Je porte des lunettes que j'oublie **presque / assez** tous les jours à la maison. J'adore jouer aux jeux vidéo et écouter mes musiques préférées : le hard rock et le rap. Je suis de taille moyenne. Mes yeux sont marron vert. On me compare **souvent / bientôt** à un renard rusé. Je suis **beaucoup / plutôt** distrait et pas **toujours / encore** attentif. Je suis **mal / peu** patient, **quelquefois / avant** paresseux ou agressif. J'aime bien râler… Je lis **nettement / longtemps** le soir avant de m'endormir et mon chien dort sur mon lit avec moi.

③ **What does each adverb express? Choose the correct answer.** /8 points

le temps – la manière – la fréquence – le lieu – la quantité – l'intensité

Exemple : *Elles dorment **beaucoup**. → **la quantité***

a. Tu ronfles <u>fort</u> ! → ....

b. Ma chambre est <u>à côté</u>. → ....

c. Nous avons <u>trop</u> chaud pour dormir. → ....

d. Il se couche <u>rarement</u> avant 2 h 00 du matin. → ....

e. On a <u>maintenant</u> un nouveau lit. → ....

f. Vous êtes <u>déjà</u> réveillé ? → ....

g. J'ai <u>régulièrement</u> mal à la tête en me levant. → ....

h. Parle <u>doucement</u> pour ne pas les réveiller ! → ....

4 **Complete this text using the following adverbs:** /10 points

beaucoup – récemment – vraiment – bien (*twice*) – seulement – tôt – encore –
aujourd'hui – **réellement** – aussi.

L'apprentissage des langues est **réellement** une bonne chose parce qu'il permet de s'ouvrir

aux autres. Il permet .... de .... comprendre sa propre langue.

Les Allemands donnent .... plus d'importance à l'enseignement des langues

étrangères que les Français. Là-bas, le ministère de l'Éducation considère qu'un quart de

l'emploi du temps d'un élève devrait être consacré aux langues. C'est .... au-

dessus de la moyenne européenne. ...., le chancelier Schröder exposait ce

que doivent connaître les élèves, et en tout premier, les langues.

En France, ... 10 % de l'emploi du temps des élèves est consacré aux

langues. En Europe, ceux qui arrivent en tête sont .... une fois les

Luxembourgeois, avec plus de 50 %.

........................, tous les pays européens veulent enseigner des langues étrangères de

plus en plus .... Mais les pays scandinaves (qui sont habitués à ça depuis

longtemps) ont des instituteurs mieux formés et .... spécialisés.

Extrait du site : http://www.france5.fr

5 **Complete this book review using the following words:** /10 points

beaucoup (*twice*) – aussi (*3 times*) – souvent – encore – depuis – finement – largement –
justement.

> **Pleure, ô pays bien-aimé** de Alan Paton, 1950
>
> Un livre extraordinaire, écrit avec **beaucoup** de pudeur et de fierté .... Le
> racisme, l'apartheid, le drame des populations locales déracinées, dont on peut comprendre la vio-
> lence, les Blancs désorientés .... parce que tout ce qu'ils vivent ne correspond pas
> à leur éducation, tout y est .... analysé dans une histoire prenante, difficile, et qui
> sonne si juste. Un grand succès de la littérature contemporaine ....
> mérité, sur un pays où tout est différence, où les chocs entre ethnies n'ont commencé à cesser que
> .... si peu de temps, un livre d'espoir ...., qu'il faut lire
> .... à la lumière des changements récents pour comprendre l'importance de son
> écriture (en 1948), pour faire prendre conscience… On l'a .... comparé à *La Case
> de l'oncle Tom* mais il est plus fort, parce que .... plus proche de nous dans le
> temps, c'est un beau livre, un grand livre, qui rend .... plus attachant le pays où
> l'histoire se passe.

Unité 4

La phrase

L.S. p. 200

1 Change these sentences.

Exemple : *Tu connais le Louvre ? → **Est-ce que tu connais** le Louvre ?*

a. Vous avez visité les grottes de Lascaux ? → ....
.... ?

b. Dominique se souvient du château de Valençay ? → ....
.... ?

c. Nous irons à Carnac ? → .... ?

d. On peut voir l'abbaye de Fontenay ? → .... ?

e. Elles veulent passer par Carcassonne ? → .... ?

f. Vous allez souvent dans les Alpes ? → .... ?

g. Ta mère vient faire un tour sur la Côte d'Azur ? → ....
.... ?

2 Change these sentences.

Exemple : *Vous triez les déchets ? → **Triez-vous** les déchets ?*

a. Tu respectes la nature ? → .... ?

b. Nous économisons l'eau suffisamment ? → .... ?

c. Ils protègent leurs forêts ? → .... ?

d. On défend assez les animaux sauvages ? → .... ?

e. Vous nettoyez les plages ici ? → .... ?

f. Elles prennent des mesures efficaces ? → .... ?

g. Tu es pour ou contre la chasse ? → .... ?

3 Ask the correct questions.

Exemple : – *Les personnes âgées font-elles des dépenses importantes ?*
– *Oui, les personnes âgées font des dépenses importantes.*

a. – .... ?
– Oui, les seniors ont leur place dans l'entreprise.

b. – .... ?
– Oui, mon grand-père conduit toujours.

c. – .... ?

    – Non, notre grand-mère n'est pas très âgée.

d. – .... ?

    – Non, la société ne s'occupe pas assez des personnes âgées.

e. – .... ?

    – Oui, il y a un club du troisième âge dans notre ville.

f. – .... ?

    – Oui, les retraités voyagent beaucoup.

4 **Change these sentences.**

Familier ou soutenu ?

Exemples : *Qu'allons nous faire ?* → **Qu'est-ce que nous allons faire ?**

                 Que va-t-on voir ? → Qu'est-ce qu'on va voir ?

a. .... ? ← Qu'est-ce qu'il va devenir ?

b. Que vas-tu prendre ? → .... ?

c. .... ? ← Qu'est-ce que je vais mettre ?

d. Que vont-ils dire ? → .... ?

e. .... ? ← Qu'est-ce qu'elle va écrire ?

f. Qu'allez-vous acheter ? → .... ?

g. .... ? ← Qu'est-ce qu'elles vont chercher ?

h. Que vas-tu imaginer ? → .... ?

5 **Ask questions using *qui, que, qu'est-ce que, de qui, avec qui* or *à qui*.**

Exemple : *Je joue avec mon frère.* →

        Avec qui tu joues ? / Avec qui joues-tu ? / Avec qui est-ce que tu joues ?

a. Il pense à ses parents. → .... ?

b. Nous invitons toute la famille. → .... ?

c. Elle parle de sa mère. → .... ?

d. C'est mon cousin. → .... ?

e. Ton grand-père veut un verre d'eau. → .... ?

f. Ma sœur est en retard. → .... ?

g. C'est la voiture de mon père. → .... ?

h. J'achète deux places pour mon oncle et ma tante. → ....

    .... ?

6 Complete these sentences using *quel*, *quelle*, *quels* or *quelles*.

Exemple : *Vous prenez l'avion à **quelle** heure demain ?*

a. À .... âge tu as commencé à voyager ?

b. .... semaine Roberto arrive du Brésil, la première ou la deuxième d'août ?

c. .... est le meilleur moment de l'année pour visiter cette région ?

d. En .... année vous êtes allés aux Philippines ?

e. .... sont les mois les plus chauds dans ce pays ?

f. .... sont les quatre saisons en Europe ?

g. .... sont les jours fériés au Népal ?

h. À .... période tu pars au Chili ?

7 Answer these questions using *oui*, *non*, *si*, *aussi* or *non plus*.

Exemple : – *C'est madame Makine ?*
                 – ***Oui**, c'est elle.*

a. – Vous n'êtes pas le directeur ?

   – ...., c'est moi.

b. – Je ne suis pas étudiant et vous ?

   – Moi ...., je suis photographe.

c. – Hans ne vient pas d'Allemagne ?

   – ...., il vient de Munich.

d. – Nous nous appelons Dupont et vous ?

   – Nous ...., c'est étonnant.

e. – Tu n'as pas d'enfant ?

   – Moi ...., j'en ai trois.

f. – Mes enfants sont célibataires, et votre fille ?

   – Elle ...., mais elle a un petit ami.

g. – On n'est pas voisins ?

   – .... Nous, on habite au Sud et vous, au Nord.

h. – Les filles ne parlent pas anglais, et Jean ?

   – Lui ...., il ne l'a jamais étudié.

Évaluation 12

1 **Ask the correct questions (in all three forms).** /10 points

Exemple : *Oui, je fais confiance à ma fille. (Tu)* → **Tu fais confiance** *à ta fille ? /* **Fais-tu confiance** *à ta fille ? /* **Est-ce que tu fais confiance** *à ta fille ?*

a. Oui, nous pensons à nos enfants. (Vous) → ....

.... ?

b. Non, on ne peut pas lui demander n'importe quoi. (On) → ....

.... ?

c. Oui, ils sont gentils. (Ses deux fils) → ....

.... ?

d. Non, je ne suis pas d'accord avec ses idées. (Vous) → ....

.... ?

e. Oui, elle accepte sa décision. (Ta sœur) → ....

.... ?

f. Oui, elles espèrent avoir une récompense. (Vos élèves) → ....

.... ?

g. Non, nous ne voulons pas être punis. (Vous) → ....

.... ?

h. Oui, il s'occupe bien d'eux. (Son père) → ....

.... ?

i. Non, on ne le trouve pas très sérieux. (Vous) → ....

.... ?

j. Oui, c'est une personne sincère. (Ton oncle) → ....

.... ?

2 **Make a sentence out of each group of words.** /10 points

Exemple : *pub ? / les / aiment- / Anglais / aller / ils / Pourquoi / au* →
Pourquoi les Anglais aiment-ils aller au pub ?

a. le / Pourquoi / ils / Britanniques / thé ? / aiment- / les

.... ?

b. peut- / les / cricket ? / Où / règles / on / du / trouver

.... ?

145

c. tournoi / de / Wimbledon ? / est / du / l' / Quelle / tennis / origine / de

.... ?

d. leurs / Britanniques / À / occupent- / loisirs ? / quoi / ils / les

.... ?

e. les / Quels / reine ? / pouvoirs / la / sont / de

.... ?

f. en / Y / une / Grande- / a- / nationale / t- / Bretagne ? / fête / il

.... ?

g. ils / les / Noël ? / Britanniques / célèbrent- / Comment

.... ?

h. informations / on / Où / Bretagne ? / peut- / la / trouver / touristiques / Grande- / des / sur

.... ?

i. dans / gens / anglais / le / parlent / de / Combien / monde ?

.... ?

j. Londres ? / de / métro / date / De / le / quand

.... ?

③ **Complete these sentences using the following words:**   /10 points

Qu'est-ce que – Qui – Quel – **Combien** – Où – Quels – Comment – Avec quoi – À qui – Quelle – Pourquoi.

Exemple : **Combien** *coûtent ces chaussures ?*

a. .... est ta pointure ?

b. .... sont ces bottes ?

c. .... tu nettoies tes souliers ?

d. .... avez-vous acheté ces sandales ?

e. .... vous mettez comme chaussures ce soir ?

f. .... est le prix de ces mocassins ?

g. .... marche-t-il pieds nus ?

h. .... est-ce que vous faites pour marcher avec ça ?

i. .... a pris mes savates ?

j. .... modèles souhaitez-vous voir ?

146

2 La phrase négative

L.S. p. 200-201

1 Complete these sentences using *ne... pas* or *n'... pas*.

Exemple : *Cette eau n'est **pas** propre.*

a. Les gens .... respectent .... la nature.

b. Je .... chasse ....

c. On .... respire .... un air pur dans cette ville.

d. Vous .... avez .... de centrale nucléaire dans votre pays ?

e. Dans les pays riches, les gens .... économisent .... assez l'eau.

f. Tu .... prends .... ton vélo pour aller travailler ?

2 Put these sentences in the negative form. (Careful of the articles!)

Exemples : *Elle fait **du** tennis. → Elle **ne** fait **pas de** tennis.*
*Elle aime **le** tennis. → Elle **n'**aime **pas le** tennis.*

a. On nage tous les jours. → ....

b. Tu joues au cricket. → ....

c. Nous prenons des cours de danse. → ....

d. Mon père pratique l'équitation. → ....

e. Ils achètent un nouveau vélo. → ....

f. Il y a un match ce soir. → ....

3 Complete these sentences.

Exemples : – *Vous ne pouvez pas venir ? (je)*
– *Non, je **ne** peux **pas** venir.*

– *(Elle) Elle **ne** doit **pas** partir ?*
– *Non, elle ne doit pas partir.*

a. – Tu ne sais pas nager ? (je)

– ....

b. – (Il) .... ?

– Non, il ne sait pas conduire.

c. – Je ne peux pas entrer ? (vous)

– ....

d. – On ne doit pas commencer tout de suite ? (vous)

– ....

e. – (Elles) .... ?

– Non, elles ne veulent pas manger.

f. – Vous ne souhaitez pas attendre ? (nous)

– ....

4 **Make sentences using the following words.**

Pas contents !

Exemple : *Il / ne pas passer d'agréables vacances* → ***Il n'a pas passé d'agréables vacances !***

a. Tu / ne pas assez manger → .... !

b. On / ne pas voir la mer → .... !

c. Je / ne pas avoir le temps de lire → .... !

d. Nous / ne pas rester longtemps → .... !

e. Elles / ne pas bien dormir → .... !

f. Vous / ne pas sortir de l'hôtel → .... !

g. Elle / ne pas danser une seule fois → .... !

5 **Complete these sentences using *ne... plus*, *ne... jamais* or *ne... pas encore*.**

Exemple : *Ce boulanger **ne** fait **plus** de pain. Il est à la retraite.*

a. À la maison, je .... prépare .... la cuisine. C'est toujours ma mère qui la fait.

b. Le gâteau .... est .... cuit. Il faut attendre 10 minutes.

c. Il .... faut .... boire le champagne chaud.

d. C'est bizarre, le chocolat .... est .... dans le placard. Tu sais où est le chocolat ?

e. On est devenus végétariens. On .... mange .... de viande.

f. Vous .... connaissez .... ce plat ? C'est la première fois que vous y goûtez ?

g. Mon mari .... boit .... d'alcool avant de conduire.

6 **Change these sentences.**

Exemple : *Elle a seulement 20 euros.* → *Elle **n'a que** 20 euros.*

a. Vous prenez seulement la carte bancaire ? → .... ?

b. J'ai seulement économisé 800 euros. → ....

c. Ils pensent seulement à l'argent. → ....

d. Ça fait seulement 10 000 dollars. → ....

e. Il a seulement gagné le prix du billet. → ....

f. Elles payent seulement leur part. → ....

g. On prête seulement aux riches. → ....

7 Complete these sentences using *ne(n')... pas* or *ne(n')... que(qu')*.

Exemples : *La fête **ne** fait **que** commencer.*
*La fête **ne** va **pas** commencer tout de suite.*

a. On .... invite .... nos meilleurs amis ! Les autres, non !

b. Il .... y aura .... de boissons alcoolisées.

c. Vous .... mettez .... la musique trop fort s'il vous plaît.

d. Tu .... peux .... t'amuser, tu verras, ce sera super !

e. Je .... danse .... très bien, surtout le rock.

f. Elles .... savent .... où est la discothèque.

g. Nous .... resterons .... une heure ! Nous prenons l'avion à 23h00.

h. Ils .... dormiront .... de la nuit.

8 Write the opposite of the following sentences.

Paul et Virginie sont très différents.

Exemple : *Paul sort **souvent**. Virginie **ne** sort **jamais**.*

a. Paul a déjà son permis de conduire. Virginie ....

b. Paul a du charme. Virginie ....

c. Paul fait toujours la cuisine. Virginie ....

d. Paul s'intéresse à tout. Virginie ....

e. Paul parle à tout le monde. Virginie ....

f. Paul va encore à l'université. Virginie ....

g. Paul a déjà 30 ans. Virginie .... 20 ans.

h. Paul est très sympathique. Virginie ....

Évaluation **13**

❶ Complete this dialogue.

Chez le médecin

LE MÉDECIN : Bonjour, monsieur Bonnet. Alors, qu'est-ce qui ne va pas aujourd'hui ?

LE PATIENT : Je ne sais pas, je ne me sens pas bien. Je suis fatigué...

LE MÉDECIN : Vous dormez bien ?

LE PATIENT : ***Non, je ne dors pas bien.***

LE MÉDECIN : Est-ce que vous avez de l'appétit ?

LE PATIENT : ....

LE MÉDECIN : Vous souffrez de l'estomac ?

LE PATIENT : ....

LE MÉDECIN : Vous buvez de l'alcool ?

LE PATIENT : ....

LE MÉDECIN : Êtes-vous stressé au bureau ?

LE PATIENT : ....

LE MÉDECIN : Vous regardez beaucoup la télévision ?

LE PATIENT : ....

LE MÉDECIN : Est-ce qu'il y a du bruit chez vous ?

LE PATIENT : ....

LE MÉDECIN : Vous marchez un peu après les repas ?

LE PATIENT : ....

LE MÉDECIN : Vous faites du sport ?

LE PATIENT : ....

LE MÉDECIN : Vous prenez vos médicaments ?

LE PATIENT : ....

LE MÉDECIN : Ah, je comprends ! Vous n'aimez pas les médicaments ?

LE PATIENT : ....

LE MÉDECIN : Mais il faut les prendre quand même sinon vous ne guérirez pas !

2 **Answer these questions in the negative form.** /8 points

Un constat

LE POLICIER : Vous avez vu la voiture arriver ?

LA VICTIME : ***Non, je n'ai pas vu la voiture arriver.***

LE POLICIER : Est-ce que la voiture a freiné ?

LA VICTIME : Non, ...

LE POLICIER : Vous êtes tombé ?

LA VICTIME : Non, ...

LE POLICIER : Vous avez pris son numéro ?

LA VICTIME : Non, ...

LE POLICIER : Vous étiez avec quelqu'un ?

LA VICTIME : Non, ...

LE POLICIER : Il y a eu d'autres témoins ?

LA VICTIME : Non, ...

LE POLICIER : Vous connaissiez le conducteur ?

LA VICTIME : Non, ...

LE POLICIER : Vous avez remarqué quelque chose ?

LA VICTIME : Non, ...

LE POLICIER : Pouvez-vous décrire la voiture ?

LA VICTIME : Non, ...

3 La phrase exclamative

L.S. p. 201

❶ Change these sentences using _quel, quels, quelle_ or _quelles_.

Exemple : _Tu as vu la couleur ? C'est incroyable !_ →
   Quelle couleur ! _C'est incroyable !_

a. Vous avez vu ce tableau ? Il est vraiment beau ! → ....

.... !

b. Regarde ces dessins ! Ils sont extraordinaires ! → ....

.... !

c. Tu as vu ces sculptures ? Je les adore ! → .... !

d. Regardez ce bijou ! Vous avez une idée du prix ? → ....

.... ?

e. Vous avez vu cette matière ? C'est bizarre ! → .... !

f. Regarde la forme ! Elle est étonnante ! → .... !

g. Regardez le travail ! Ces miniatures sont fabuleuses ! → ....

.... !

h. Tu as vu ces objets ? Tu aimerais ça chez toi ? → .... ?

❷ Complete these sentences using the following terms:

Quelle chance ! – Quelle longévité ! – Quelle surprise ! – Quelle gentillesse ! – Quel dommage ! – Quel courage ! – **Quel hasard !** – Quelle force ! – Quelle horreur !
(Careful: there is more than one answer.)

Exemple : _Raymond et Lucette sont nés le même jour !_ **_Quel hasard !_**

a. Raymond et Lucette ont gagné au loto. .... !

b. Raymond a eu un grave accident de voiture. .... !

c. Raymond peut soulever 150 kg ! .... !

d. Lucette n'a jamais réussi son permis de conduire. .... !

e. Leurs enfants leur ont offert un voyage de 8 jours à Venise. .... !

f. Ils ont tous les deux 95 ans ! .... !

g. Ils veulent traverser les Pyrénées à pied. .... !

h. Lucette prépare tous les jours de bons petits plats à Raymond. .... !

❸ **Complete these sentences using the following terms:**

Bravo – Au secours – Oh là là – Attention – Tant mieux – Quel dommage – Ouf – Aïe – Comme.

Exemple : *Tu as réussi ton examen ?* ***Bravo****! On va fêter ça !*

a. Elle ne peut pas venir avec nous ? ...., ce sera pour la prochaine fois.

b. C'est toi Corinne ? .... tu as changé !

c. .... ! Je suis fatiguée ! Je m'assois cinq minutes.

d. .... ! Il va tomber ! Retiens-le.

e. Aidez-moi ! .... ! Je vais me noyer.

f. .... ! Je me suis fait mal en tombant.

g. .... ! Ça a dû te coûter cher !

h. Elles sont sorties de l'hôpital ? .... ! Ça me rassure !

❹ **Tick the correct answer.**

Exemple :   ❏ *Que*   ☒ *Qu'*   ❏ *Que de*   ❏ *Que d'*   *elle est grande cette voiture !*

a. ❏ Que ❏ Qu' ❏ Que de ❏ Que d'   voitures il y a aujourd'hui !

b. ❏ Que ❏ Qu' ❏ Que de ❏ Que d'   ennuis j'ai eus avec mon scooter !

c. ❏ Que ❏ Qu' ❏ Que de ❏ Que d'   c'est cher ! Vous avez un autre modèle moins cher ?

d. ❏ Que ❏ Qu' ❏ Que de ❏ Que d'   elle est belle ! C'est une Harley Davidson ?

e. ❏ Que ❏ Qu' ❏ Que de ❏ Que d'   ce train est lent ! On va être en retard !

f. ❏ Que ❏ Qu' ❏ Que de ❏ Que d'   monde sur ce bateau ! Il va couler !

g. ❏ Que ❏ Qu' ❏ Que de ❏ Que d'   il fait froid dans cet avion !

h. ❏ Que ❏ Qu' ❏ Que de ❏ Que d'   émotions on a eues sur ce vol !

Évaluation 14

❶ Match the sentences in each column.

a. *Je vous ai apporté des bonbons.*

b. Il n'aime pas le chocolat.

c. Regardez cette tarte !

d. Goûtez ce fromage !

e. Vous avez vu les mini-quiches ?

f. Il y a une mouche dans mon verre !

g. C'est un cake au miel et au caramel.

h. Le caviar coûte 2 000 euros le kilo !

i. Ce jambon pèse au moins dix kilos !

j. Mon sandwich a disparu !

k. Vous avez vu cette cuisine ?

1. Comme c'est beau !

2. Comme c'est bizarre !

3. Comme c'est sucré !

4. Comme c'est propre !

5. Comme c'est sale !

6. Comme c'est lourd !

7. Comme c'est dommage !

8. Comme c'est mignon !

9. Comme c'est bon !

10. *Comme c'est gentil !*

11. Comme c'est cher !

a10; b .... ; c .... ; d .... ; e .... ; f .... ; g .... ; h .... ; i .... ; j .... ; k ....

❷ Change these sentences using *quel*, *quelle*, *quels* or *quelles*.

Quelle ville !

Exemple : *Il y a beaucoup de bruit !* → ***Quel bruit !***

a. Il y a beaucoup de pollution ! → .... !

b. Il y a une grande pauvreté ! → .... !

c. Il y a beaucoup de circulation ! → .... !

d. Tous les bâtiments sont en mauvais état ! → .... !

e. Les rues sont pleines de trous ! → .... !

f. L'odeur est terrible ! → .... !

g. Il y a beaucoup de monde ! → .... !

h. Les trains sont vieux et sales ! → .... !

i. L'aéroport est horrible ! → .... !

j. Les pluies sont fortes et continues ! → .... !

4 Le discours indirect

L.S. p. 201

1 Put these sentences in the direct style.

Exemple : *Elle dit qu'elle a froid.* → « **J'ai froid**. »

a. Ils disent qu'ils n'aiment pas la neige. → « Nous .... »

b. Il dit que je skie bien. → « Tu .... »

c. Elles disent qu'elles ont un chalet à la montagne. → « Nous ....

.... »

d. Elle dit que nous habitons dans une région magnifique. → « Vous ....

.... »

e. Ils disent que la neige n'arrête pas de tomber. → « La neige .... »

f. Elle dit qu'elle préfère faire de la luge. → « Je .... »

g. Il dit qu'ils se sont perdus sur les pistes. → « Nous ....

.... »

2 Change these sentences.

Exemple : *Charlotte : « J'ai trouvé un appartement. »* → ***Elle dit qu'elle a trouvé un appartement.***

a. Richard : « Je suis content d'habiter dans ce quartier. » → ....

....

b. Karine et Karl : « Nous avons déménagé la semaine dernière. » → ....

....

c. Clément : « Cynthia a une immense maison à la campagne. » → ....

....

d. Mes parents : « Tu dois chercher un studio. » → ....

....

e. Les voisins : « Vous faites trop de bruit. » → ....

....

f. L'agent immobilier : « Les loyers ont beaucoup augmenté récemment. » → ....

....

g. Notre locataire : « Je ne peux pas payer ce mois-ci ». → ....

....

3 **Put this speech by the mayor in the indirect style.**

Chers concitoyens, chères concitoyennes,

– **Cette année, vos impôts ne vont pas augmenter**.
– Tous les parkings seront gratuits à l'extérieur de la ville.
– Une navette emmènera tous les 15 minutes les gens au centre-ville.
– 25 nouvelles toilettes publiques et gratuites seront installées.
– Nous allons construire un nouveau théâtre.
– Nous nous engageons à aménager tous les espaces publics afin de faciliter l'accès aux handicapés.
– Le parc du Casino sera agrandi.
– Vous verrez de nouveaux espaces verts apparaître au centre-ville.
– Besançon deviendra la première ville fleurie de France.

Le maire **dit que** *cette année* **nos** *impôts ne vont pas augmenter, que* ....

....

....

....

....

....

4 **Put these sentences in the direct style.**

Exemple : *Il veut savoir si vous aimez les animaux.* → *« **Est-ce que vous aimez les animaux ?** »*

a. Il vous demande pourquoi les dauphins ne sont pas des poissons.

.... ?

b. Il dit que son chien est mort hier.

....

c. Il voudrait savoir combien de temps vit un éléphant.

.... ?

d. Il demande ce qu'il faut faire comme études pour devenir vétérinaire.

.... ?

e. Il vous demande d'aller dans les grands parcs nationaux d'Afrique.

.... !

f. Il désire savoir quel est le poids moyen de la baleine bleue.

.... ?

g. Il vous prie de lui dire où il peut voir des gorilles.

.... ?

h. Il souhaite savoir comment vous êtes devenu photographe animalier.

.... ?

❺ **Complete these sentences using *que, qu', ce que, si, quand, combien, pourquoi, de* or *comment*.**

Exemple : *Il me demande **combien** de livres tu as lu depuis trois mois.*

a. Je voudrais savoir .... cette B.D. sera disponible.

b. Cette librairie annonce .... elle va fermer.

c. Pouvez-vous me dire .... vous n'aimez pas dans mon livre.

d. Je vous demande .... fermer votre dictionnaire.

e. Nicolas dit .... la conférence de Umberto Eco était formidable.

f. Elle se demande .... il a vendu tous ses livres. Il les aimait beaucoup.

g. Je ne sais pas .... tu as fait pour lire ce roman en deux jours.

h. Dis-moi .... ça t'intéresse d'aller voir les bouquinistes. Je t'accompagnerai.

❻ **Change these sentences.**

Interview

Exemple : *« Vous êtes français ? »* → ***Je lui demande s'il est français.***

a. *« Vous habitez à Strasbourg ? »* → ....

b. *« Comment vous appelez-vous ? »* → ....

c. *« Où avez-vous étudié le français ? »* → ....

d. *« Quelle est votre profession ? »* → ....

e. *« Êtes-vous marié ? »* → ....

f. *« Pourquoi écrivez-vous des romans policiers ? »* → ....

....

g. *« Qu'est-ce qui vous plaît dans ce pays ? »* → ....

....

h. *« Quand êtes-vous arrivé en France ? »* → ....

....

7 **Change these sentences using *je*.**

Interrogatoire

Exemple : « *Pourquoi vous êtes là ?* » → ***Il me demande pourquoi je suis là.***

a. « Qu'est-ce que vous voulez ? » → Il me demande ....

b. « Est-ce que vous avez parlé à des gens ? » → ....

....

c. « Comment vous avez pu venir jusqu'ici ? » → ....

....

d. « Où étiez-vous ? » → ....

e. « Combien voulez-vous ? » → ....

f. « Quand êtes-vous arrivé ? » → ....

g. « Avez-vous contacté la police ? » → ....

....

h. « Avec qui étiez-vous en contact ? » → ....

....

8 **Put these SMS' in the indirect style.**

Francis est perdu dans la forêt. Il envoie des SMS à Claude qui les transmet aux autres amis.

Exemple : « *Je suis perdu dans la forêt.* » → ***Il dit qu'il est perdu*** *dans la forêt.*

a. « J'aperçois une vieille maison en ruines. » → Il dit ....

....

b. « Quelle direction je dois prendre ? » → Il demande ....

....

c. « Avez-vous retrouvé la voiture ? » → Il demande ....

....

d. « Je n'ai pas de lampe électrique. » → Il dit ....

....

e. « Où est-ce que je vais dormir ? » → Il demande ....

....

f. « Qu'est-ce que je vais manger ? » → Il demande ....

....

1 **Put this biography of the French film maker, Claude Chabrol, in the indirect style.** /10 points

« Je suis né à Paris en 1930. Mon père était pharmacien. Je suis entré en fac de médecine. J'y suis resté quatre ans, en première année… J'ai épousé très jeune une riche héritière. Je tourne environ un film par an. Au total, j'ai réalisé plus de cinquante films. La bêtise est devenue un des thèmes favoris de mon œuvre. La bourgeoisie provinciale me fascine. En 1957, j'ai publié un livre sur Alfred Hitchcock avec Eric Rohmer. J'admire Hitchcock et Fritz Lang. »

Il dit qu'il est né à Paris en 1930, que ....

....

....

....

....

....

2 **Complete these sentences using the following words:** /10 points

que (qu') – qui – ce que (qu') – si – quand – où – pourquoi – de **(d')** – quelle – combien – comment.

Exemple : *Le professeur nous demande **d'**apprendre toute la vie de Napoléon.*

a. Vous ne pouvez pas me dire .... il est né ? Dans quelle ville ?

b. – Savez-vous .... il est devenu empereur ?

– C'est en 1804.

c. Je vais vous dire .... il a épousé deux femmes !

d. Vous vous demandez .... de soldats sont morts pendant toutes ces batailles.

e. Vous voulez peut-être savoir .... il mangeait tous les jours.

f. Tout le monde sait .... il était petit.

g. Dites-moi .... grande bataille il a perdu.

h. Les livres d'histoire racontent .... il est mort sur l'île de Sainte-Hélène.

i. On ne sait pas .... son corps est vraiment dans le tombeau aux Invalides.

j. Je peux vous demander .... a succédé à Napoléon ?

③ **Complete the dialogue based on the text below.**

Une demande en mariage

Un soir, Clarisse me demande si je veux me marier avec elle. Je dis que je ne sais pas mais que si elle le souhaite, pourquoi pas. Elle veut savoir alors si je l'aime. Je réponds que peut-être mais que je n'en suis pas sûr. Elle me demande alors pourquoi je veux l'épouser. Je lui explique que cela n'est pas important. Elle se met en colère et affirme que le mariage est une chose sérieuse. Je réponds que je ne suis pas d'accord. Elle ne dit rien pendant quelques secondes puis elle me demande ce que je pense du mariage. Je lui demande de me poser une autre question. Elle réfléchit puis déclare que je suis une personne étrange, mais que c'est certainement pour ça qu'elle est amoureuse de moi. Comme je ne dis rien, elle m'embrasse sur la joue et m'annonce qu'elle veut quand même se marier avec moi.

CLARISSE : ***Veux-tu te marier avec moi ?***

ROMAIN : ***Je ne sais pas mais si tu le souhaites, pourquoi pas.***

CLARISSE : .... ?

ROMAIN : ....

CLARISSE : .... ?

ROMAIN : ....

CLARISSE : ....

ROMAIN : ....

CLARISSE : .... ?

ROMAIN : ....

CLARISSE : ....

...

CLARISSE : ....

Unité 5

Exprimez

1 Les nombres et la quantité

L.S. p. 202-203

1 Spell out the following numbers.

Exemple : *4 et 3 font sept :* **quatre et trois font sept**

a. 8 et 2 font 10 : ....

b. 9 et 6 font 15 : ....

c. 12 et 11 font 23 : ....

d. 48 et 23 font 71 : ....

e. 66 et 31 font 97 : ....

f. 42 et 74 font 116 : ....

2 Spell out the following telephone numbers.

Exemple : *Vous souhaitez un taxi à Paris, appelez le 0 891 70 10 10 :*
zéro / huit cent quatre-vingt-onze / soixante-dix / dix / dix

a. Si votre carte bleue est volée ou perdue, il faut composer le 01 42 77 11 90 :

....

b. On peut réserver un billet de train en faisant le 0 825 838 838 :

....

c. Pour savoir l'heure, il suffit de composer le 36 69 :

....

d. Besoin d'une ambulance ? Appelez le 04 76 33 35 09 :

....

e. Pour connaître la météo dans votre région, composez le 0 899 707 147 :

....

f. Vous avez perdu un objet ? Faites le 0 821 00 25 25 :

....

3 Spell out the ordinal numbers.

Exemple : *Il y a un problème ! C'est le 8ᵉ arrêt en une heure !* → **huitième**

a. Le métro de Paris a fêté son 100ᵉ anniversaire en 2000. → ....

b. Vous voulez un billet en 1ʳᵉ ou 2ᵉ ? → ....

c. Nous faisons notre 25ᵉ voyage sur cette ligne. → ....

d. La gare Montparnasse est située dans le XIVᵉ arrondissement. → ....

e. Bravo ! Vous êtes le 1000ᵉ passager de ce train ! → ....

f. C'est le 4ᵉ accident entre Laval et Le Mans. → ....

4 Complete these sentences using the following words:

plus de – plusieurs – assez de – **quelques** – beaucoup de – moins de – trop de – un peu de.
(Careful: *de* becomes *d'* before a vowel. There is more than one answer.)

Exemple : *On peut ajouter **quelques** herbes et croûtons.*

a. Mettons .... rhum, ce sera meilleur !

b. J'espère qu'il y a .... pain pour ce soir.

c. J'ai mal au ventre. J'ai mangé .... chocolats.

d. Dans la cuisine indienne, on met .... piments.

e. Mets .... sel ! Ce n'est pas assez salé !

f. Tu dois faire cuire les crevettes rapidement : .... deux minutes.

5 Cross out the wrong answer.

Exemple : *Le train va partir dans **quelques** / ~~un peu de~~ minutes.*

a. L'avion aura **quelques / un peu de** retard.

b. **Quelques / Un peu de** passagers sont mécontents du voyage.

c. Il me reste **quelques / un peu d'**essence mais pas beaucoup !

d. Il y a **quelques / un peu de** bateaux dans le port.

e. Dans ce magasin, ils louent **quelques / un peu de** vieux vélos.

f. Ta moto fait **quelques / un peu de** bruit quand même !

6 Put the words of quantity in their correct place.

a. Chez le fleuriste : « Je voudrais **une boîte de tulipes**. »

b. Chez le pharmacien : « Il me faudrait un paquet d'aspirines. »

c. Chez le charcutier : « Donnez-moi un carnet de jambon blanc. »

d. À la poste : « Avez-vous une livre de timbres ? »

e. Chez le poissonnier : « Je prendrais un bouquet de sole. »

f. Au bureau de tabac : « Mettez-moi une tranche de cigarettes. »

g. Chez le fromager : « C'est possible d'avoir un filet de beurre ? »

Exemple : **a :** *un bouquet de* tulipes

b. ....

c. ....

d. ....

e. ....

f. ....

g. ....

7 Complete these sentences using items from each of the three circles.

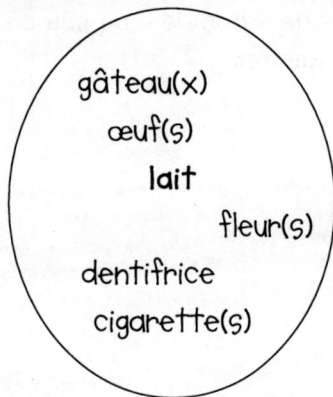

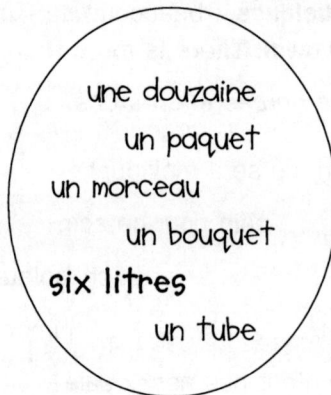

gâteau(x)
œuf(s)
lait
fleur(s)
dentifrice
cigarette(s)

une douzaine
un paquet
un morceau
un bouquet
six litres
un tube

pas de
pas d'

Exemple : *Les enfants doivent boire **du lait** !*
*Donnez-moi **six litres de lait** !*
*Je (boire) **ne bois pas de lait** !*

a. Cette pâtisserie fait .... au chocolat excellent !

Ondine voudrait ....

Non, merci, je (vouloir) ....

b. Adam et Eve ont mangé ....

Au marché, nous achèterons ....

Non, dans cette recette, il (y avoir) ....

c. Il faut se brosser les dents avec .... matin et soir !

Va à la pharmacie acheter .... !

Désolé, nous (vendre) ....

d. Tu sais bien que maman aime beaucoup ....

Cynthia a pris .... : des roses rouges et blanches.

Dans ce jardin, on (voir) ....

e. Vous avez .... ?

Tu peux me prendre .... au bureau de tabac ?

Non, je (vouloir) ...., je ne fume pas.

1 **Spell out all the numbers in this extract.**

/30 points

La quatrième planète était celle du businessman. Cet homme était si occupé qu'il ne leva même pas la tête à l'arrivée du petit prince.

– Bonjour, lui dit celui-ci. Votre cigarette est éteinte.

– *3* et 2 font 5. 5 et 7 12. 12 et 3 15. Bonjour. 15 et 7 22. 22 et 6 28. Pas le temps de la rallumer. 26 et 5 31. Ouf ! Ça fait donc 501 622 731.

– 500 000 000 de quoi ?

– Hein ? Tu es toujours là ? 501 000 000 de... je ne sais plus... J'ai tellement de travail ! Je suis sérieux, moi, je ne m'amuse pas à des balivernes ! 2 et 5 7...

– 500 000 000 de quoi ? répéta le petit prince qui jamais de sa vie n'avait renoncé à une question, une fois qu'il l'avait posée.

Le businessman leva la tête :

– Depuis 54 ans que j'habite cette planète-ci, je n'ai été dérangé que 3 fois. La première fois ç'a été, il y a 22 ans, par un hanneton qui était tombé Dieu sait d'où. Il répandait un bruit épouvantable, et j'ai fait 4 erreurs dans une addition. La seconde fois ç'a été, il y a 11 ans, par une crise de rhumatisme. Je manque d'exercice. Je n'ai pas le temps de flâner. Je suis sérieux, moi. La troisième fois... la voici ! Je disais donc 501 000 000...

Antoine DE SAINT-EXUPÉRY, *Le Petit Prince*, 1943.

trois, ...

....

....

....

....

....

....

....

② **Complete this e-mail, using the following words:**

un – une – du – de la – de l' – des – dix – dix kilos – quinze sortes – deux boules – une part de – un petit – un petit morceau – une tranche de – quelques – un peu de – trop – une douzaine.

(Careful: there is more than one answer.)

```
                                  message
```

De : melaierol@yahoo.fr
À : francisbelo@club-internet.fr
Date : dimanche 25 décembre 2005
Objet : réveillon de Noël

Salut Francis,

Hier soir, c'était le réveillon de Noël. Ma mère avait préparé **un** repas extraordinaire!

Tout d'abord, nous avons commencé par .... huîtres, ... chacun. Puis elle nous a servi .... délicieux foie gras avec .... toasts grillés et .... confiture de figues. Ensuite, il y avait .... saumon fumé avec .... beurre au sel de Guérande.

Quand la dinde est arrivée (elle faisait ....), nous n'avions plus faim… Pourtant, qu'est-ce qu'elle était délicieuse! J'en ai mangé .... avec .... marrons et .... purée de pommes de terre divine!

Et les fromages! Au moins .... ! Mon père avait sorti pas moins de .... bonnes bouteilles de vin : nous avons tout bu!

Le repas s'est terminé avec .... bûche au chocolat de ma grand-mère : toujours aussi bonne. Avant de boire .... café, nous avons mangé .... glace à la vanille (.... par personne) et au caramel, c'était vraiment .... ! Et pour finir : .... chocolats, ... digestif (cognac, rhum…) et une bonne petite promenade pour digérer tout ça!

Et toi, comment s'est passé le réveillon?

Bises

Mélanie

---

1 Spell out the following dates.

Exemple : *le 28/09/1964 :* ***le vingt-huit septembre mille neuf cent soixante-quatre***

a. le 02/05/1938 : ....

b. le 28/06/1959 : ....

c. le 19/08/1969 : ....

d. le 01/01/1975 : ....

e. le 12/07/1982 : ....

f. le 24/12/1991 : ....

g. le 15/03/2000 : ....

h. le 16/02/2006 : ....

2 Complete these sentences using *au*, *en*, *le* or *l'*.

Exemples : ***Au** printemps, la nature renaît.*
        *Nous sommes le 21 mars : c'est **le** printemps.*

a. On ne dirait pas que nous sommes .... hiver ; il fait 20°C.

b. Quelle est ta saison préférée ? Moi, c'est .... été.

c. .... cette saison, la température baisse.

d. Quand viendras-tu ? .... printemps ou .... hiver.

e. Je n'ai pas vu passer .... été et maintenant on est déjà .... automne.

f. Ici, c'est tous les jours .... printemps.

3 Complete this word puzzle using the months of the year.

J U I L L E T   N O V E M B R E

4 Spell out the following times.

Exemple : *22 h 00* → *Il est dix heures (du soir). / Il est vingt-deux heures.*

a. 12 h 15 → _____ .

b. 13 h 25 → _____ .

c. 14 h 30 → _____ .

d. 18 h 35 → _____ .

e. 20 h 45 → _____ .

f. 21 h 55 → _____ .

g. 22 h 10 → _____ .

h. 00 h 40 → _____ .

5 Complete these sentences using the following words:

cet été – tous les après-midi – demain matin – l'année prochaine – ce matin – l'hiver dernier – **hier soir** – à l'automne. **(Careful: there is more than one answer.)**

Exemple : ***Hier soir**, quand je me suis couché vers 22 h 00, j'ai reçu un appel de mon cousin de Toronto.*

a. _____ , en mai, nous irons voir notre fille au Canada.

b. _____ , il a fait très froid à Montréal.

c. À Vancouver, elle skie _____ après le travail.

d. _____ , on va traverser le pays en train.

e. _____ , les chasseurs ont tué un ours juste derrière le camping.

f. _____ , vous allez survoler la forêt ! Vous verrez, les couleurs sont superbes.

6 Match the items in each column to form sentences.

a. *Tous les ans,*   **1.** il boit un café dans le hall.

b. Une fois par mois,   **2.** *je déclare mes impôts.*

c. Chaque semaine,   **3.** les machines tournent.

d. Tous les jours,   **4.** vous recevez votre salaire.

e. Toutes les deux heures,   **5.** elle a deux jours de repos.

f. 24 heures sur 24,   **6.** nous allons au bureau.

g. Tous les midis,   **7.** on déjeune à la cantine.

a2 ; b _____ ; c _____ ; d _____ ; e _____ ; f _____ ; g _____

7 Write the correct questions using *quel* or *quelle*.

Exemple : – ***En quelle saison est-il né ?***

             – *Il est né au printemps.*

a. – .... ?

      – Il a commencé à lire à l'âge de cinq ans.

b. – .... ?

      – Il est sorti de l'université en 1831.

c. – .... ?

      – Il écrivait toujours le soir.

d. – .... ?

      – Il se levait tous les jours à 4 heures du matin.

e. – .... ?

      – Il détestait le dimanche.

f. – .... ?

      – Il a travaillé au journal *Paris Soir* de 1840 à 1860.

8 Tick the correct answer.

Exemple : *Carole et moi, nous nous connaissons* ☒ *depuis* ❑ *il y a*   *trente ans.*

a. Je ne l'ai pas vu   ❑ depuis ❑ il y a   dix jours.

b. Vous vous êtes rencontrés   ❑ depuis ❑ il y a   combien de temps ?

c. On habite ensemble   ❑ depuis ❑ il y a   hier.

d. Tu l'a aperçu   ❑ depuis ❑ il y a   une semaine, c'est ça ?

e. Il vient de la croiser   ❑ depuis ❑ il y a   cinq minutes.

f. Elles essaient de le contacter   ❑ depuis ❑ il y a   un mois mais elles n'y arrivent pas.

9 Complete this dialogue using *depuis*, *il y a*, *pendant* or *quand*.

L<small>A</small> <small>JOURNALISTE</small> :   Bonjour Max Linter. ***Depuis*** combien de temps travaillez-vous comme

                         designer ?

M<small>AX</small> L<small>INTER</small> :   J'ai commencé à dessiner des vêtements .... j'avais douze ans.

L<small>A</small> <small>JOURNALISTE</small> :   À seize ans, vous êtes entré à l'école de mode *Fashion Y* à New York et vous y

                         êtes resté .... trois ans. Vous avez créé votre propre marque

                         .... combien de temps exactement ?

MAX LINTER : À la sortie de l'école, à dix-neuf ans. Je venais de recevoir un petit héritage qui m'a permis de démarrer. .... 25 ans.

LA JOURNALISTE : .... un an, vous développez une ligne pour enfant, pourquoi ?

MAX LINTER : J'ai moi-même deux enfants et j'avais envie de créer quelques vêtements nouveaux adaptés à notre époque.

LA JOURNALISTE : .... avez-vous eu l'idée d'un défilé de mode avec des mannequins enfants ?

MAX LINTER : .... huit mois, j'ai demandé à mes enfants de défiler pour moi. Ils ont adoré... Alors j'ai continué.

LA JOURNALISTE : Quels sont vos projets maintenant ?

MAX LINTER : .... les cinq prochaines années, je voudrais ouvrir cinquante boutiques pour enfants dans le monde.

❿ Change these sentences.

Exemple : *Ça fait 8 jours que tu n'as pas téléphoné.* →
Tu n'as pas téléphoné depuis 8 jours.

a. Il y a six mois que je n'habite plus à cette adresse.

→ ....

b. Il y a vingt ans que nous ne nous sommes pas vus.

→ ....

c. Ça fait deux semaines qu'ils sont partis.

→ ....

d. Il y a une heure qu'elle a disparu.

→ ....

e. Ça fait un siècle qu'il est mort.

→ ....

f. Il y a longtemps qu'on n'a pas eu de nouvelles.

→ ....

g. Ça fait combien de temps qu'elles sont sorties ?

→ ....

h. Il y a dix ans qu'il n'est pas revenu.

→ ....

11 **Make a sentence out of each group of words.**

Exemple : *Ils / se marier / un an / divorcer / un mois.* →
Ils se sont mariés il y a un an et vont divorcer dans un mois.

a. Je / vendre mon appartement / une semaine / acheter une maison / six mois.

....

b. Elle / démissionner / une heure / commencer un nouveau travail / deux jours.

....

c. On / voyager en Italie / un an / voyager au Portugal / trois mois.

....

d. Vous / avoir un garçon / deux ans / avoir une fille / un mois.

....

e. Il / changer de voiture / six mois / changer de voiture / quinze jours.

....

f. Tu / gagner au loto / une semaine / hériter d'un château / huit jours.

....

g. Elles / tomber malade / deux semaines / entrer à l'hôpital / une heure.

....

12 **Ask the person eight questions about his teenage years.**

« En 1981, j'avais 17 ans. J'étais lycéen. Je me levais tous les jours à 7 h 00. J'allais au lycée à pied. Il me fallait environ 10 minutes. Les cours commençaient à 8 h 00 et se terminaient à 17 h 00. Nous avions une heure pour déjeuner à la cantine. Deux fois par semaine, nous faisions du sport. Le soir, je dînais vers 20 h 00, en trente minutes, parce que j'avais beaucoup de devoirs. J'étudiais jusqu'à 22 h 00 et je me couchais vers 23 h 00. »

Exemple : **Quel âge avais-tu en 1981 ?** *(En 1981, j'avais 17 ans.)*

a. .... ?
b. .... ?
c. .... ?
d. .... ?
e. .... ?
f. .... ?
g. .... ?
h. .... ?

Évaluation **17**

1 **Find all the expressions dealing with time.** /10 points

De juillet 1980 à juillet 1990, des bagues ont été posées aux pattes de 4 556 petites oies des neiges. [...] En automne, en hiver, au début et à la fin du printemps, durant la période allant de septembre 1980 à mai 1991, on a enregistré 3 244 fois des oiseaux bagués aux pattes. [...]

Chaque année, durant la deuxième quinzaine d'août, les oies de l'île Howe migraient vers l'est depuis la région de Prudhoe Bay en direction des aires de repos / de nutrition du Arctic National Wildlife Refuge situé en Alaska. Durant la deuxième quinzaine de septembre, elles se déplaçaient vers le sud en suivant la vallée du Mackenzie. [...]

Les analyses montrent qu'il existe 11 lieux distincts où se répartissaient les oies durant l'hiver entre 1980 et 1991 ; la proportion la plus importante (79,2 %) se trouvait dans le nord de la Californie et le sud de l'Oregon. Au début du printemps, de 1981 à 1991, il y avait sept sites différents où se répartissaient les oies ; la plus grande proportion se trouvait dans le nord de la Californie et le sud-est de l'Oregon (81,4 %). À la fin du printemps, de 1981 à 1991, les oies de l'île Howe composaient cinq concentrations distinctes, la plus grande proportion (79,1 %) se trouvant dans les aires de repos / de nutrition du Montana, de l'Alberta et de la Saskatchewan.

Extrait d'un article de S.R. JOHNSON,
Artic, mars 1996
www.ucalgary.ca

De juillet 1980 à juillet 1990 ; ....

....

....

....

....

....

....

2 **Complete this interview using *il y a* (3 times), *depuis* (twice), *pendant* (twice), *en* (once) and *quand* (3 times).**   /10 points

---

MARCO ANGELI – **Nouvel album**

Paris, le 20 janvier 2006 - **Nouvel album intitulé sobrement** *Angeli*, pour le plus italien des chanteurs français qui a fait sa vie et sa carrière de voyages et de rencontres. Il a enfin enregistré en studio la première chanson qu'il a composée, il y a plus de quarante ans, et qu'il chantait .... quelques années .... ses concerts, *Je suis libre.*

Music FM : **Comment s'est faite la rencontre avec Jean-Claude Ribat ?**

M.A. : Nous nous étions vus trois fois .... trente ans. En fait, la troisième, c'est .... je lui ai proposé de faire ce disque avec moi. C'était mon choix. J'ai travaillé toute ma vie avec des gens que j'aimais beaucoup. Il se trouve qu' .... quelques années, j'ai perdu mon chef d'orchestre préféré, Yvan Leconte, qui avait fait beaucoup de disques avec moi.

Music FM : **Votre carrière est, entre autres, particulièrement impressionnante parce que vous avez travaillé avec Edith Piaf, Barbara, Chico Buarque, Caetano Veloso, Astor Piazzola…**

M.A. : Un peu avant de partir en Amérique latine, j'avais découvert la musique de Piazzolla. .... toute ma tournée en Argentine, j'ai cherché des gens qui connaissaient Piazzolla, pour pouvoir le rencontrer.

Music FM : **Vous êtes devenu une personnalité majeure de la chanson française, vous vivez à Paris .... des dizaines d'années : vous sentez-vous toujours italien ?**

M.A. : Oui. L'Italie est profondément présente en moi. Je crois même que ça s'amplifie avec le temps. Je ne le fais pas exprès mais, par exemple, ... j'ouvre un journal, je cherche d'abord les articles sur l'Italie. Non, seulement je n'ai pas oublié l'italien, mais j'ai même fait quelques progrès – je suppose par affection.

Music FM : **Pourtant, avec le temps, on oublie en général de plus en plus de détails sur sa jeunesse…**

M.A. : Je ne crois pas que ce soit possible, tout au moins en ce qui me concerne. Je me suis proposé un petit jeu, ... quelques années : noter le nom de tous mes condisciples dans toutes mes classes à l'école. Eh bien je me souviens d'un nombre incroyable. ...., après des dizaines d'années, je suis retourné à Naples pour donner un récital à l'Institut français, on m'a indiqué l'endroit où nous devions dîner et j'ai immédiatement retrouvé mon chemin dans les ruelles. Je n'avais rien oublié.

L.S. p. 205

1 Complete these sentences using *à*, *au*, *aux* or *en*.

Exemple : *John vit **aux** États-Unis.*

a. Patrick travaille .... Pékin.

b. Nous sommes .... Italie.

c. Vous êtes déjà allé .... Amsterdam ?

d. Elles sont restées trois semaines .... Pérou.

e. Je vais voyager .... Grèce.

f. Ils ont passé deux mois .... Inde.

g. Tu devrais aller te reposer .... Seychelles.

h. On pense se rendre .... Cuba.

2 Make sentences using items from each circle.

a. Le Kilimandjaro
b. Le glacier Perito Moreno
c. Ayers Rock
d. Le fleuve Jaune
e. Les chutes Victoria
f. Le Sahara
g. Le Grand Canyon
h. La forêt amazonienne
i. L'Everest

Chine
Brésil
Australie
Népal
Zimbabwe
Algérie
Argentine
États-Unis
Tanzanie

Exemple : **a. *Le Kilimandjaro est en Tanzanie.***

b. Le glacier Perito Moreno ....

c. ....

d. ....

e. ....

f. ....

g. ....

h. ....

i. ....

❸ Complete this text using *en, à, au* or *aux*.

Biographie

Nicolas Bouvier, écrivain, poète, photographe est né le 6 mars 1929. À l'âge de 17 ans, il commence par un voyage ***en*** Laponie. Puis pendant quatre ans, avec le peintre Thierry Vernet, il se rend .... Yougoslavie, ... Turquie, ... Iran et .... Pakistan. C'est ensuite .... Japon qu'il pose ses valises et publie deux ouvrages.

Il écrit *Le Poisson-scorpion* à la suite d'un voyage .... Ceylan et .... Inde en 1981. Les universités américaines l'invitent, dans les années 90, à donner .... États-Unis des cours sur les écrivains voyageurs.

❹ Make sentences based on the drawing below.

Exemple : *L'autruche est **près du** rocher.*

a. L'hippopotame ....

b. L'oiseau ....

c. L'éléphant ....

d. Le lion ....

e. La girafe ....

f. Le serpent ....

g. Le singe ....

h. Le crocodile ....

❺ Match the questions to the correct answers.

Il perd tout !

a. *Où sont mes clés ?*

b. Où sont mes lunettes ?

c. Où est mon portefeuille ?

d. Où est mon parapluie ?

e. Où sont mes chaussures noires ?

f. Où est ma chemise bleue ?

g. Où sont mes médicaments ?

h. Où est ma voiture ?

i. Où es-tu ?

1. Sous le lit.

2. Au-dessus du frigo.

3. Au bord de la piscine.

4. À côté de la porte d'entrée.

5. Sur ton nez.

6. Devant le garage.

7. Dans la poche de ta veste.

8. *Près du téléphone.*

9. Chez le teinturier.

*a**8*** ; b .... ; c .... ; d .... ; e .... ; f .... ; g .... ; h .... ; i ....

6 Complete these sentences using *de(d')*, *du* or *des*.

Exemple : *Mario vient **du** Chili.*

a. Ce groupe arrive .... Roumanie.

b. L'avion AF632 en provenance .... Singapour va atterrir.

c. Ils sont .... Mexique, de Cancún.

d. Vous revenez quand .... Philippines ?

e. Mes parents ne sont pas encore rentrés .... Indonésie.

f. J'ai reçu ce paquet .... Corée.

g. Tu viens .... Russie ou .... Ukraine ?

h. Elle est envoyée .... Guatemala.

7 Match each dish with the country it comes from.

a. *Les sushi viennent*   **1.** de France.

b. La paella vient   **2.** d'Italie.

c. La feijoada vient   **3.** d'Espagne.

d. Le couscous vient   **4.** du Maroc.

e. La bouillabaisse vient   **5.** du Brésil.

f. Le goulash vient   **6.** de Hongrie.

g. La pizza vient   **7.** *du Japon.*

a7; b .... ; c .... ; d .... ; e .... ; f .... ; g ....

8 Complete these sentences using *vers* or *environ*.

Temps, espace, quantité

Exemple : *Je viendrai te chercher **vers** huit heures.*

a. Nous serons .... dix personnes.

b. Il faut .... deux heures pour aller là-bas.

c. On passe chez Maxime et Antoine .... sept heures.

d. Achète .... cinq baguettes.

e. La maison est à .... 100 kilomètres.

f. Elle est située .... Bourges.

g. Vous pensez que cela finira .... quelle heure ?

Évaluation 18

1 **Choose between à, *au*, *aux*, *en*, *du*, *de*, *d'* or *des* to complete this letter.**

Cher Victor,

Tu sais que je voyage beaucoup. En ce moment je suis **en** Argentine depuis deux mois après avoir passé six mois .... Brésil. Je pense aller ensuite .... Colombie ou .... Chili, je ne sais pas encore. Une année sabbatique, ça passe vite...

Et toi, es-tu rentré .... Cambodge? Raconte-moi ton voyage dans ton prochain courriel, ma nouvelle adresse est : samuelglobtrot@hotmail.com. Mes parents sont de retour .... Mali, ils sont enchantés! L'année dernière, ils sont allés .... Mauritanie, ça leur a beaucoup plu aussi. Carine, tu sais ma cousine .... Antilles, elle fait un séjour .... Cuba avec Fred, ils adorent... Ils passent la dernière semaine .... États-Unis chez des amis américains qui reviennent .... Europe.

J'attends de tes nouvelles.

Salut!

Samuel

2 **Complete this paragraph using the following words:**

chez – au bord de – autour de (d') – dans – sur – **sous** – derrière – devant – entre – près de – en face de.

Récit

J'habite à Marseille, c'est une ville qui chante **sous** le soleil .... le Sud de la France, ... la mer Méditerranée. Notre appartement se trouve au sixième étage d'un immeuble situé .... une colline. Je vis .... mes parents (ils ont aussi une maison de campagne à 100 kilomètres, ... Aix-en-Provence et Avignon). Notre immeuble est très calme parce qu'il y a un parc juste .... De plus, la plupart des gens qui y habitent sont des retraités qui passent leurs journées .... la télévision. Nos voisins qui vivent .... notre appartement sont très gentils. On se réunit souvent .... un café et de délicieux gâteaux que nous trouvons dans une pâtisserie .... l'église...

4 La condition, l'hypothèse

L.S. p. 205

1 **Match the items from each column to form sentences.**

a. *Si vous me touchez,* ⋯⋯⋯⋯⋯

b. S'il parle comme ça tout le temps,

c. Si je les regarde méchamment,

d. Si on se fâche,

e. Si elle crie,

f. S'ils cassent quelque chose,

g. Si tu pleures,

h. Si elles tombent,

i. Si nous ne nous battons pas plus,

1. nous n'avons rien pour les soigner.

2. on leur envoie la facture.

3. nous perdons le match.

4. ce n'est jamais pour longtemps.

5. on l'entend jusqu'au bout de la rue.

6. ils ont peur.

7. *j'appelle la police !*

8. le soir, elle doit avoir mal à la tête.

9. je ne viens pas te voir.

a7; b ⋯⋯⋯ ; c ⋯⋯⋯ ; d ⋯⋯⋯ ; e ⋯⋯⋯ ; f ⋯⋯⋯ ; g ⋯⋯⋯ ; h ⋯⋯⋯ ; i ⋯⋯⋯

2 **Complete these sentences.**

Exemple : *S'il fait* (il / faire) beau demain, **allons** (nous / aller) à la piscine !

a. S' ⋯⋯⋯⋯⋯⋯ (il / pleuvoir) dimanche, ⋯⋯⋯⋯⋯⋯ (vous / prendre) la voiture !

b. Si ⋯⋯⋯⋯⋯⋯ (la température / baisser) encore, ⋯⋯⋯⋯⋯⋯ (nous / allumer) le chauffage !

c. Si ⋯⋯⋯⋯⋯⋯ (la neige / arrêter) de tomber, ⋯⋯⋯⋯⋯⋯ (tu / aller) skier !

d. Si ⋯⋯⋯⋯⋯⋯ (les nuages / monter), ⋯⋯⋯⋯⋯⋯ (vous / rentrer) à la maison !

e. Si ⋯⋯⋯⋯⋯⋯ (la route / être) glissante, ⋯⋯⋯⋯⋯⋯ (tu / ne pas prendre) la voiture !

f. Si ⋯⋯⋯⋯⋯⋯ (le vent / continuer) à souffler, ⋯⋯⋯⋯⋯⋯ (nous / faire) demi-tour !

g. Si ⋯⋯⋯⋯⋯⋯ (la chaleur / augmenter), ⋯⋯⋯⋯⋯⋯ (tu / acheter) un ventilateur !

h. Si ⋯⋯⋯⋯⋯⋯ (la tempête / arriver), ⋯⋯⋯⋯⋯⋯ (vous / ne pas bouger) de chez vous !

3 **Change these sentences.**

Exemple : *Parlez lentement, je comprendrai !* → **Si vous parlez lentement, je comprendrai.**

a. Fais un signe, il te verra !→ ....

b. Écrivez-nous une lettre, nous vous répondrons ! → ....

....

c. Téléphonez à Gisèle, elle sera contente ! → ....

d. Envoyons-lui un SMS, il aura l'adresse ! → ....

e. Traduis ce message, tu sauras ce qu'il veut ! → ....

f. Sonnez trois fois, je vous ouvrirai ! → ....

4 **Complete these sentences.**

Exemple : *Si tu peux m'aider, je (être)* **serai** *heureux.*

a. S'il faut le faire, nous le (faire) ....

b. Si le directeur est en retard, la secrétaire vous (prévenir) ....

c. Si le courrier arrive avant onze heures, vous l'(apporter) .... dans mon
bureau.

d. Si ton vol part à midi, tu (devoir) .... quitter le bureau à dix heures.

e. Si la réunion se termine plus tôt, je t'(appeler) ....

f. Si vous lui envoyez la facture, elle (pouvoir) .... vous payer tout de suite.

5 **For each sentence, write (P) if it's a *promesse* (promise) and (M) if it's a *menace* (threat).**

Exemple : *Si tu te maries avec moi, tu seras heureuse.* → **P**

a. Si elle vient à la maison, moi, je pars ! → ....

b. Si vous avez des enfants, je viendrai les garder. → ....

c. Si les noces ont lieu là-bas, personne ne viendra ! → ....

d. Si tu n'arrêtes pas de fumer, je ne t'épouserai pas ! → ....

e. Si on vit ensemble, on partagera tout ! → ....

f. Si c'est une fille, elle portera ton prénom. → ....

g. Si nous divorçons, tu garderas la maison. → ....

h. Si les parents s'opposent au mariage, ils partiront vivre à l'étranger. → ....

Évaluation 19

1 **Complete these sentences using either the *présent de l'indicatif* or the *impératif.*** /8 points

Exemples : *Si c'est le patron qui appelle, (je / ne pas être)* **je ne suis pas là !**
Si c'est le patron qui appelle, (tu / prévenir) **préviens**-moi !

a. Si elle n'est pas d'accord, (elle / pouvoir) .... m'appeler.

b. Si tu penses que ça va être ennuyeux, (tu / ne pas prendre) ....

ce poste !

c. Si on trouve qu'elle est bonne, (nous / accepter) .... son offre !

d. S'ils continuent comme ça, (je / dire) .... non !

e. Si tu veux obtenir un travail, (tu / devoir) .... faire ton CV.

f. Si vous voulez prendre des vacances, (vous / demander) ....-lui directement !

g. Si elles partent à la retraite cette année, (elles / libérer) .... deux emplois.

h. Si tu ne souhaites pas avoir de problèmes, (tu / dire) ....-nous toujours la vérité !

2 **Make a sentence out of each group of words.** /7 points

Exemple : *Je / avoir le temps / passer à la pharmacie →*
Si j'ai le temps, je passerai à la pharmacie.

a. Il / pouvoir / prendre le pain

....

b. Vous / souhaiter / pouvoir boire un verre au café de Flore

....

c. Nous / arriver à temps / avoir encore du poulet

....

d. Ils / avoir assez d'argent / prendre le journal

....

e. On / se dépêcher / ne pas faire la queue

....

f. Tu / passer au pressing / être un ange !

.... !

g. Elle / avoir la voiture / aller faire les courses au supermarché

....

1 **Match the items from each column to form sentences.**

a. *Pour être heureux,*

b. Pour réussir ses examens,

c. Pour trouver un travail,

d. Pour rester en forme,

e. Pour apprendre une langue,

f. Pour séduire,

g. Pour être riche,

h. Pour avoir de vrais amis,

i. Pour devenir célèbre,

1. il faut faire du sport, manger sainement, bien dormir…

2. il faut sourire, faire rire, dire des choses agréables…

3. il faut faire du cinéma, devenir chanteur ou musicien…

4. *il faut être content de ce que l'on a et s'accepter…*

5. il faut les aimer, passer du temps avec eux…

6. il faut étudier, lire beaucoup, apprendre par cœur…

7. il faut envoyer des CV, passer des entretiens…

8. il faut gagner au loto, faire un gros héritage…

9. il faut étudier à l'étranger, écouter les radios du pays…

a4 ; b .... ; c .... ; d .... ; e .... ; f .... ; g .... ; h .... ; i ....

2 **Change these sentences.**

Exemple : *Il faut dormir plus !* → *(Tu)* ***Tu dois*** *dormir plus !*

a. Il ne faut pas prendre tous ces médicaments ! → (Vous) ....

.... !

b. Il faut partir en vacances ! → (Nous) .... !

c. Il faut faire du sport ! → (On) .... !

d. Il faut manger plus de légumes ! → (Tu) .... !

e. Il ne faut pas manger toujours au restaurant ! → (Nous) ....

.... !

f. Il faut changer de travail ! → (Vous) .... !

g. Il ne faut pas boire autant de sodas ! → (On) ....

.... !

h. Il faut perdre du poids ! → (Vous) .... !

3 **Complete these sentences.**

Exemple : *(impératif, tu)* **Prends** *(prendre) des cours dans une école !*

a. (devoir, vous) .... (étudier) tous les jours !

b. (Il faut) .... (apprendre) les verbes irréguliers !

c. (impératif, vous) .... (partir) un an en France comme fille au pair !

d. (devoir, tu) .... (essayer) de te faire des amis français !

e. (Il faut) .... (regarder) des films et écouter la radio !

f. (impératif, nous) .... (écouter) les conseils de notre professeur !

g. (devoir, nous) .... (passer) le DELF et le DALF !

h. (Il faut) .... (répéter) les paroles des chansons françaises !

4 **Make sentences using the *impératif*, *il faut* or *devoir*.**

Pour réussir votre salade...

Exemple : *(choisir)*   **Choisissez** *des produits de qualité.*
         ou   **Il faut choisir** *des produits de qualité.*
         ou   **Vous devez choisir** *des produits de qualité.*

a. (acheter) des produits de saison

....

b. (écouter) vos envies

....

c. (harmoniser) les saveurs

....

d. (ne pas mélanger) tout et n'importe quoi

....

e. (respecter) l'équilibre alimentaire

....

f. (ne pas oublier) l'assaisonnement

....

g. (penser) aux herbes et aux épices

....

h. (faire) attention à la présentation

....

Évaluation **20**

1 **Complete this text using *falloir*, *devoir* or the *impératif*.** /10 points

Pour aller en France, ***il faut*** d'abord réserver un billet d'avion et vous .... avoir un passeport d'une validité supérieure à 6 mois. .... avoir certaines connaissances du français, c'est plus facile pour se faire comprendre. Pour louer une voiture, on .... avoir un permis de conduire international. Une fois en France, (ne pas oublier) .... que l'on roule à droite, pas à gauche comme au Japon.

Si vous êtes étudiant et que vous cherchez un logement, (aller) .... au CNOUS ou au CROUS, ce sont des centres d'accueil qui vous aideront à trouver une chambre ou un appartement. Si vous êtes à Paris, (utiliser) .... les transports en commun. Pour le métro et le bus, ... acheter une carte orange mensuelle ou annuelle, c'est bon marché. Avant de quitter votre pays, (prendre) .... une assurance « accident-maladie » qui vous couvrira au départ. Ensuite, vous .... vous inscrire à la CMU (Couverture Universelle Maladie). (voir www.egide.asso.fr/fr/guide/vivre/soigner/)

Si vous souhaitez faire des études en France et vous informer avant votre départ, (contacter) .... les services culturels de l'ambassade de France de votre pays d'origine.

2 **Choose the correct title for each of the following health suggestions.** /9 points

Mangez des vitamines – Faites du sport – Apprenez à écoutez votre corps – Refusez le mal de dos – **Apprenez à respirer** – Veillez à votre alimentation – Réduisez votre consommation de médicaments – Hydratez-vous – Évitez les excitants et autres – Dormez et récupérez

10 CONSEILS POUR ÊTRE EN FORME

Nous avons choisi quelques conseils d'hygiène simple,
à appliquer tout au long de l'année

a. Apprenez à respirer

On a beau le répéter, mais très peu de gens savent respirer. Inspirez par le nez en gonflant votre ventre (et non la poitrine). Expirez en soufflant par la bouche et en serrant le ventre.

b.

Un petit truc très simple à appliquer : buvez un verre d'eau chaque matin, avant de vous lever et restez encore allongé 10 minutes. Ce geste simple permet d'épurer le système digestif et d'hydrater le corps efficacement.

c.

N'hésitez pas à manger des fruits et légumes. Le mieux est de rester 100 % naturel, mais si vraiment vous n'arrivez pas à manger suffisamment de fruits et légumes, alors recourrez aux vitamines en complément, et particulièrement la vitamine C.

d.

Certains scientifiques décrivent un temps minimal de sommeil à 5 heures par jour. Gérez votre temps de sommeil en vous accordant une sieste tous les jours si cela est possible, ou au moins le week-end. 20 à 30 minutes de sieste suffisent à vous « rebooster » pour mieux repartir.

e.

Ayez si possible une activité physique quotidienne, ou au moins 3 fois par semaine. 30 minutes d'activité minimum sont nécessaires pour obtenir un résultat efficace.

f.

Cigarettes, café... agissent sur votre tempérament, et augmentent sans aucun doute votre nervosité. On ne saurait trop vous encourager à cesser de fumer... Un café c'est bien, mais 4 à 5 cafés par jour... Alors tentez tout au moins de ralentir la consommation de ces produits.

g.

Dans 80 % des cas, le mal de dos provient d'un relâchement abdominal, en raison de nos mauvaises postures et du stress. Revoyez vos positions assises, debout, reprenez une activité physique (elle suffit dans la plupart des cas), apprenez à vous détendre, soit par des gestes simples, soit en faisant appel à un praticien spécialisé dans la relaxation.

h.

Tous ces médicaments sont-ils vraiment nécessaires ? Après 70 ans, les Français consomment en moyenne près de 10 molécules différentes par jour. Nous détenons d'ailleurs le record en Europe. Essayez de réduire votre consommation, préférez l'homéopathie moins nocive et souvent aussi efficace.

i.

Ne parlons pas régime alimentaire ou privation, mais parlons qualité de vos aliments. Pour les fruits, achetez BIO si possible, pour la viande, évitez la viande rouge et préférez les poissons (de haute mer), les viandes blanches (poulet le plus naturel possible).

j.

On ne vit pas de la même façon l'hiver que l'été, nos besoins sont différents (sommeil, alimentation...), et notre résistance n'est pas la même non plus. Respectez ces rythmes de saisons. Si vous vous sentez fatigué, ne forcez pas, et essayez de vous reposer plutôt que de tenter d'assumer une charge de travail qui ne vous mènera qu'à une fatigue extrême avec ses risques (rhumes, grippes, mal de dos...).

D'après : www.objectif-forme.com

Language summary

PAGES

1. Le groupe nominal

1.1 LE NOM

Le genre

- All nouns are either **masculine (M)** or **feminine (F)**.
- For **inanimate** things or objects, the gender is constant: *livre* (M), *table* (F)...
- For **living** things, the gender agrees with the sex: *garçon* (M), *fille* (F), *danseur* (M), *danseuse* (F)...

- **Forming the feminine**

	Masculine	Feminine
We add an **-e**.	*ami, étudiant*	*amie, étudiante*
Nouns ending in **-e** do not change.	*artiste, secrétaire*	*artiste, secrétaire*
-(i)en ➜ -(i)en**ne**	*coréen, italien, musicien*	*coréenne, italienne, musicienne*
-(i)on ➜ -(i)on**ne**	*champion, lion*	*championne, lionne*
-(i)er ➜ -(i)**ère**	*étranger, épicier*	*étrangère, épicière*
-eur ➜ -**euse** or -**rice**	*chanteur, directeur*	*chanteuse, directrice*

- For family members or animals, the nouns are variable: *père/mère, oncle/tante, coq/poule, cheval/jument.*

- Generally, words with the following endings are:

Masculine	-isme	*socialisme, racisme*
	-ment	*vêtement, élément*
	-age	*garage, ménage*
	-ier	*cahier, pommier*
	-(e)au	*château, bateau*
	-et	*jouet, effet*
Feminine	-ure	*peinture, sculpture*
	-ette	*chaussette, tablette*
	-esse	*hôtesse, paresse*
	-ance/-anse	*souffrance, danse*
	-ence	*différence, expérience*
	-(s)sion/-tion	*télévision, réception*
	-té	*quantité, société*
	-ode/-ude/-ade	*mode, habitude, promenade*
	-ière/ierre	*pierre, bière*
	-eur	*chaleur, couleur*

Le nombre

- Countable nouns are either **singular (S)** or **plural (P)**.

	Singular	Plural
Generally, we add en **-s**.	*étudiant, étudiante*	*étudiant**s**, étudiante**s***
Words ending in **-s**, **-z** or **-x** do not change.	*pays*	*pays*
	nez	*nez*
	choix	*choix*
-eau or -eu ➔ -eau**x**, -eu**x**	*bateau, neveu*	*bateau**x**, neveu**x***
-al or -ail ➔ **-aux***	*journal, travail*	*journ**aux**, trav**aux***

* Exceptions: *festival* ➔ *festival**s*** ; *carnaval* ➔ *carnaval**s**...*

- Some words change partially or completely:
  un œil ➔ *des **yeux***
  monsieur ➔ ***mes**sieur**s***
  madame ➔ ***mes**dame**s***
  mademoiselle ➔ ***mes**demoiselle**s***

- Names of cities, countries, states, regions...

Feminine singular	*la France, l'Italie, la Bretagne*	*J'habite **en** Chine. Je viens **de** Chine.*
Masculine singular	*le Japon, le Portugal, le Texas*	*Je vais **au** Japon. Je rentre **du** Japon.*
Masculine or feminine plural	*les États-Unis, les Philippines...*	*Je suis **aux** États-Unis. Je reviens **des** États-Unis.*
No article	*Paris, Tunis, Londres... Cuba, Taïwan, Tahiti...*	*Je suis né **à** Paris, **à** Cuba. J'arrive **de** Paris, **de** Cuba.*

1.2 L'ADJECTIF QUALIFICATIF

Le genre

- All adjectives are either **masculine (M)** or **feminine (F)**.

- **Forming the feminine**

	Masculine	Feminine
We add en -**e**.	*petit, lourd, joli*	*petite, lourde, jolie*
Adjectives ending in -**e** do not change.	*agréable, simple*	*agréable, simple*
-(i)en → -(i)en**ne**	*coréen, ancien*	*coréenne, ancienne,*
-on → -on**ne**	*mignon, champion*	*mignonne, championne*
-(i)er → -(i)**ère**	*étranger, fier,*	*étrangère, fière*
-eux → -**euse**	*courageux, heureux*	*courageuse, heureuse*
-f → -**ive**	*neuf, sportif*	*neuve, sportive*
-el → -**elle**	*exceptionnel, artificiel*	*exceptionnelle, artificielle*
-s → -**sse**	*bas, gros*	*basse, grosse*

Le nombre

- Qualifying adjectives are either **singular (S)** or **plural (P)**.

- We add an -**s** for the feminine.

- For the masculine:

	Masculine singular	Masculine plural
Generally, we add an -**s**.	*petit, lourd, joli*	*petits, lourds, jolis*
Words ending in -**s** or -**x** do not change.	*bas, gros* *courageux, heureux*	*bas, gros* *courageux, heureux*
-eau → -eau**x**	*nouveau, beau*	*nouveaux, beaux*
-al → -**aux***	*amical, national*	*amicaux, nationaux*

* Exception: *fatal* → *fatals*.

- A qualifying adjective is used to describe:
  - a noun: *une **belle** église, un monument **célèbre***;
  - a pronoun: *Elle est **sympathique**. Nous sommes **fatigués**.*

1.3 LES ARTICLES

L'article indéfini

Masculine singular	Feminine singular	Masculine ou feminine plural
un	une	des

- The indefinite article precedes **a person** or **an unidentified thing or object**:
  un *étudiant,* **une** *université.*

- It expresses **a category** or **a unit**:
  un *étudiant chinois,* **une** *voiture* (*deux voitures...*).

L'article défini

Masculine singular	Feminine singular	Masculine ou feminine plural
le, l'	la, l'	les

- **Be careful!** *le* and *la* become *l'* before **a, e, i, o, u** or **silent h:**
  l'école (F), *l'hôtel* (M).

- The definite article precedes **a person** or **an identified thing or object**:
  le professeur Tournesol, **les** *bijoux de la reine.*

- It expresses:
  – **something known** or **unique:** *la tour Eiffel*;
  – **a general term:** *le fromage.*

L'article partitif

Masculine singular	Feminine singular	Masculine ou feminine plural
du, de l'	de la, de l'	des

- **Be careful!** *du* and *de la* become *de l'* before **a, e, i, o, u** and **silent h:**
  de l'argent (M), *de l'huile* (F).

- The partitive article is used to express **quantities that cannot be counted**:
  du pain, **de la** *bière* = a certain but undefined quantity.

- *Des* expresses the plural of *un* and *une*:
  des bières = several bottles or glasses.

L'article contracté

- The articles **le** and **les** are contracted with the prepositions **à** and **de**.

Masculine singular	Feminine singular	Masculine ou feminine plural
aux, à l'	à la, à l'	aux
du, de l'	de la, de l'	des

- **Be careful!** *au* and *à la* become *à l'* and *du* and *de la* become *de l'* before **a, e, i, o, u** or **silent h**: *Je vais à l'église* (F). / *Je sors de l'église.*
  Je vais à l'hôtel (M). / *Je sors de l'hôtel.*

1.4 LES ADJECTIFS POSSESSIFS

- Possessive adjectives **agree in gender and number** and **vary** according to who the possessor is.

Person	Singular		Plural	
	Masculine	**Feminine**	**Masculine**	**Feminine**
Je	*mon livre*	*ma gomme / mon école*	*mes livres*	
Tu	*ton cahier*	*ta classe / ton université*	*tes cahiers*	
Il/elle	*son stylo*	*sa salle / son amie*	*ses stylos*	
Nous	*notre livre*		*nos amies*	
Vous	*votre classe*		*vos écoles*	
Ils/elles	*leur école*		*leurs gommes*	

- **Be careful!** *ma*, *ta* and *sa* become *mon*, *ton* and *son* before **a, e, i, o, u** or **silent h**: *Voici mon école* (F). *Quelle est ton université* (F)? *Sylvie est mon amie* (F).

- The possessive adjective expresses **possession**.

1.5 LES ADJECTIFS DÉMONSTRATIFS

- Demonstrative adjectives **agree in gender and number**.

Masculine singular	Feminine singular	Masculine ou feminine plural
ce, cet	cette	ces

- **Be careful!** *ce* becomes *cet* before **a, e, i, o, u** or **silent h**:
  cet été (M), *cet* avion (M), *cet* hôtel (M).

- The demonstrative adjective is used:
  - **to point out something:** *Regarde cette montagne !*
  - **to refer to a previously used noun:** *J'ai pris le TGV pour aller à Marseille : ce train est très rapide.*

1.6 LES PRONOMS PERSONNELS

Le pronom sujet

Singular	Plural
je / j'	nous
tu	vous
il / elle / on	ils / elles

- **Be careful!** *je* becomes *j'* before **a, e, i, o, u** or **silent h**:
  J'arrive demain. J'habite à Paris.

- The subject pronoun is always placed before the verb, but can be placed behind it in the interrogative form: ***Vous** êtes gentil. Avez-**vous** l'heure?*

- ***On**, in informal language, replaces **nous** or **les gens**:*
  *En Inde, **on** conduit à gauche. (= les gens conduisent à gauche)*
  ***On** y va? (= Nous y allons?)*

Quelqu'un / Personne – Quelque chose / Rien

Quelqu'un is a pronoun that designates an **unspecified person**:
*Tu vois **quelqu'un**? **Quelqu'un** est venu te voir.*

Personne is the negative form of **quelqu'un**. It is always used with **ne** or **n'**:
*Je **ne** vois **personne**. **Personne** n'est venu.*

Quelque chose is a pronoun that designates an **object** or an **indefinite idea**:
*Tu veux boire **quelque chose**? **Quelque chose** ne va pas?*

Rien is the negative form of **quelque chose**. It is always used with **ne** or **n'**:
*Je ne veux **rien**. **Rien** n'a marché.*

Le pronom tonique

Tonic pronouns
moi
toi
lui / elle
nous
vous
eux / elles

- The tonic pronoun is used to accentuate a noun or a pronoun:
  *Tomoko, **elle**, est japonaise. Chang, **lui**, est chinois.*
  ***Toi**, tu vas faire des courses et **moi**, je vais chercher Nadine à la gare.*

- It is also used after a preposition:
  *Je rentre chez **moi**.*

Le pronom réfléchi

Subject pronouns	Reflexive pronouns
je	me / m'
tu	te / t'
il / elle / on	se / s'
nous	nous
vous	vous
ils / elles	se / s'

- **Be careful!** *me*, *te* and *se* become *m'*, *t'* and *s'* before **a, e, i, o, u** or **silent h**:
  *Je **m'**ennuie. Je **m'**habille.*

- The reflexive pronoun is in the same person as the subject:
  *À quelle heure **tu te** lèves?*
  ***Ils se** couchent tard.*

Le pronom complément d'objet direct

Subject pronouns	Direct pronouns
je	me / m'
tu	te / t'
il / elle / on	le, la / l'
nous	nous
vous	vous
ils / elles	les

- **Be careful!** *me, te*, *le* and *la* become *m'*, *t'* and *l'* before **a, e, i, o, u** or **silent h**:
  *Il **m'**amuse. Je **t'**aime. Vous **l'**appellerez?*

- The direct object pronoun is used with a **transitive verb**:
  regarder, aimer... quelqu'un ou quelque chose.

- The pronouns **me**, **te**, **nous** and **vous** refer to **people**:
  *Il **te** regarde. Nous **vous** invitons à notre anniversaire.*

- The pronouns **le, la, l'** and **les** refer to **people or things**:
  *Ils ont trois enfants : je **les** garde deux fois par semaine. (**les** = trois enfants)*
  *Je n'aime pas ce café : je **le** trouve trop fort. (**le** = ce café)*

Le pronom complément d'objet indirect

Subject pronouns	Indirect pronouns
je	me / m'
tu	te / t'
il / elle / on	lui
nous	nous
vous	vous
ils / elles	leur

- **Be careful!** *me* and *te* become *m'* and *t'* before **a, e, i, o, u** or **silent h**:
  *Il **m'**écrit. Je **t'**enverrai une carte postale.*

- The indirect object pronoun is used with an **indirect transitive verb**:
  téléphoner à, écrire à, parler à... quelqu'un.

- All pronouns refer to people:
  *Vous **me** parlez? (me = à moi). Tu **leur** diras bonjour. (leur = à eux)*

Les pronoms *en* et *y*

en

- *En* is a **direct object pronoun**.

- It replaces a noun preceded by an expression of quantity:
- *– Tu veux **du** pain? – Oui, j'**en** veux. (en = du pain)*
- *– Tu as pris **de la** bière? – Non, je n'**en** ai pas pris. (en = de la bière)*
- *– Tu veux **une** glace? – Oui, j'**en** veux **une**. (en = une glace)*
- *– Tu as pris **une** bière? – Non, je n'**en** ai pas pris. (en = une bière)*
- *– Tu veux **beaucoup de** pain? – Oui, j'**en** veux **beaucoup**. (en = du pain)*
- *– Tu as pris **assez de** bière? – Non, je n'**en** ai pas pris **assez**. (en = de la bière)*

y

- *Y* is an **indirect object pronoun** or it refers to a **location**.

- It replaces a noun preceded by **à, dans, en, sur, sous...**

LOCATION

- *– Tu vas **à** Limoges? – Oui, j'**y** vais. (y = à Limoges)*
- *– Tu es allé **au** Guatemala? – Non, je n'**y** suis pas allé. (y = au Guatemala)*
- *– Le dossier est **sur** la table? – Non, il n'**y** est pas. (y = sur la table)*

INDIRECT OBJECT

- *– Tu penses **à** tes vacances? – Oui, j'**y** pense. (y = à tes vacances)*

2. Le groupe verbal

2.1 LES CONSTRUCTIONS VERBALES

Les verbes intransitifs

Intransitive verbs do not take an object: *naître, mourir, dormir...*
Ma mère dort. Le chien aboie.

Les verbes transitifs

- There are transitive verbs that take a **direct object**: *appeler, inviter, regarder...*
  Je regarde la télévision. Il appelle la police.

- There are transitive verbs that take an **indirect object**: *téléphoner **à**, parler **de**...*
  *Je téléphone **à** Gladys. Il parle **de** son voyage.*

Les verbes pronominaux

- All reflexive verbs use a reflexive pronoun in the same person as the subject.
  ***Je me** lève. **Ils se** parlent.*

- There are reflexive verbs with a reflexive meaning: *se lever, se dépêcher...*
  where the action is performed on oneself.
  ***Je me** lève. **Ils se** dépêchent.*

- There are reflexive verbs with a reciprocal meaning: *se téléphoner, se rencontrer...*
  used only in the plural, where the same action is performed by two or more people.
  ***Ils se** parlent. **Nous nous** aidons.*

Les verbes impersonnels

Impersonal verbs are only used with the pronoun **il**. This is true with verbs that
express time and the verbs **falloir** and y **avoir**.
***Il y a** une voiture devant la maison. **Il faut** étudier sérieusement ! **Il** pleut. **Il** fait chaud !*

2.2 LE PRÉSENT DE L'INDICATIF

- The present indicative expresses an action or an event taking place at the time
  of speaking:
  Je mange. Il est dans le jardin.

- It expresses a permanent or semi-permanent condition:
  C'est une fille. Il est chanteur.

- It expresses an habitual action:
  Nous nageons tous les dimanches.

- It expresses a future action:
  Demain, je vais au cinéma.

Verbs	Verb endings		
1ˢᵗ group Verbs ending in **-er**: *danser, chanter, travailler...*	-e -es -e -ons -ez -ent	→ je dans**e** → tu dans**es** → il / elle / on dans**e** → nous dans**ons** → vous dans**ez** → ils / elles dans**ent**	
2ⁿᵈ group Verbs ending in **-ir**: *finir, choisir, rougir...*	-is -is -it -issons -issez -issent	→ je fin**is** → tu fin**is** → il / elle / on fin**it** → nous fin**issons** → vous fin**issez** → ils / elles fin**issent**	
3ʳᵈ group	-e -s -x -es -s -x -e -t/d -t -ons -ons -ons -ez -ez -ez -ent -ent -ent		
1 root: – *ouvrir, souffrir, offrir,* *courir...* – *rire, sourire...*	→ j'**ouvr**e... → je **cour**s... → je **ri**s...		
2 roots: – *connaître* – *lire, conduire, dire...* – *partir, sortir, dormir...*	→ je **connai**s... → je **li**s... → je **par**s...	nous **connaiss**ons... nous **lis**ons... nous **part**ons...	
3 roots: – *boire* – *recevoir, apercevoir,* *décevoir...* – *vouloir*	→ je **boi**s... → je **reçoi**s... → je **veu**x...	nous **buv**ons... nous **recev**ons... nous **voul**ons...	ils **boiv**ent ils **reçoiv**ent ils **veul**ent
Very irregular verbs: – *être* – *avoir* – *faire* – *aller*	je suis, tu es, il est, nous sommes, vous êtes, ils sont j'ai, tu as, il a, nous avons, vous avez, ils ont je fais, tu fais, il fait, nous faisons, vous faites, ils font je vais, tu vas, il va, nous allons, vous allez, ils vont		

Le présent continu

- The present continuous expresses an action or an event taking place at the moment one is speaking. It strengthens the idea of continuity of the present action.

- It's formed using the expression **être en train de**.
  *Je **suis en train d'**étudier. Nous **sommes en train de** dîner.* (These actions take place at the time of speaking.)

2.3 LE PASSÉ

Le passé récent

- The immediate past is formed by using **venir + de + the infinitive** and expresses a recently completed action.
  *Je **viens de** dîner. Nous **venons de** passer trois semaines en Grèce.*

Le passé composé

- The *passé composé* is formed with the auxiliary verbs **être** (for about 15 verbs) and **avoir** (for the vast majority of verbs) + **the past participle** of the verb, and expresses an action **completed at a given time**.

- With the auxiliary verb **être**, the past participle agrees in gender (masculine/feminine) and in number (singular/plural).
  *Elles **ont dîné**. Tu **as appelé** Luc ? Vous n'**avez** pas **vu** ce film ?*
  *Je **suis né(e)** en 1964. Nous **sommes allé(e)s** à Sydney.*

L'imparfait

- The imperfect tense is formed from the first person plural of the present tense. We remove the **-ons** and replace it with the following endings:
  -ais, -ais, -ait, -ions, -iez, -aient.
  *nous chant**ons** ➜ je chant**ais**, tu chant**ais**…*

- **Be careful! être :** *j'**étais**, tu **étais**, il/elle **était**, nous **étions**…*

- It expresses an action that is taking place in the past. It is also used for descriptions, explanations and habitual actions.
  *Avant, j'**allais** souvent au cinéma. Hier, quand je suis sorti, il **faisait** beau.*

2.4 LE FUTUR

Le futur proche

The immediate future is formed with the verb **aller + the infinitive** and expresses what is going to happen in the near future.
*Je **vais** dîner. Cet été, nous **allons** passer trois semaines en Grèce.*

Le futur simple

- The simple future is formed with the **infinitive form of the verb + -ai, -as, -a, -ons, -ez, -ont**.
  *manger : **je** manger**ai**, **tu** manger**as**...*
  *finir : **je** finir**ai**, **tu** finir**as**...*

- It expresses something that is going to happen in the relatively near future.
  *L'année prochaine, **j'**étudier**ai** le russe. **Nous** commence**rons** la réunion à 10 h 30.*

- Verbs ending in **-re** become **-rai, -ras, -ra**...
  *écrire : **j'**écri**rai**...; vendre : **je** vend**rai**...*

- Some verbs are irregular: *aller : **j'irai**...; avoir : **j'aurai**...; être : **je serai**...; faire : **je ferai**...; venir : **je viendrai**...; voir : **je verrai**...; etc.*

2.5 L'IMPÉRATIF

- We use three persons: ***tu**, **nous** and **vous***.

- The imperative is used to give an order or to forbid something.

- In the imperative, the subject pronoun disappears as does the **-s** of the second person singular for verbs whose infinitives end in **-er**.

***danser* : *Tu* danse*s*. → *Danse* !**	***sourire* : *Tu* souris. → *Souris* !**
Nous dansons. → *Dansons* !	**Nous** sourions. → *Sourions* !
Vous dansez. → *Dansez* !	**Vous** souriez. → *Souriez* !

- In the negative form, the verb is placed between **ne** and **pas**.
  Ne danse **pas** ! **Ne** dansons **pas** ! **Ne** dansez **pas** !

- For reflexive verbs, the pronoun **te** becomes **toi** and is placed before the verb, like **nous** and **vous**.
  In the negative form, **toi** becomes **te** (as in the affirmative form).

se lever* : *Tu* *te* lève*s*. → *Lève-**toi !**	*forme négative :* **Ne *te*** lève **pas** !
Nous **nous** levons. → *Levons-**nous*** !	**Ne nous** levons **pas** !
Vous **vous** levez. → *Levez-**vous*** !	**Ne vous** levez **pas** !

3. Les mots invariables

3.1 LES PRÉPOSITIONS

- *à* and *de* are sometimes complements of a verb:
  *Elle parle **à** ma mère. Je joue **du** piano.*

- *à* and *de* are sometimes complements of an adjective:
  *C'est facile **à** faire. Nous sommes fiers **de** toi !*

- *à* and *de* are sometimes complements of a noun:
  *C'est le fils **de** Jean. J'ai fait une tarte **aux** fraises.*

- *de* is sometimes the complement of an adverb or an expression of quantity:
  *Je mange **trop de** sucre. Tu ne fais **pas assez d'**efforts.*

- *à* and *de* are sometimes circumstantial complements expressing:
  – location: *Je suis **à** Katmandou. Je viens **des** Caraïbes.*
  – time: *J'ai rendez-vous **à** 9h00. Je travaille **de** 8h00 **à** 16h00.*
  – how something is done: *Il est venu **à** pied.*

Prepositions	Examples
À à + le = au, à l' à la (l') à + les = aux	*J'habite **à** Lyon.* (location) *Tu joues **au** tennis ?* (verb complement) *Je voudrais de la glace **à l'**orange.* (flavor) *Elle part **à la** mer.* (location) *Il parle **aux** employés.* (verb complement)
DE (D') de + le = du, de l' de la (l') de + les = des	*Je viens **de** Bulgarie.* (location) *Elle achète un billet **d'**avion.* (noun complement) *Il parle **du** match d'hier.* (verb complement) *Vous sortez **de l'**hôtel ?* (verb complement) *Nous jouons **de la** guitare.* (verb complement) *Regarde la photo **des** enfants !* (noun complement)
EN	*Ils vont **en** Italie.* (location) *On vient **en** voiture.* (how) *Nous sommes **en** automne.* (season) Exception: ***au** printemps* *Il est arrivé **en** cinq minutes.* (length of time)
DANS	*Tes chaussures sont **dans** l'armoire.* (location) *Il est parti **dans** le désert de Gobi.* (location)
CHEZ	*Tu viens **chez** moi ?* (to my house)
POUR	*Je fais ça **pour** toi.* (objective) *Elle est partie **pour** trois jours.* (time)
PAR	*Je suis passé **par** la gare.* (location) *J'ai effacé votre nom **par** erreur.* (because)
SUR, SOUS, DEVANT, DERRIÈRE...	*Le livre est **sur** la table.* (location) ***Devant** la maison, il y a un jardin.* (location)

3.2 LES ADVERBES

- Adverbs change the meaning of verbs, adjectives or other adverbs. They can designate time, place, manner, quantity or intensity. They can also be used to connect two sentences.

- Some adverbs are formed by the **feminine of an adjective + -ment**:
  lente ➔ *lentement*; *longue* ➔ *longuement*; *dure* ➔ *durement*.

Adverbs	Examples
BEAUCOUP, UN PEU, ASSEZ, TROP…	*Il mange **beaucoup**.* (quantity) *Elle fait **beaucoup** de sport.* (quantity)
TRÈS	*Ils travaillent **très** bien.* (intensity) *Il fait **très** froid.* (intensity)
AVANT, TÔT, TARD, JAMAIS, DE TEMPS EN TEMPS…	***Avant**, j'étais triste.* (time) *Je ne suis **jamais** allé à l'étranger.* (time)
ICI, LÀ, DEHORS, LOIN, DEDANS…	*Reste **ici**!* (location) *Il n'habite pas **loin**.* (location)
BIEN, VITE, FORT, LENTEMENT…	*Elle danse **bien**.* (manner) *Vous conduisez **lentement**.* (manner)
OUI, NON, PAS DU TOUT, CERTAINEMENT, PEUT-ÊTRE…	*– Tu as faim? – **Oui**.* (affirmation) *Il n'est **pas du tout** espagnol.* (negation)
QUAND, OÙ, POURQUOI, COMMENT…	***Où** habites-tu?* (interrogative adverb)
AUSSI, AINSI, ALORS, PLUTÔT…	*Je fais du piano et **aussi** du violon.* (in addition) *Il pleut, **alors** je ne sors pas.* (consequence)

4. La phrase

4.1 LA PHRASE INTERROGATIVE

All interrogative sentences end with a question mark: **?**

Interrogative forms	Examples
rising intonation + question mark (informal language: IL)	*C'est Michel ?* *Vous aimez le café ?*
use of **est-ce que** (standard language: SL)	**Est-ce que** *c'est Michel ?* **Est-ce que** *vous aimez le café ?*
inverting the subject (formal language: FL)	*Est-ce Michel ?* *Aimez-vous le café ?*

Interrogative words	Examples
QUI (who)	**Qui** *est-ce ?* (FL) *C'est* **qui** *?* (IL)
QUE/QU'/QUOI (what)	**Qu'**est-ce que c'est *?* (FL) *C'est* **quoi** *?* (IL)
OÙ (where)	*Tu vas* **où** *?* (IL) **Où** *est-ce que tu vas ?* (SL) **Où** *vas-tu ?* (FL)
COMMENT (how)	*Il s'appelle* **comment** *?* (IL) **Comment** *est-ce qu'il s'appelle ?* (SL) **Comment** *s'appelle-t-il ?* (FL)
QUAND (when)	*On part* **quand** *?* (IL) **Quand** *est-ce qu'on part ?* (SL) **Quand** *part-on ?* (FL)
POURQUOI (why)	*Elle vient* **pourquoi** *?* (IL) **Pourquoi** *est-ce qu'elle vient ?* (SL) **Pourquoi** *vient-elle ?* (FL)
COMBIEN (how many)	*Elle coûte* **combien** *?* (IL) **Combien** *est-ce qu'elle coûte ?* (SL) **Combien** *coûte-t-elle ?* (FL)
QUEL(S), QUELLE(S)	*Tu veux* **quelle** *glace ?* (IL) **Quelle** *glace est-ce que tu veux ?* (SL) **Quelle** *glace veux-tu ?* (FL)

4.2 LA PHRASE NÉGATIVE

Negative adverbs	Examples
NON	*– Tu habites à Paris ? –* **Non**, *à Londres.*
NE/N'... PAS	*Je* **ne** *suis* **pas** *français. Il* **n'**a **pas** *pris de photo.*
NE/N'... PLUS (negative of **encore** and **toujours**)	*Tu* **ne** *fais* **plus** *de sport ?* *Il* **n'**y a **plus** *de pain.*
NE/N'... PAS ENCORE (negative of **déjà**)	*Je* **n'**ai **pas encore** *visité ce pays.*
NE/N'... JAMAIS (negative of **toujours**, **souvent**...)	*Elle* **n'**a **jamais** *rappelé.* *Je* **ne** *mange* **jamais** *de pain.*

Other negative constructions	Examples
NE/N'... RIEN – NE/N'... PERSONNE	*Vous **ne** buvez **rien**? Elle **n'**a **rien** fait.*
RIEN... NE/N'- PERSONNE... NE/N'	***Personne ne** bouge. **Personne n'**est venu.*
NE/N'... QUE/QU'	*Elles **ne** parlent **qu'**italien. Il **n'**a **que** douze ans.*

4.3 LA PHRASE EXCLAMATIVE

Exclamatory sentences express joy, surprise, fear, anger or admiration. There is rarely a verb in these sentences.

Exclamatory words	Examples
QUEL(S), QUELLE(S)	***Quelle** chaleur! **Quel** froid! **Quelles** photos!*
QUE/QU'	***Qu'**elle est belle! **Que** de bruit!*
COMME	***Comme** c'est dommage!*
ATTENTION, GÉNIAL, SUPER, INCROYABLE...	*C'est vraiment **génial**!* ***Attention**! Tu vas te faire mal!*

4.4 LE DISCOURS INDIRECT

We use indirect speech when we want to report what one or several people said.

Types of sentences	Examples
Affirmative sentences: « *Bonjour!* » « *Je m'appelle Thomas.* »	*Je **dis**, Il **dit**... bonjour.* *Il **dit** **qu'**il s'appelle Thomas.*
Interrogative sentences: « <u>*Est-ce que*</u> *tu viens ce soir?* » « <u>*Où*</u> *habitez-vous?* » « <u>*Quand*</u> *le film commence-t-il?* » « <u>*Pourquoi*</u> *est-ce que tu ne viens pas?* » « <u>*Combien*</u> *serez-vous?* » « <u>*Comment*</u> *est-ce que vous viendrez?* » « <u>*Quel*</u> *âge avez-vous?* » « <u>*Qu'est-ce qu'*</u>*ils vont faire?* »	*Je/Il **demande**... <u>**si** tu viens</u> ce soir.* *Je/Il **demande**... <u>**où** vous habitez</u>.* *Je/Il **demande**... <u>**quand** le film commence</u>.* *Je/Il **demande**... <u>**pourquoi** tu ne viens pas</u>.* *Je/Il **demande**... <u>**combien** vous serez</u>.* *Je/Il **demande**... <u>**comment** vous viendrez</u>.* *Je/Il **demande**... <u>**quel** âge vous avez</u>.* *Je/Il **demande**... <u>**ce qu'**ils font faire</u>.*
The imperative: « *Partez tout de suite!* »	*Je **dis/demande**, Il **dit/demande**... <u>**de** partir</u> tout de suite.*
Negative sentences: « *Je ne suis pas malade.* » « *Ne viens pas ce soir.* »	*Il **dit qu'il n'est pas** malade.* *Je/Il **demande**... <u>**de ne pas** venir</u> ce soir.*

5. Exprimez

5.1 LES NOMBRES ET LA QUANTITÉ

Les nombres

0 zéro	10 dix	20 vingt	30 trente	80 quatre-vingt**s**
1 un	11 onze	21 vingt et un	31 trente et un	81 quatre-vingt-un
2 deux	12 douze	22 vingt-deux	32 trente-deux	82 quatre-vingt-deux
3 trois	13 treize	23 vingt-trois	40 quarante	90 quatre-vingt-dix
4 quatre	14 quatorze	24 vingt-quatre	41 quarante et un	91 quatre-vingt-onze
5 cinq	15 quinze	25 vingt-cinq	50 cinquante	92 quatre-vingt-douze
6 six	16 seize	26 vingt-six	60 soixante	99 quatre-vingt-dix-neuf
7 sept	17 dix-sept	27 vingt-sept	70 soixante-dix	
8 huit	18 dix-huit	28 vingt-huit	71 soixante et onze	
9 neuf	19 dix-neuf	29 vingt-neuf	72 soixante-douze	

100 cent	1000 mille
101 cent un	1001 mille un
102 cent deux...	1025 mille vingt-cinq
200 deux cent**s**	1100 mille cent
201 deux cent un...	1200 mille deux cents
300 trois cent**s**	1974 mille neuf cent soixante-quatorze
400 quatre cent**s**...	2000 deux mille
900 neuf cent**s**...	2006 deux mille six

10 000 dix mille
100 000 cent mille
1 000 000 un million
10 000 000 dix millions
100 000 000 cent millions
1 000 000 000 un milliard
10 000 000 000 dix milliards

La quantité

Words expressing quantity	Examples
UN, UNE, DES	*Je voudrais **un** coca, **une** bière et **des** cacahuètes.*
DU, DE LA, DE L'	*Aujourd'hui, il y a **du** poisson, **de la** viande ou **de l'**omelette.*
PAS DE/D', PLUS DE/D' (finished, no more of)	*Nous ne vendons **pas d'**alcool et nous n'avons **plus d'**eau.*
QUELQUES (limited amount)	*J'ai **quelques** livres en anglais.*
PLUSIEURS (more than two)	*Nous avons **plusieurs** solutions.*
(PAS) BEAUCOUP DE/D', UN PEU DE/D'	*Pour rester en forme, il faut boire **beaucoup d'**eau et **peu de** vin.*
(PAS) ASSEZ DE/D', (PAS) TROP DE/D'	*Il n'y a **pas assez de** pain. Tu mets **trop de** sucre dans ton café!*
PLUS DE/D', MOINS DE/D'	*Nous voulons **plus de** fromage. Mettez **moins de** sel!*
UN MÈTRE, UN KILOMÈTRE	*Elle a fait **vingt-cinq kilomètres** à pied.*
CENT GRAMMES, UN KILO DE...	*Nous avons acheté **trois kilos de** cerises.*
UNE DOUZAINE DE	***une douzaine d'**huîtres, **d'**œufs...*
UN LITRE DE	*J'ai pris **deux litres de** lait.*
UNE BOUTEILLE DE	*Nous avons fini **la bouteille de** bordeaux.*
UN VERRE DE, UNE COUPE DE	*Bois **un verre de** jus d'orange!*
UN MORCEAU DE, UNE PART DE	*Prenez **un** autre **morceau de** gâteau!*
UNE TRANCHE DE	*Donnez-moi **deux tranches de** jambon blanc!*
UN PAQUET DE	*J'ai perdu **mon paquet de** cigarettes.*
UNE BOÎTE DE	*Tu peux ouvrir **la boîte de** petits pois?*
UNE TABLETTE DE	*Où est **la tablette de** chocolat?*
UN TUBE DE	*Je dois acheter **un tube de** dentifrice*
UN BOUQUET DE	*Offrons-lui **un bouquet de** roses!*
UN CARNET DE etc.	*Achète **cinq carnets de** timbres!*

Quantity can also be expressed with the **a verb + an adverb of quantity (*un peu, beaucoup, assez...*).**
*Tu manges **trop**! Elle chante **très** bien. Il travaille **beaucoup**.*

5.2 LE TEMPS

Moments in time	Chronology
Moments during the day: *le matin, l'après-midi, le soir, la nuit*	**Before:** – *avant-hier* – *la semaine dernière, le mois dernier...* – *l'été dernier...*
The days of the week: *lundi, mardi, mercredi, jeudi, vendredi,* *samedi, dimanche*	**Yesterday:** *hier matin, hier soir...*
The months of the year: *janvier, février, mars, avril, mai, juin,* *juillet, août, septembre, octobre,* *novembre, décembre*	**Today, now:** – *ce matin, cet après-midi...* – *cette semaine...*
The seasons: *le printemps, l'été, l'automne, l'hiver*	**Tomorrow:** *demain matin, demain soir...*
The date: *Nous sommes **le 15 décembre 2005**.*	**Afterwards:** – *après-demain* – *la semaine prochaine, le mois prochain...* – *l'hiver prochain...*
The year: *J'ai eu mon baccalauréat **en 1992**.*	
The time: 1 h 00 = *une heure* 2 h 00 = *deux heures* 5 h 15 = *cinq heures quinze* (or: *cinq heures et quart*) 9 h 30 = *neuf heures trente* (or: *neuf heures et demie*) 10 h 40 = *dix heures quarante* (or: *onze heures moins vingt*) 11 h 45 = *onze heures quarante-cinq* (or: *midi moins le quart*) 12 h 00 = *douze heures* (or: *midi*) 00 h 00 = *zéro heure* (or: *minuit*)	

Expressions of frequency	Examples
NE... JAMAIS	*Je ne regarde **jamais** la télévision.*
RAREMENT, DE TEMPS EN TEMPS, QUELQUEFOIS	*Il parle **rarement**.*
TOUS LES ANS, TOUS LES MOIS, CHAQUE SEMAINE...	*Nous faisons de la natation **tous les vendredis**.*
SOUVENT	*On la voit **souvent** à la télévision.*
TOUJOURS, TOUT LE TEMPS, À CHAQUE FOIS...	*Je me réveille **toujours** à 6 h 00.*

5.3 L'ESPACE

We express space with a number of prepositions: ***à, du, sur, sous, devant**...*

Refer to:
- LE NOM: names of countries, cities...
- LES PRÉPOSITIONS: location prepositions.

5.4 LA CONDITION ET L'HYPOTHÈSE

To express condition or hypothesis, we use:

Si + ...	Examples
Si + the present + the present/the imperative	*Si la grève **continue**, nous **risquons** de fermer l'usine.* *Si on te **demande** quelque chose, **ne réponds pas** !*
Si (S') + the present + the future	*S'il **fait** beau demain, nous **irons** à la plage.*

5.5 L'OBLIGATION ET LE CONSEIL

To express obligation or advice, we use ***il faut** + the **infinitive*** or the verb ***devoir** + the infinitive*.

*Pour être en forme, **il faut faire** du sport et manger modérément.*

*Pour être en forme, **vous devez faire** du sport et manger modérément.*

Auxiliaires

ÊTRE

	Présent		Passé composé	
Je	suis	J'	ai	été
Tu	es	Tu	as	été
Il/Elle/On	est	Il/Elle/On	a	été
Nous	sommes	Nous	avons	été
Vous	êtes	Vous	avez	été
Ils/Elles	sont	Ils/Elles	ont	été

Imparfait		Futur		Impératif
J'	étais	Je	serai	
Tu	étais	Tu	seras	Sois
Il/Elle/On	était	Il/Elle/On	sera	
Nous	étions	Nous	serons	Soyons
Vous	étiez	Vous	serez	Soyez
Ils/Elles	étaient	Ils/Elles	seront	

AVOIR

	Présent		Passé composé	
J'	ai	J'	ai	eu
Tu	as	Tu	as	eu
Il/Elle/On	a	Il/Elle/On	a	eu
Nous	avons	Nous	avons	eu
Vous	avez	Vous	avez	eu
Ils/Elles	ont	Ils/Elles	ont	eu

Imparfait		Futur		Impératif
J'	avais	J'	aurai	
Tu	avais	Tu	auras	Aie
Il/Elle/On	avait	Il/Elle/On	aura	
Nous	avions	Nous	aurons	Ayons
Vous	aviez	Vous	aurez	Ayez
Ils/Elles	avaient	Ils/Elles	auront	

Verbes du 1er groupe

Verbes réguliers en –er :

PARLER

aimer, regarder, écouter...

	Présent		Passé composé	
Je	parle	J'	ai	parlé
Tu	parles	Tu	as	parlé
Il/Elle/On	parle	Il/Elle/On	a	parlé
Nous	parlons	Nous	avons	parlé
Vous	parlez	Vous	avez	parlé
Ils/Elles	parlent	Ils/Elles	ont	parlé

Imparfait		Futur		Impératif
Je	parlais	Je	parlerai	
Tu	parlais	Tu	parleras	Parle
Il/Elle/On	parlait	Il/Elle/On	parlera	
Nous	parlions	Nous	parlerons	Parlons
Vous	parliez	Vous	parlerez	Parlez
Ils/Elles	parlaient	Ils/Elles	parleront	

Verbe irrégulier en -er :

ALLER

Présent		Passé composé		
Je	vais	Je	suis	allé(e)
Tu	vas	Tu	es	allé(e)
Il/Elle/On	va	Il/Elle/On	est	allé(e)
Nous	allons	Nous	sommes	allé(e)s
Vous	allez	Vous	êtes	allé(e)s
Ils/Elles	vont	Ils/Elles	sont	allé(e)s

Imparfait		Futur		Impératif
J'	allais	J'	irai	
Tu	allais	Tu	iras	Va
Il/Elle/On	allait	Il/Elle/On	ira	
Nous	allions	Nous	irons	Allons
Vous	alliez	Vous	irez	Allez
Ils/Elles	allaient	Ils/Elles	iront	

Verbes irréguliers en -er :

ACHETER (e → è)

amener, emmener, lever...

Présent		Passé composé		
J'	achète	J'	ai	acheté
Tu	achètes	Tu	as	acheté
Il/Elle/On	achète	Il/Elle/On	a	acheté
Nous	achetons	Nous	avons	acheté
Vous	achetez	Vous	avez	acheté
Ils/Elles	achètent	Ils/Elles	ont	acheté

Imparfait		Futur		Impératif
J'	achetais	J'	achèterai	
Tu	achetais	Tu	achèteras	Achète
Il/Elle/On	achetait	Il/Elle/On	achètera	
Nous	achetions	Nous	achèterons	Achetons
Vous	achetiez	Vous	achèterez	Achetez
Ils/Elles	achetaient	Ils/Elles	achèteront	

Verbes irréguliers en -er :

JETER (je jette, nous jetons)

appeler...

Présent		Passé composé		
Je	jette	J'	ai	jeté
Tu	jettes	Tu	as	jeté
Il/Elle/On	jette	Il/Elle/On	a	jeté
Nous	jetons	Nous	avons	jeté
Vous	jetez	Vous	avez	jeté
Ils/Elles	jettent	Ils/Elles	ont	jeté

Imparfait		Futur		Impératif
Je	jetais	Je	jetterai	
Tu	jetais	Tu	jetteras	Jette
Il/Elle/On	jetait	Il/Elle/On	jettera	
Nous	jetions	Nous	jetterons	Jetons
Vous	jetiez	Vous	jetterez	Jetez
Ils/Elles	jetaient	Ils/Elles	jetteront	

Verbes irréguliers en -er :
PRÉFÉRER (é → è)

	Présent			Passé composé	
Je	préfère	J'	ai	préféré	
Tu	préfères	Tu	as	préféré	
Il/Elle/On	préfère	Il/Elle/On	a	préféré	
Nous	préférons	Nous	avons	préféré	
Vous	préférez	Vous	avez	préféré	
Ils/Elles	préfèrent	Ils/Elles	ont	préféré	

	Imparfait		Futur		Impératif
Je	préférais	Je	préférerai		
Tu	préférais	Tu	préféreras		Préfère
Il/Elle/On	préférait	Il/Elle/On	préférera		
Nous	préférions	Nous	préférerons		Préférons
Vous	préfériez	Vous	préférerez		Préférez
Ils/Elles	préféraient	Ils/Elles	préféreront		

Verbes irréguliers en -er :
COMMENCER (c → ç)

	Présent			Passé composé	
Je	commence	J'	ai	commencé	
Tu	commences	Tu	as	commencé	
Il/Elle/On	commence	Il/Elle/On	a	commencé	
Nous	commençons	Nous	avons	commencé	
Vous	commencez	Vous	avez	commencé	
Ils/Elles	commencent	Ils/Elles	ont	commencé	

	Imparfait		Futur		Impératif
Je	commençais	Je	commencerai		
Tu	commençais	Tu	commenceras		Commence
Il/Elle/On	commençait	Il/Elle/On	commencera		
Nous	commencions	Nous	commencerons		Commençons
Vous	commenciez	Vous	commencerez		Commencez
Ils/Elles	commençaient	Ils/Elles	commenceront		

Verbes irréguliers en -er :
MANGER (g → ge)
bouger, changer, voyager...

	Présent			Passé composé	
Je	mange	J'	ai	mangé	
Tu	manges	Tu	as	mangé	
Il/Elle/On	mange	Il/Elle/On	a	mangé	
Nous	mangeons	Nous	avons	mangé	
Vous	mangez	Vous	avez	mangé	
Ils/Elles	mangent	Ils/Elles	ont	mangé	

	Imparfait		Futur		Impératif
Je	mangeais	Je	mangerai		
Tu	mangeais	Tu	mangeras		Mange
Il/Elle/On	mangeait	Il/Elle/On	mangera		
Nous	mangions	Nous	mangerons		Mangeons
Vous	mangiez	Vous	mangerez		Mangez
Ils/Elles	mangeaient	Ils/Elles	mangeront		

Verbes irréguliers en -er :

PAYER

essayer...

	Présent			Passé composé	
Je	paie/paye		J'	ai	payé
Tu	paies/payes		Tu	as	payé
Il/Elle/On	paie/paye		Il/Elle/On	a	payé
Nous	payons		Nous	avons	payé
Vous	payez		Vous	avez	payé
Ils/Elles	paient/payent		Ils/Elles	ont	payé

Imparfait		Futur		Impératif	
Je	payais	Je	paierai/payerai		
Tu	payais	Tu	paieras/payeras	Paie/Paye	
Il/Elle/On	payait	Il/Elle/On	paiera/payera		
Nous	payions	Nous	paierons/payerons	Payons	
Vous	payiez	Vous	paierez/payerez	Payez	
Ils/Elles	payaient	Ils/Elles	paieront/payeront		

Verbes irréguliers en -er :

APPUYER

employer...

	Présent			Passé composé	
J'	appuie		J'	ai	appuyé
Tu	appuies		Tu	as	appuyé
Il/Elle/On	appuie		Il/Elle/On	a	appuyé
Nous	appuyons		Nous	avons	appuyé
Vous	appuyez		Vous	avez	appuyé
Ils/Elles	appuyent		Ils/Elles	ont	appuyé

Imparfait		Futur		Impératif	
J'	appuyais	J'	appuierai		
Tu	appuyais	Tu	appuieras	Appuie	
Il/Elle/On	appuyait	Il/Elle/On	appuiera		
Nous	appuyions	Nous	appuierons	Appuyons	
Vous	appuyiez	Vous	appuierez	Appuyez	
Ils/Elles	appuyaient	Ils/Elles	appuieront		

Verbes du 2ᵉ groupe

Verbes réguliers en -ir :

FINIR

choisir, obéir, réfléchir, remplir, réussir...

	Présent			Passé composé	
Je	finis		J'	ai	fini
Tu	finis		Tu	as	fini
Il/Elle/On	finit		Il/Elle/On	a	fini
Nous	finissons		Nous	avons	fini
Vous	finissez		Vous	avez	fini
Ils/Elles	finissent		Ils/Elles	ont	fini

Imparfait		Futur		Impératif	
Je	finissais	Je	finirai		
Tu	finissais	Tu	finiras	Finis	
Il/Elle/On	finissait	Il/Elle/On	finira		
Nous	finissions	Nous	finirons	Finissons	
Vous	finissiez	Vous	finirez	Finissez	
Ils/Elles	finissaient	Ils/Elles	finiront		

Verbes du 3ᵉ groupe

AUTRES VERBES EN -IR

OUVRIR

offrir, souffrir…

	Présent		Passé composé	
J'	ouvre	J'	ai	ouvert
Tu	ouvres	Tu	as	ouvert
Il/Elle/On	ouvre	Il/Elle/On	a	ouvert
Nous	ouvrons	Nous	avons	ouvert
Vous	ouvrez	Vous	avez	ouvert
Ils/Elles	ouvrent	Ils/Elles	ont	ouvert

Imparfait		Futur		Impératif
J'	ouvrais	J'	ouvrirai	
Tu	ouvrais	Tu	ouvriras	Ouvre
Il/Elle/On	ouvrait	Il/Elle/On	ouvrira	
Nous	ouvrions	Nous	ouvrirons	Ouvrons
Vous	ouvriez	Vous	ouvrirez	Ouvrez
Ils/Elles	ouvraient	Ils/Elles	ouvriront	

SORTIR

partir, dormir, mentir…

	Présent		Passé composé	
Je	sors	Je	suis	sorti(e)
Tu	sors	Tu	es	sorti(e)
Il/Elle/On	sort	Il/Elle/On	est	sorti(e)
Nous	sortons	Nous	sommes	sorti(e)s
Vous	sortez	Vous	êtes	sorti(e)s
Ils/Elles	sortent	Ils/Elles	sont	sorti(e)s

Imparfait		Futur		Impératif
Je	sortais	Je	sortirai	
Tu	sortais	Tu	sortiras	Sors
Il/Elle/On	sortait	Il/Elle/On	sortira	
Nous	sortions	Nous	sortirons	Sortons
Vous	sortiez	Vous	sortirez	Sortez
Ils/Elles	sortaient	Ils/Elles	sortiront	

VENIR

devenir, tenir…

	Présent		Passé composé	
Je	viens	Je	suis	venu(e)
Tu	viens	Tu	es	venu(e)
Il/Elle/On	vient	Il/Elle/On	est	venu(e)
Nous	venons	Nous	sommes	venu(e)s
Vous	venez	Vous	êtes	venu(e)s
Ils/Elles	viennent	Ils/Elles	sont	venu(e)s

Imparfait		Futur		Impératif
Je	venais	Je	viendrai	
Tu	venais	Tu	viendras	Viens
Il/Elle/On	venait	Il/Elle/On	viendra	
Nous	venions	Nous	viendrons	Venons
Vous	veniez	Vous	viendrez	Venez
Ils/Elles	venaient	Ils/Elles	viendront	

AUTRES VERBES EN -IRE

DIRE

Présent		Passé composé		
Je	dis	J'	ai	dit
Tu	dis	Tu	as	dit
Il/Elle/On	dit	Il/Elle/On	a	dit
Nous	disons	Nous	avons	dit
Vous	dites	Vous	avez	dit
Ils/Elles	disent	Ils/Elles	ont	dit

Imparfait		Futur		Impératif
Je	disais	Je	dirai	
Tu	disais	Tu	diras	Dis
Il/Elle/On	disait	Il/Elle/On	dira	
Nous	disions	Nous	dirons	Disons
Vous	disiez	Vous	direz	Dites
Ils/Elles	disaient	Ils/Elles	diront	

ÉCRIRE

Présent		Passé composé		
J'	écris	J'	ai	écrit
Tu	écris	Tu	as	écrit
Il/Elle/On	écrit	Il/Elle/On	a	écrit
Nous	écrivons	Nous	avons	écrit
Vous	écrivez	Vous	avez	écrit
Ils/Elles	écrivent	Ils/Elles	ont	écrit

Imparfait		Futur		Impératif
J'	écrivais	J'	écrirai	
Tu	écrivais	Tu	écriras	Écris
Il/Elle/On	écrivait	Il/Elle/On	écrira	
Nous	écrivions	Nous	écrirons	Écrivons
Vous	écriviez	Vous	écrirez	Écrivez
Ils/Elles	écrivaient	Ils/Elles	écriront	

LIRE

Présent		Passé composé		
Je	lis	J'	ai	lu
Tu	lis	Tu	as	lu
Il/Elle/On	lit	Il/Elle/On	a	lu
Nous	lisons	Nous	avons	lu
Vous	lisez	Vous	avez	lu
Ils/Elles	lisent	Ils/Elles	ont	lu

Imparfait		Futur		Impératif
Je	lisais	Je	lirai	
Tu	lisais	Tu	liras	Lis
Il/Elle/On	lisait	Il/Elle/On	lira	
Nous	lisions	Nous	lirons	Lisons
Vous	lisiez	Vous	lirez	Lisez
Ils/Elles	lisaient	Ils/Elles	liront	

DEVOIR

	Présent			Passé composé	
Je	dois		J'	ai	dû
Tu	dois		Tu	as	dû
Il/Elle/On	doit		Il/Elle/On	a	dû
Nous	devons		Nous	avons	dû
Vous	devez		Vous	avez	dû
Ils/Elles	doivent		Ils/Elles	ont	dû

Imparfait		Futur		Impératif
Je	devais	Je	devrai	
Tu	devais	Tu	devras	
Il/Elle/On	devait	Il/Elle/On	devra	*n'existe pas*
Nous	devions	Nous	devrons	
Vous	deviez	Vous	devrez	
Ils/Elles	devaient	Ils/Elles	devront	

POUVOIR

	Présent			Passé composé	
Je	peux		J'	ai	pu
Tu	peux		Tu	as	pu
Il/Elle/On	peut		Il/Elle/On	a	pu
Nous	pouvons		Nous	avons	pu
Vous	pouvez		Vous	avez	pu
Ils/Elles	peuvent		Ils/Elles	ont	pu

Imparfait		Futur		Impératif
Je	pouvais	Je	pourrai	
Tu	pouvais	Tu	pourras	
Il/Elle/On	pouvait	Il/Elle/On	pourra	*n'existe pas*
Nous	pouvions	Nous	pourrons	
Vous	pouviez	Vous	pourrez	
Ils/Elles	pouvaient	Ils/Elles	pourront	

SAVOIR

	Présent			Passé composé	
Je	sais		J'	ai	su
Tu	sais		Tu	as	su
Il/Elle/On	sait		Il/Elle/On	a	su
Nous	savons		Nous	avons	su
Vous	savez		Vous	avez	su
Ils/Elles	savent		Ils/Elles	ont	su

Imparfait		Futur		Impératif
Je	savais	Je	saurai	
Tu	savais	Tu	sauras	Sache
Il/Elle/On	savait	Il/Elle/On	saura	
Nous	savions	Nous	saurons	Sachons
Vous	saviez	Vous	saurez	Sachez
Ils/Elles	savaient	Ils/Elles	sauront	

FALLOIR

Présent	Passé composé	Imparfait	Futur	Impératif
Il faut	Il a fallu	Il fallait	Il faudra	*n'existe pas*

VOIR

	Présent			Passé composé	
Je	vois		J'	ai	vu
Tu	vois		Tu	as	vu
Il/Elle/On	voit		Il/Elle/On	a	vu
Nous	voyons		Nous	avons	vu
Vous	voyez		Vous	avez	vu
Ils/Elles	voient		Ils/Elles	ont	vu

Imparfait		Futur		Impératif
Je	voyais	Je	verrai	
Tu	voyais	Tu	verras	Vois
Il/Elle/On	voyait	Il/Elle/On	verra	
Nous	voyions	Nous	verrons	Voyons
Vous	voyiez	Vous	verrez	Voyez
Ils/Elles	voyaient	Ils/Elles	verront	

VOULOIR

	Présent			Passé composé	
Je	veux		J'	ai	voulu
Tu	veux		Tu	as	voulu
Il/Elle/On	veut		Il/Elle/On	a	voulu
Nous	voulons		Nous	avons	voulu
Vous	voulez		Vous	avez	voulu
Ils/Elles	veulent		Ils/Elles	ont	voulu

Imparfait		Futur		Impératif
Je	voulais	Je	voudrai	
Tu	voulais	Tu	voudras	Veux (Veuille)
Il/Elle/On	voulait	Il/Elle/On	voudra	
Nous	voulions	Nous	voudrons	Voulons
Vous	vouliez	Vous	voudrez	Voulez (Veuillez)
Ils/Elles	voulaient	Ils/Elles	voudront	

RECEVOIR

	Présent			Passé composé	
Je	reçois		J'	ai	reçu
Tu	reçois		Tu	as	reçu
Il/Elle/On	reçoit		Il/Elle/On	a	reçu
Nous	recevons		Nous	avons	reçu
Vous	recevez		Vous	avez	reçu
Ils/Elles	reçoivent		Ils/Elles	ont	reçu

Imparfait		Futur		Impératif
Je	recevais	Je	recevrai	
Tu	recevais	Tu	recevras	Reçois
Il/Elle/On	recevait	Il/Elle/On	recevra	
Nous	recevions	Nous	recevrons	Recevons
Vous	receviez	Vous	recevrez	Recevez
Ils/Elles	recevaient	Ils/Elles	recevront	

AUTRES VERBES EN -*OIRE*

BOIRE

	Présent			Passé composé	
Je	bois		J'	ai	bu
Tu	bois		Tu	as	bu
Il/Elle/On	boit		Il/Elle/On	a	bu
Nous	buvons		Nous	avons	bu
Vous	buvez		Vous	avez	bu
Ils/Elles	boivent		Ils/Elles	ont	bu

Imparfait		Futur		Impératif	
Je	buvais	Je	boirai		
Tu	buvais	Tu	boiras	Bois	
Il/Elle/On	buvait	Il/Elle/On	boira		
Nous	buvions	Nous	boirons	Buvons	
Vous	buviez	Vous	boirez	Buvez	
Ils/Elles	buvaient	Ils/Elles	boiront		

AUTRES VERBES EN -*ENDRE*

PRENDRE

apprendre, comprendre...

	Présent			Passé composé	
Je	prends		J'	ai	pris
Tu	prends		Tu	as	pris
Il/Elle/On	prend		Il/Elle/On	a	pris
Nous	prenons		Nous	avons	pris
Vous	prenez		Vous	avez	pris
Ils/Elles	prennent		Ils/Elles	ont	pris

Imparfait		Futur		Impératif	
Je	prenais	Je	prendrai		
Tu	prenais	Tu	prendras	Prends	
Il/Elle/On	prenait	Il/Elle/On	prendra		
Nous	prenions	Nous	prendront	Prenons	
Vous	preniez	Vous	prendrez	Prenez	
Ils/Elles	prenaient	Ils/Elles	prendront		

AUTRES VERBES EN -*TRE*

CONNAÎTRE

	Présent			Passé composé	
Je	connais		J'	ai	connu
Tu	connais		Tu	as	connu
Il/Elle/On	connaît		Il/Elle/On	a	connu
Nous	connaissons		Nous	avons	connu
Vous	connaissez		Vous	avez	connu
Ils/Elles	connaissent		Ils/Elles	ont	connu

Imparfait		Futur		Impératif	
Je	connaissais	Je	connaîtrai		
Tu	connaissais	Tu	connaîtras	Connais	
Il/Elle/On	connaissait	Il/Elle/On	connaîtra		
Nous	connaissions	Nous	connaîtrons	Connaissons	
Vous	connaissiez	Vous	connaîtrez	Connaissez	
Ils/Elles	connaissaient	Ils/Elles	connaîtront		

METTRE

permettre, promettre...

Présent	
Je	mets
Tu	mets
Il/Elle/On	met
Nous	mettons
Vous	mettez
Ils/Elles	mettent

Passé composé		
J'	ai	mis
Tu	as	mis
Il/Elle/On	a	mis
Nous	avons	mis
Vous	avez	mis
Ils/Elles	ont	mis

Imparfait	
Je	mettais
Tu	mettais
Il/Elle/On	mettait
Nous	mettions
Vous	mettiez
Ils/Elles	mettaient

Futur	
Je	mettrai
Tu	mettras
Il/Elle/On	mettra
Nous	mettrons
Vous	mettrez
Ils/Elles	mettront

Impératif
Mets
Mettons
Mettez

AUTRES VERBES EN -RE

FAIRE

Présent	
Je	fais
Tu	fais
Il/Elle/On	fait
Nous	faisons
Vous	faites
Ils/Elles	font

Passé composé		
J'	ai	fait
Tu	as	fait
Il/Elle/On	a	fait
Nous	avons	fait
Vous	avez	fait
Ils/Elles	ont	fait

Imparfait	
Je	faisais
Tu	faisais
Il/Elle/On	faisait
Nous	faisions
Vous	faisiez
Ils/Elles	faisaient

Futur	
Je	ferai
Tu	feras
Il/Elle/On	fera
Nous	ferons
Vous	ferez
Ils/Elles	feront

Impératif
Fais
Faisons
Faites

Verbes pronominaux

SE LEVER

Présent		
Je	me	lève
Tu	te	lèves
Il/Elle/On	se	lève
Nous	nous	levons
Vous	vous	levez
Ils/Elles	se	lèvent

Passé composé		
Je	me suis	levé(e)
Tu	t' es	levé(e)
Il/Elle/On	s' est	levé(e)
Nous	nous sommes	levé(e)s
Vous	vous êtes	levé(e)s
Ils/Elles	se sont	levé(e)s

Imparfait		
Je	me	levais
Tu	te	levais
Il/Elle/On	se	levait
Nous	nous	levions
Vous	vous	leviez
Ils/Elles	se	levaient

Futur		
Je	me	lèverai
Tu	te	lèveras
Il/Elle/On	se	lèvera
Nous	nous	lèverons
Vous	vous	lèverez
Ils/Elles	se	lèveront

Impératif
Lève-toi
Levons-nous
Levez-vous

Index

Index

Index

Corrigés

CORRIGÉS

UNITÉ 1 : LE GROUPE NOMINAL

1 Le nom

page 6

❶ **a.** une Américaine ; **b.** une Chinoise ; **c.** une Portugaise ; **d.** une Mexicaine ; **e.** une Argentine ; **f.** une Éthiopienne ; **g.** une Belge ; **h.** une Anglaise

❷ **a.** un technicien ; **b.** un directeur ; **c.** un secrétaire ; **d.** un employé ; **e.** un violoniste ; **f.** un chanteur ; **g.** un assistant ; **h.** un dentiste

❸ **a.** une mère et un père ; **b.** un oncle et une tante ; **c.** une cousine et un cousin ; **d.** une nièce et un neveu ; **e.** un parrain et une marraine ; **f.** une filleule et un filleul ; **g.** une fille et un fils (un garçon) ; **h.** un grand-père et une grand-mère

❹ **a.** une directrice et une secrétaire ; **b.** un jardinier et un paysagiste ; **c.** une amie et un voisin ; **d.** un champion et une championne ; **e.** une violoniste et un pianiste ; **f.** une cuisinière et une serveuse

❺ – **le** Canada, **le** Danemark, **le** Maroc
– **la** Chine, **la** Tunisie, **la** Nouvelle-Zélande, **la** Bolivie
– **l'**Inde, **l'**Espagne, **l'**Argentine, **l'**Australie
– **les** Philippines, **les** Pays-Bas
– **Ø** Taïwan, Madagascar, Cuba

❻

Terminaison	Masculin	Terminaison	Féminin
-eau	chap**eau** gâteau bateau	-ance	ch**ance** balance vacances ambulance
-age	message garage voyage fromage	-ure	voiture peinture culture chaussure
-isme	athlétisme cyclisme	-té	université nationalité antiquité
-al	journal hôpital carnaval	-esse	politesse adresse
-ier	quartier métier évier	-(s/t)ion	natation télévision question
-ent	monument renseignement argent		

❼ **a.** des dictionnaires ; **b.** des feuilles ; **c.** des cahiers ; **d.** des romans ; **e.** des textes ; **f.** des nouvelles

❽ **a.** un chapeau ; **b.** un jeu ; **c.** un journal ; **d.** un travail ; **e.** un cheveu ; **f.** un gâteau ; **g.** un oiseau ; **h.** un animal

2 L'adjectif qualificatif

page 9

❶ **a.** **a.** Júlia est hongroise. **b.** Lamia est marocaine. **c.** Corazin est philippine. **d.** Camila est anglaise. **e.** Sabrina est suisse. **f.** Khyunghee est coréenne.

❷ **a.** Mon père est gros. **b.** Ma mère est brune. **c.** Mon cousin est beau. **d.** Mes grands-parents sont jeunes. **e.** Ma sœur a les cheveux courts. **f.** Ma nièce est courageuse (travailleuse).

❸ **a.** la couleur ver**te** ; **b.** des chaussures magnifique**s** ; **c.** des cravates exceptionnel**les** ; **d.** une nou**velle** veste ; **e.** votre pull n'est pas assez épais ; **f.** ce pantalon en vitrine est très beau ; **g.** de **vieilles** lunettes ; **h.** une chemise plus clair**e**

❹ **a.** belle, confortable et pratique. **b.** carrée, large et haute. **c.** petite, légère et fragile. **d.** ronde, discrète et sympa. **e.** complète, compacte et performante

❺ **r**ouge ; **o**range ; **v**iole**t**s ; **r**os**e** ; **v**er**t**e ; **m**arro**n** ; **j**aun**e** ; **b**leue**s**

❻ b4 ; c1 ; d2 ; e5 ; f7 ; g6

❼ **a.** belle maison ; **b.** hôtel particuliers ; **c.** vieil immeuble ; **d.** grand appartement ; **e.** ancien château ; **f.** partie neuve ; **g.** lycées internationaux ; **h.** nouvelle salle de spectacle

❽ **a.** Ils restaurent une vieille tour médiévale. **b.** Je connais un bon restaurant sénégalais. **c.** Ce musée est nul et cher ! **d.** Voici une excellent pâtisserie traditionnelle (*ou* : une pâtisserie traditionnelle excellente). **e.** Quel beau château romantique ! **f.** C'est la seule église intéressante du village.

ÉVALUATION 1

❶ une étagère suédoise ; des livres anglais ; une photo de l'Everest ; une poupée espagnole ; une table chinoise ; un réveil japonais ; un tapis marocain ; un meuble indien ; des tableaux italiens ; une sculpture balinaise

❷ **a.** la flûte ; **b.** le salon ; **c.** le collège ; **d.** le jour ; **e.** la voiture ; **f.** la cantine

❸ **a.** océan = M/S ; **b.** îles = F/P ; **c.** plage = F/S ; **d.** montagne = F/S ; **e.** paradis = M/S ; **f.** village = M/S ; **g.** alpinistes = M/F/P ; **h.** mer = F/S ; **i.** randonnée = F/S ; **j.** bateau = M/S

❹ Non !

b. des photo
c. le nourriture
d. des animals
e. la soleil
f. le température
g. des moustique
h. le Afrique
i. la désert
j. un travaux
k. la dîner

Oui !

→ des photo**s**
→ **la** nourriture
→ des anim**aux**
→ **le** soleil
→ **la** température
→ des moustique**s**
→ **l'**Afrique
→ **le** désert
→ un trav**ail**
→ **le** dîner

❺ Eros est **italien**. Il a trente ans et est **chanteur**. Il est **grand**, **brun** et **charmant**. **Il** est aussi célèbre et riche. **Il** habite à Pérouges, en Italie. **Il** est **marié** et a deux enfants. **Il** adore le sport. **Il** fait de la natation, du vélo et est **fou** d'équitation. **Il** n'est jamais **seul**. **Il** aime beaucoup recevoir de la famille ou des amis. **Il** est très **heureux** !

❻ vieille ; grande ; claires ; petites ; neuve ; belle ; bonnes ; génial

❼ Radhika a **12 ans** et est **indienne**. Elle habite à **Delhi** dans **un appartement**. Elle a **un frère** et **une sœur**. Elle a **un chien**. Elle est **collégienne** et veut devenir **actrice**. Elle pratique **la danse** et **le vélo**. Elle aime beaucoup **la photo**.

3 Les articles   page 15

❶ b4 ; c2 ; d1 ; e7 ; f6 ; g3

❷ un cahier ; un crayon ; une gomme ; une règle ; un téléphone portable ; un paquet de mouchoirs ; un agenda ; un portefeuille

❸ une entrée ; une cuisine ; une salle à manger ; un salon ; Une chambre ; une salle de bains ; un garage ; une cave

❹ b. une voiture ; **c.** un camion ; **d.** un bateau ; **e.** une moto ; **f.** un train ; **g.** un autobus ; **h.** un taxi ; **i.** un avion ; **j.** une fusée

❺ des yeux ; une jolie bouche ; des jeans ; un tee-shirt ; des chaussures ; un petit ami ; une Ferrari ; une villa

❻ – **le** contrôleur, **le** guichet, **le** quai, **le** RER – **la** ligne 12, **la** station Châtelet, **la** carte orange, **la** direction Balard

❼ a. le **t**ennis ; **b.** le **s**ki ; **c.** l'**é**quitatio**n** ; **d.** la nata**t**io**n** ; **e.** l'**a**thlétisme ; **f.** la **v**oile ; **g.** la **g**ymnastiqu**e** ; **h.** le **c**yclisme

❽ a. le ballet / la danse moderne ; **b.** la télévision / la radio ; **c.** la musique classique / le jazz ; **d.** la peinture / la sculpture ; **e.** les œuvres de Picasso / l'impressionnisme ; **f.** les romans / les bandes dessinées ; **g.** la flûte / le piano ; **h.** l'art contemporain / les tableaux de Van Gogh

❾ le boucher ; la boulangère ; l'épicerie ; le crémier ; le journal ; les vêtements ; le lit ; la danse

❿ a. une/la ; **b.** un/le ; **c.** la/une ; **d.** le/un ; **e.** un/l' ; **f.** le/un ; **g.** une/la ; **h.** un/le

⓫ a. la/La ; **b.** La/une ; **c.** une/le ; **d.** Le/les ; **e.** une/un ; **f.** le/une ; **g.** les/des ; **h.** des/la

⓬ b6 **de la** viande ; c5 **de l'**aspirine ; d4 **du** poisson ; e3 **du** fromage ; f7 **des** journaux ; g9 **des** légumes ; h8 **de l'**argent ; i 1 **du** pâté

⓭ du shampoing ; **du** savon ; **du** dentifrice ; **du** rouge à lèvres ; **du** maquillage ; **de la** mousse à raser ; **de la** crème hydratante ; **de l'**eau de toilette ; **des** ciseaux

⓮ a. du thé → Non, on boit **du** café.
b. des fraises → Non, on récolte **du** tabac.
c. du porc → Non, on consomme **de l'**agneau.
d. du coca-cola → Non, on fabrique **de la** bière.
e. du pétrole → Non, on a **du** vin.
f. de la vodka → Non, on fait **du** porto.

⓯ a. Vous jouez du piano. **b.** Nous faisons du tennis. **c.** Robert et Nicolas écoutent du rock. **d.** Tu as du jazz ? **e.** Karin et Björn font de la voile. **f.** Christophe cherche de la techno.

⓰ a. Non, je n'ai pas d'enfant. **b.** Non, je n'ai pas d'ami. **c.** Non, je n'ai pas de maison. **d.** Non, je n'ai pas de travail. **e.** Non, je n'ai pas de voiture. **f.** Non, je n'ai pas de portable. **g.** Non, je n'ai pas de compte bancaire. **h.** Non, je n'ai pas de problème.

⓱ a. Non, je n'ai pas d'argent. **b.** Non, ils ne boivent pas de café. **c.** Non, je ne mets pas d'huile (dans les crêpes). **d.** Non, ils ne mangent pas de porc. **e.** Non, elles n'achètent pas de bière. **f.** Non, on ne trouve pas d'eau (dans cette région).

⓲ a. Jocelyne et Monica ne détestent pas les films d'horreur. **b.** Je ne collectionne pas les disques de rock. **c.** Nous n'écoutons pas la radio. **d.** Mamadou n'apprécie pas les portraits. **e.** Vous ne connaissez pas les œuvres de Molière ? **f.** Jade et Matteo n'adorent pas les romans policiers.

⓳ b4 ; c3 ; d1 ; e5 ; f2 ; g6

⓴ a. de la coiffeuse ; **b.** du Pont-Neuf ; **c.** de la peur ; **d.** de l'amour ; **e.** des anges ; **f.** des autres

㉑ a. de la banque ; **b.** de l'école ; **c.** du restaurant ; **d.** de la pâtisserie ; **e.** des hôtels ; **f.** de l'épicerie ; **g.** de la gare ; **h.** de l'hôpital

㉒ a. de la mère Boulard ; **b.** du Portugal ; **c.** dujour ; **d.** de l'océan Indien ; **e.** du port ; **f.** de l'huile

㉓ a. à la maison ; **b.** au bord ; **c.** aux sports d'hiver ; **d.** à l'étranger ; **e.** à la montagne ; **f.** à la campagne

㉔ b7 ; c3 ; d2 ; e4 ; f5 ; g6

㉕ b. correct ; **c.** correct ; **d.** incorrect : *au stade* ; **e.** incorrect : *à la natation* ; **f.** correct ; **g.** correct

㉖ à la cantine ; au restaurant ; à l'atelier ; à la piscine ; à la bibliothèque ; aux échecs ; à la maison ; au supermarché

㉗ a. offrir... au ; **b.** faire attention au ; **c.** téléphoner à la ; **d.** donner... à la ; **e.** écrire... aux ; **f.** Faire confiance aux ; **g.** parler au

ÉVALUATION 2

❶ a. Vous connaissez la Suisse ? → Non, mais j'ai une amie suisse.
b. Vous connaissez le Portugal ? → Non, mais j'ai un cousin portugais.
c. Vous connaissez le Mexique ? → Non, mais j'ai des étudiantes mexicaines.
d. Vous connaissez l'Espagne ? → Non, mais j'ai des copains espagnols.
e. Vous connaissez le Japon ? → Non, mais j'ai un grand-père japonais.
f. Vous connaissez l'Australie ? → Non, mais j'ai un professeur australien.

❷ le centre ; **des** magasins ; **Les** spécialités ; **le** vin ; **la** moutarde ; **les** escargots ; **le** (ou : **un**) parc ; **La** voisine ; **des** gâteaux ; **une** carte postale

❸ Le mardi de 10 h 00 à 11 h 30, il fait du judo puis il fait du théâtre de 17 h 00 à 19 h 00.
Le mercredi de 9 h 30 à 11 h 30, il fait de l'équitation puis il fait de l'anglais de 17 h 00 à 19 h 30.
Le jeudi de 10 h 00 à 12 h 00, il fait de la natation puis il fait du violon de 15 h 30 à 17 h 00.
Le vendredi de 9 h 00 à 11 h 00, il fait du vélo puis il fait de la sculpture de 18 h 00 à 19 h 30.
Le samedi de 10 h 00 à 12 h 00, il fait de l'athlétisme puis il fait de la peinture de 16 h 00 à 18 h 30.

❹ à l'arrêt ; au coin de la rue ; le café des Sports ; au kiosque du boulevard ; aux cheveux ; de l'imper ; des services de la police

❺ un problème ; à la jambe ; de la musique ; du piano ; la musique ; le jazz ; le journalisme ; des romans ; des bijoux ; le marché ; à l'argent ; à la banque ; de touristes ; des nouvelles ; le marketing ; la vente ; aux États-Unis ; un garçon ; une fille ; une (*ou :* la) prochaine fois

4 Les adjectifs possessifs — page 29

❶ a. son mari ; **b. Tes** parents ; **c. ma** famille ; **d. Mon** frère, **son** amie ; **e. Tes** neveux, **mes** enfants ; **f. ton** oncle

❷ a. tes photos ; **b. Notre** séjour ; **c. leurs** traditions ; **d. mon** journal ; **e. Leur** chef ; **f. ses** souvenirs ; **g. son** anglais ; **h. votre** tente.

❸ Ma Bohème
Je m'en allais, les poings dans **mes** poches crevées ;
Mon paletot aussi devenait idéal ;
J'allais sous le ciel, Muse ! et j'étais ton féal ;
Oh ! là là ! que d'amours splendides j'ai rêvées !

Mon unique culotte avait un large trou.
– Petit-Poucet rêveur, j'égrenais dans **ma** course
Des rimes. **Mon** auberge était à la Grande-Ourse.
– **Mes** étoiles au ciel avaient un doux frou-frou

Et je les écoutais, assis au bord des routes,
Ces bons soirs de septembre où je sentais des gouttes
De rosée à **mon** front, comme un vin de vigueur ;

Où, rimant au milieu des ombres fantastiques,
Comme des lyres, je tirais les élastiques
De **mes** souliers blessés, un pied près de **mon** cœur !

Arthur Rɪᴍʙᴀᴜᴅ (poète français),
Poésies, Mercure de France Éditeur, 1870.

❹ a. vos / votre ; **b.** Son / ses ; **c.** votre / ma ; **d.** mon / Leur ; **e.** votre / mon ; **f.** son / ta

5 Les adjectifs démonstratifs — page 31

❶ a. Eva et Michel viennent cet été. **b.** En cette saison, il faut se couvrir. **c.** Cet hiver, nous aimerions partir au ski. **d.** Le facteur est passé ce matin ? **e.** J'ai très mal dormi cette nuit. **f.** Il y a un très bon film ce soir à la télé.

❷ a. ce chemisier blanc ; **b.** Cette veste ; **c.** ces chaussures ; **d.** cette écharpe ; **e.** Ce jean ; **f.** ces chaussettes ; **g.** cette cravate ; **h.** Ce pull-over

❸ a. Ce magazine ; **b.** cette télé ; **c.** cette émission ; **d.** cet article ; **e.** Ces photos ; **f.** cet hebdomadaire

❹ a. Ce restaurant est typique. **b.** Ces bâtiments sont du XVIIIᵉ siècle. **c.** Cette école est loin du centre. **d.** Cet hôpital est très moderne. **e.** Ces jardins sont extraordinaires ! **f.** Ce café est branché ! **g.** Ce théâtre est populaire et bon marché. **h.** Cette pâtisserie est réputée pour ses gâteaux au chocolat.

❺ a. Cette viande est dure mais **ces** viandes sont tendres. **b. Cette** bière est chaude mais **ces** bières sont fraîches. **c. Ce** fromage est fort mais **ces** fromages sont doux. **d. Cette** crêpe est sucrée mais **ces** crêpes sont salées. **e. Ce** thé vient de Chine mais **ces** thés viennent d'Inde. **f. Cette** glace est au chocolat mais **ces** glaces sont à la fraise. **g. Ce** pain est aux noix mais **ces** pains sont aux céréales. **h. Ce** vin est espagnol mais **ces** vins sont argentins.

ÉVALUATION 3

❶ Mon appartement ; mes amis ; Mon travail ; mes collègues ; ses études universitaires ; son goût ; Son père ; sa mère ; tes amours ; ton petit Nicolas

❷ Ce jaune ; ce tee-shirt ; ce bikini ; Cet été ; ce short ; cette serviette ; cette casquette ; ces lunettes ; ce sac ; cette couleur

❸ Cet ordinateur ; cette souris ; ce modèle ; cette imprimante ; Cette télé ; Cet écran ; cet agenda ; cet appareil ; ces piles ; ces brochures

6 Les pronoms personnels   page 35

❶ a. Vous ; **b.** Tu ; **c.** Tu ; **d.** Vous ; **e.** Tu ; **f.** Vous

❷ a. Tu fais des études de droit. **b.** Vous habitez à Milan. **c.** Tu aimes le sport. **d.** Vous pratiquez le judo. **e.** Tu vas souvent au cinéma. **f.** Vous lisez beaucoup de romans.

❸ a. Elle adore ; **b.** Il va souvent ; **c.** Nous aimons ; **d.** Elles sont ; **e.** Tu sais ; **f.** Vous devez ; **g.** Elle est ; **h.** Je vais

❹ a. Ils aiment ; **b.** Il a pris ; **c.** Elles sont ; **d.** Vous ne mangez pas ; **e.** Elle adore ; **f.** elles n'aiment ; **g.** Ils ont

❺ a. On = **Les gens**
b. On = **Nous**
c. On = **Les gens**
d. On = **Les gens**
e. On = **Nous**
f. On = **Nous**
g. On = **Les gens**
h. On = **Nous**

❻ a. On se lève ; **b.** On prend ; **c.** On déjeune ; **d.** On travaille ; **e.** On fait ; **f.** On dîne ; **g.** On va ; **h.** On ne regarde

❼ a. on déguste ; **b.** on se nourrit ; **c.** on savoure ; **d.** on prépare ; **e.** on consomme ; **f.** on apprécie

❽ a. Non, je ne dis rien. **b.** Non, je n'entends rien. **c.** Non, je ne sais rien. **d.** Non, je ne pense à rien. **e.** Non, je n'écoute rien. **f.** Non, je n'écris rien.

❾ a. Non, il n'y a personne. **b.** Non, je ne connais personne (*ou* : vous ne connaissez personne).

c. Non, ils ne cherchent personne. **d.** Non, elle ne parle à personne. **e.** Non, il ne déjeune avec personne. **f.** Non, je ne travaille avec personne.

❿ a. Quelque chose est organisé ? **b.** Non, personne ne peut venir. **c.** Quelque chose lui plaît ? **d.** Quelqu'un a parlé avec elle ? **e.** Non, personne ne lui a téléphoné. **f.** Non, rien n'a changé.

⓫ Quelqu'un vous a téléphoné hier ? / Non, je n'ai rien remarqué d'anormal. / Non, personne n'habite au-dessus de chez moi. / Quelque chose a disparu ? / Non, je ne prends rien pour dormir.

⓬ a. Quelqu'un vous a rapporté mon portefeuille ? **b.** Non, personne ne m'a rapporté votre portefeuille. **c.** Il y avait quelque chose d'important ? **d.** Non, il n'y avait rien d'important. **e.** Quelqu'un l'a peut-être retrouvé. **f.** Vous étiez avec quelqu'un ?

⓭ b. correct ; **c.** incorrecte : *eux* ; **d.** correcte ; **e.** correcte ; **f.** incorrecte : *lui* ; **g.** incorrecte : *nous* ; **h.** correcte ; **i.** correcte

⓮ a. toi ; **b.** nous ; **c.** moi ; **d.** elle ; **e.** vous ; **f.** lui ; **g.** eux ; **h.** elles

⓯ a. Eux non plus ; **b.** Elle non plus ; **c.** Nous non plus ; **d.** vous aussi ; **e.** toi aussi ; **f.** lui aussi ; **g.** elles non plus ; **h.** eux aussi

⓰ a. eux ; **b.** Nous ; **c.** lui ; **d.** Moi / toi ; **e.** vous ; **f.** Elles ; **g.** lui

⓱ b. te ; **c.** l' ; **d.** la ; **e.** nous ; **f.** vous ; **g.** les ; **h.** les ; **i.** me

⓲ a. les ; **b.** vous ; **c.** la/la ; **d.** le ; **e.** vous

⓳ Je peux **t'**aider ; Je **te** connais ; Je **te** déteste ; Tu **me** laisses ; Tu **me** pardonnes ; tu **m'**énerves ; je **t'**aime ; Tu **m'**ennuies

⓴ a. Il **la** connaît.
b. Tu **la** détestes.
c. Je **le** visite.
d. Elle **l'**aime.
e. Nous **les** entendons.
f. Ils **le** montrent.

㉑ a. la voiture ; **b.** le voilier ; **c.** le camion ; **d.** les skis ; **e.** la moto ; **f.** le bateau

㉒ a. Oui, elle sait la faire. / Non, elle ne sait pas la faire.
b. Oui, je veux (*ou* : nous voulons) les couper. / Non, je ne veux pas (*ou* : nous ne voulons pas) les couper.
c. Oui, il doit le saler. / Non, il ne doit pas le saler.
d. Oui, ils souhaitent le manger. / Non, ils ne souhaitent pas le manger.
e. Oui, tu peux (*ou* : vous pouvez) la tourner. / Non, tu ne peux pas (*ou* : vous ne pouvez pas) la tourner.

㉓ b. t' ; **c.** lui ; **d.** lui ; **e.** nous ; **f.** vous ; **g.** leur ; **h.** leur ; **i.** te

㉔ a. Oui, il lui donne du parfum. / Non, il ne lui donne pas de parfum. **b.** Oui, je lui achète (nous lui achetons) des fleurs. / Non, je ne lui achète (nous ne lui achetons) pas de fleurs. **c.** Oui, elle leur envoie des chocolats. / Non, elle ne leur envoie pas de chocolats. **d.** Oui, tu lui rends le cadeau. / Non, tu ne lui rends pas le cadeau. **e.** Oui, vous leur apportez du vin. / Non, vous ne leur apportez pas de vin. **f.** Oui, ils lui donnent un CD. / Non, ils ne lui donnent pas de CD.

㉕ a. lui ; **b.** vous ; **c.** te ; **d.** leur ; **e.** vous ; **f.** lui

㉖ a. Il lui prête une cravate ? Il a de la chance. **b.** Vous me rendez son chapeau tout de suite ! **c.** Je vous offre cette montre ! **d.** Les enfants sont beaux. Tu leur as acheté de belles chaussures. **e.** Combien de pantalons je t'envoie ? Tu les veux tous ?

㉗ a. Vous leur avez écrit ? **b.** Donnez-nous des nouvelles ! **c.** Ils t'ont téléphoné ? **d.** Elle ne m'a pas envoyé de mail. **e.** Nous vous avons parlé avant-hier.

㉘ a. Écrivez-lui ! **b.** Invitons-les ! **c.** Parle-lui ! **d.** Attends-la ! **e.** Écoute-le ! **f.** Suivez-le !

㉙ a. en = vélo ; **b.** en = de la danse ; **c.** en = piscine ; **d.** en = de la natation ; **e.** en = match de foot ; **f.** en = des skis

㉚ a. Oui, il en mange. **b.** Oui, nous en avons. **c.** Oui, ils en boivent. **d.** Oui, tu en achètes. **e.** Oui, j'en veux. **f.** Oui, elles en commandent.

㉛ a. Nous avons envoyé des cartes postales ? **b.** Ils ont pris des livres ? **c.** J'ai écrit une lettre ? **d.** Il a fait des articles sur Picasso ? **e.** Vous avez regardé des guides ? **f.** Elles ont vu des journaux italiens ? **g.** Elle a acheté une carte de France ? **h.** Vous avez demandé un magazine de mode ?

㉜ a. Fais-en ! **b.** Cassons-en ! **c.** Mets-en ! **d.** Ajoutez-en ! **e.** Pelons-en ! **f.** Versez-en ! **g.** Coupons-en ! **h.** Prends-en !

㉝ a. Oui, j'y étudie trois fois par semaine. **b.** J'y retourne (ou : Nous y retournons) maintenant. **c.** Oui, elle y est. **d.** Oui, nous y passons. **e.** Ils y rentrent en avril. **f.** J'y reste jusqu'à 17 h 00. **g.** J'y habite (ou : Nous y habitons) depuis 1992. **h.** Ils y achètent un manteau.

㉞ J'y ai étudié deux ans. / J'y ai travaillé huit ans. / J'y ai épousé mon mari, un avocat de Hambourg. / Oui, j'y ai eu mes trois enfants. / J'y ai divorcé. / Non, j'y suis allé quatre fois, pour des congrès. / Oui, j'y ai monté une association, « Un Toit pour eux », pour trouver des familles aux enfants des rues. / Oui, j'y ai trouvé la paix et la sérénité.

㉟ a. Oui, j'y ai (ou : nous y avons) déjà joué une fois. **b.** Oui, il s'y intéresse depuis son voyage aux États-Unis. **c.** Oui, il y a réfléchi. Il est d'accord. **d.** Oui, vous devez vous y mettre (ou : mettez-vous y). Vous verrez, c'est sympa ! **e.** Oui, elles y ont pensé. Il est dans la voiture. **f.** Oui, tu dois y renoncer. Tu as déjà perdu beaucoup d'argent. **g.** Oui, elle y a résisté mais c'était dur.

㊱ a. Vous n'avez pas pu y monter ? **b.** Tu dois absolument y passer ! **c.** Je sais y aller tout seul. **d.** Nous allons y faire un tour. **e.** Elle a pensé y acheter quelque chose ? **f.** Tu croyais y être tranquille ? **g.** Elle aimerait y passer une semaine. **h.** Elles souhaitent s'y reposer quelques jours.

㊲ a. à la poste, au bureau de tabac… ; **b.** au restaurant, chez des amis, des parents… ; **c.** à l'école, à la crèche, chez la nourrice… ; **d.** à la boulangerie… ; **e.** au cinéma… ; **f.** au bureau, à l'usine, à la bibliothèque… ; **g.** à la banque, au bureau de change… ; **h.** chez le médecin, à la pharmacie, à l'hôpital…

㊳ a. Passes-y ! **b.** Restons-y ! **c.** Pensez-y ! **d.** Retournes-y ! **e.** Courons-y ! **f.** Montez-y ! **g.** Fais-y attention ! **h.** Entrons-y !

㊴ a. N'y va pas cet été ! **b.** N'y retournons pas en demi-pension ! **c.** N'y restez pas une semaine ! **d.** N'y pense pas pour ton prochain voyage ! **e.** N'y passons pas nos vacances ! **f.** N'y faites pas un tour pendant votre séjour ! **g.** N'y entre pas au coucher du soleil ! **h.** N'y réfléchissons pas pour les congés de Noël !

㊵ a. y ; **b.** en ; **c.** en ; **d.** y ; **e.** en ; **f.** y ; **g.** y ; **h.** en

ÉVALUATION 4

❶

J'	ai	un bon médecin
Tu	écoutes	cette chanteuse ? le professeur
Il	parle	du musicien au président avec la secrétaire à mon avocat
	va	chez le coiffeur
Elle	parle	du musicien au président avec la secrétaire à mon avocat
	va	chez le coiffeur

Nous	sommes	chez le coiffeur avec la secrétaire
Vous	comprenez	cette chanteuse ? le professeur
Ils	travaillent	chez le coiffeur avec la secrétaire
	écrivent	au président à mon avocat
elles	travaillent	chez le coiffeur avec la secrétaire
	écrivent	au président à mon avocat

❷ toi ; Moi ; eux ; elle ; lui ; nous ; elles ; Lui ; Eux ; Vous

❸ les ; nous ; le ; y ; le ; la ; les ; nous ; y ; t'

❹ lui → nous : Ils **nous** posent…
le → lui : Je ne **lui** réponds plus…
lui → leur : Je vais **leur** écrire
le → la : Je vais **la** voir…
la → te : Je **te** souhaite…

❺ **a.** Non, elle n'en lit pas souvent. **b.** Oui, ils en ont une. **c.** Oui, j'y ai pensé. **d.** Oui, achètes-en! (*ou* : achetez-en!) **e.** Non, il n'en a pas pris beaucoup. **f.** Oui, nous y monterons.

UNITÉ 2 : LE GROUPE VERBAL

1 Être et avoir   page 58

❶ ils sont ; on est ; je suis ; il est ; elles sont ; nous sommes ; elle est ; tu es

❷ **a.** sont ; **b.** es ; **c.** sommes ; **d.** sont ; **e.** êtes ; **f.** sommes ; **g.** suis ; **h.** est

❸ **a.** êtes ; **b.** es ; **c.** est ; **d.** sont ; **e.** sommes ; **f.** sont ; **g.** est ; **h.** est

❹ **a.** il est allemand ; **b.** ils sont libanais ; **c.** je suis canadienne ; **d.** elles sont chiliennes ; **e.** elle est kényane ; **f.** nous sommes chinoises

❺ **a.** Non, ils ne sont pas candidats. **b.** Non, je ne suis pas politicien. **c.** Non, elle n'est pas ministre. **d.** Non, je ne suis pas communiste. **e.** Non, elles ne sont pas élues. **f.** Non, il n'est pas populaire.

❻ **a.** Vous êtes habitués à Mexico ? **b.** Nous sommes en vacances à Tahiti. **c.** Je suis très heureux en Espagne. **d.** Vanessa est-elle (*ou* : elle est) au Portugal maintenant ? **e.** On est étudiants aux États-Unis.

❼ **a.** C'est mon collègue de bureau. **b.** Il est excellent comme médecin. **c.** C'est une journaliste de France-Inter. **d.** Il est acteur. Il a fait beaucoup de films. **e.** Il est génial ce coiffeur! **f.** Tu es photographe : c'est super!

❽ **a.** Il est secrétaire. C'est un secrétaire américain. **b.** Elle est informaticienne. C'est une informaticienne pakistanaise. **c.** Elle est cuisinière. C'est une cuisinière anglaise. **d.** Il est chauffeur. C'est un chauffeur indonésien. **e.** Elle est psychologue. C'est une psychologue roumaine.

❾ **a.** Il est ; **b.** Il est ; **c.** Ils sont ; **d.** C'est ; **e.** Ce sont ; **f.** C'est

❿ **a.** Non, ce n'est pas un poisson, c'est un mammifère. **b.** Non, ce n'est pas une souris, c'est un hamster. **c.** Non, ce ne sont pas des chevaux, ce sont des zèbres. **d.** Non, ce n'est pas un hippopotame, c'est un rhinocéros. **e.** Non, ce ne sont pas des ours, ce sont des koalas. **f.** Non, ce n'est pas une chèvre, c'est un mouton.

⓫ Vous avez peur ? – Ils ont sommeil. – On a froid. – Il a froid. – Elles ont sommeil. – Nous avons chaud. – Elle a froid. – Tu as faim ?

⓬ **a.** Vous avez des stylos ? **b.** J'ai un cahier d'exercices ? **c.** Elle a du papier ? **d.** Nous avons le bon texte ? (*ou* : J'ai le bon texte ?) **e.** On a (*ou* : Vous avez) une règle ? **f.** Il a son livre de maths ?

⓭ **a.** il n'a pas de costume ; **b.** je n'ai pas de lunettes de soleil ; **c.** elles n'ont pas de gants ; **d.** il n'a pas de cravate ; **e.** nous n'avons pas de maillot de bain ; **f.** ils n'ont pas de casquette

⓮ **a.** Tu as trois voitures ? **b.** On a un chien et quatre chats. **c.** Vous avez huit frères et sœurs ? **d.** Maxime a une télévision de 65''. **e.** Nous avons sept chambres au total. **f.** Claudia a soixante paires de chaussures.

⓯ **a.** En Égypte, il y a les pyramides. **b.** En Chine, il y a la Grande Muraille. **c.** Au Japon, il y a le mont Fuji. **d.** À Moscou, il y a le Kremlin. **e.** À Londres, il y a Big Ben.

⓰ **a.** Il y a du vin à la cave. **b.** Il y a un très bon fromage de chèvre en vente ici. **c.** Il y a du jambon, des œufs et des pommes. **d.** Il y a beaucoup de pain. **e.** Il y a de belles tomates dans votre jardin. **f.** Il y a une bonne tarte aux pommes dans la cuisine.

⓱ **a.** Non, il n'y a pas la mousson en France. **b.** Non, il n'y a pas de forêt dans le Sahara. **c.** Non, il n'y a pas de typhon en Europe. **d.** Non, il n'y a pas de désert en Angleterre. **e.** Non, il n'y a pas de volcan au Brésil. **f.** Non, il n'y a pas l'océan Pacifique à l'est de l'Inde. **g.** Non, il n'y a pas de tremblement de terre en Irlande. **h.** Non, il n'y a pas de tsunamis en Mongolie.

⓲ a. Là-bas, il y a une église et c'est une belle église. **b.** Là-bas, il y a une banque et c'est une vieille banque. **c.** Là-bas, il y a un stade et c'est un grand stade. **d.** Là-bas, il y a un musée et c'est un joli musée. **e.** Là-bas, il y a un cinéma et c'est un nouveau cinéma. **f.** Là-bas, il y a un château et c'est un superbe château. **g.** Là-bas, il y a une école et c'est une super école. **h.** Là-bas, il y a un jardin et c'est un petit jardin.

ÉVALUATION 5

❶ a. sommes ; **b.** est ; **c.** a ; **d.** n'ont ; **e.** suis ; **f.** avons ; **g.** êtes ; **h.** sont

❷ suis ; ai ; sont ; est ; a ; avons ; ont ; a ; sont ; avez

❸ ce sont ; elles ont ; il y a ; elle est ; il a ; Il y a ; c'est ; Il y a ; il a ; il est

❹ il y a ; c'est ; Il est ; C'est ; il y a ; Ce sont ; Il y a ; ils sont

2 Le présent page 67

❶ Danser : tu danses, vous dansez
Manger : nous mangeons, ils/elles mangent
Placer : je place, nous plaçons
Appeler : tu appelles, ils/elles appellent
Peler : il/elle pèle, vous pelez
Payer : je paie (*ou* : je paye), nous payons
Jeter : nous jetons, ils/elles jettent
Acheter : tu achètes
Espérer : vous espérez

❷ a. pratiques ; **b.** aime ; **c.** déteste ; **d.** regarde ; **e.** montons ; **f.** nagez ; **g.** préparent ; **h.** parlent.

❸ a. J'efface le tableau. / Nous effaçons le tableau. **b.** Je trace un trait. / Nous traçons un trait. **c.** Je change de bureau. / Nous changeons de bureau. **d.** Je partage la classe en deux. / Nous partageons la classe en deux. **e.** Je dirige cette école. / Nous dirigeons cette école. **f.** Je menace le directeur d'une grève. / Nous menaçons le directeur d'une grève.

❹ a. préférez ; **b.** levons ; **c.** pèse ; **d.** gèrent ; **e.** emmènes ; **f.** suggère

❺ a. Tu déjeunes (*ou* : Vous déjeunez) à midi ?
b. Tu aimes (*ou* : Vous aimez) les sushis ?
c. Tu trouves (*ou* : Vous trouvez) des champignons par ici ?
d. Tu cuisines (*ou* : Vous cuisinez) ?
e. Tu manges (*ou* : Vous mangez) épicé ?

❻ a. Non, il ne vérifie pas les papiers d'identité.
b. Non, je ne cherche pas le tribunal.

c. Non, vous ne menez pas l'enquête.
d. Non, je ne tutoie pas les témoins.
e. Non, ils n'espèrent pas qu'il sera condamné.
f. Non, vous n'interpellez pas cet individu.
g. Non, elle ne coûte pas cher.
h. Non, nous n'envoyons pas de rapport au commissaire.

❼ Yann et Gwendoline habitent à Brest. Tous les matins, **ils marchent** jusqu'au port pour regarder les bateaux de pêcheurs. **Ils admirent** ces hommes et ces femmes : leur travail et leur amour de la mer. **Ils étudient** l'histoire à l'université : **ils aiment** beaucoup l'histoire contemporaine et la politique. **Ils participent** à de nombreuses activités : conférences, débats, organisations de fêtes locales… **Ils parlent** breton et **militent** pour la conservation du patrimoine. **Ils pensent** à l'avenir de la région, la Bretagne.

❽ essuie ; balayons ; vouvoie ; tutoie ; paie/paye ; renvoie ; essaie/essaye ; envoie

❾ a. -issons ; **b.** -issent ; **c.** -is ; **d.** -issez ; **e.** -issent ; **f.** -it ; **g.** -issent ; **h.** -is

❿ reverdit → reverdir ; bleuit → bleuir ; éclaircit → éclaircir ; rougissent → rougir ; vieillis → vieillir ; blanchissent → blanchir ; hais → haïr ; noircis → noircir

⓫ a. choisit ; **b.** maigrissons ; **c.** finissent ; **d.** pâlit ; **e.** rougis ; **f.** salissent

⓬

Sujet	Pronom	Verbe	Infinitif
Je	me	réveille	se réveiller
Émilie	s'	approche	s'approcher
Je	me	lève	se lever
Tu	te	rappelles	se rappeler
ses jambes	se	balancent	se balancer
je	me	retourne	se retourner
je	m'	aperçois	s'apercevoir
Je	me	relève	se relever
Je	me	dirige	se diriger
je	m'en	vais	s'en aller

⓭ a. Nous **nous** rencontr**ons** ; **b.** Je **m'**appell**e** ; **c.** Cette jeune institutrice **s'**occupe ; **d.** tu **te** présent**es** ; **e.** Ces deux profs **se** ressembl**ent** ; **f.** On **se** retrouv**e**

⓮ b9 ; c7 ; d2 ; e1 ; f5 ; g8 ; h6 ; i4 ; j10

⓯ me lève ; me douche ; me rase ; m'habille ; me peigne ; me brosse les dents ; me parfume ; me chausse ; me dépêche

⓰ s'écoute ; se trouve ; m'adapte ; se parlent ; s'aime ; s'ignore ; m'énerve ; me dépêche

17 **a.** conduis ; **b.** construisons ; **c.** cuisent ; **d.** réduit ; **e.** séduisent ; **f.** déduisent

18 **a.** éteins ; **b.** peignez ; **c.** plains ; **d.** contraint ; **e.** craignons ; **f.** teignent ; **g.** atteint

19 sens ; ment ; partons ; ressens ; admets ; me bats ; met ; promettez

20 **a.** fais ; **b.** fait ; **c.** fait ; **d.** faisons ; **e.** faites ; **f.** font

21 **a.** vais ; **b.** allons ; **c.** va ; **d.** vont ; **e.** vas ; **f.** vont ; **g.** allez ; **h.** va

22 **a.** À quelle heure venez-vous (*ou* : vous venez) ? **b.** Je viens chez toi ? **c.** Il vient ? **d.** Ils viennent d'arriver ? **e.** Elle vient avec quelqu'un ?

23 **a.** sait ; **b.** savez ; **c.** sait ; **d.** sais ; **e.** savent ; **f.** savez ; **g.** savons ; **h.** sait

24 **a.** Oui, je sais (*ou* : nous savons) jouer au golf. / Non, je ne sais pas (*ou* : nous ne savons pas) jouer augolf. **b.** Oui, elle sait danser. / Non, elle ne sait pas danser. **c.** Oui, ils savent faire du roller. / Non, ils ne savent pas faire du roller. **d.** Oui, il sait monter à cheval. / Non, il ne sait pas monter à cheval. **e.** Oui, je sais (*ou* : nous savons) nager. / Non, je ne sais pas (*ou* : nous ne savons pas) nager.

25 **a.** Nous **connaissons** la Bretagne et vous, **vous connaissez** cette région ? **b.** Tu **connais** l'Everest et elle, **elle connaît** ce mont ? **c.** Ils **connaissent** Venise et elles, **elles connaissent** cette ville ? **d.** Elle **connaît** Versailles, et eux, **ils connaissent** ce château ? **e.** Vous **connaissez** l'Amazonie et lui, **il connaît** cette forêt ? **f.** Il **connaît** le Nil et vous, **vous connaissez** ce fleuve ?

26 **b.** correct ; **c.** incorrecte : *vous savez parler* ; **d.** correcte ; **e.** correcte ; **f.** correcte ; **g.** incorrecte : *il sait traduire* ; **h.** correcte ; **i.** incorrecte : *nous savons ce que veut dire ce signe.*

27 **a.** Vous descendez ? **b.** Oui, j'éteins. **c.** Vous répondez ? **d.** Oui, j'attends. **e.** Vous conduisez ? **f.** Oui, je pars. **g.** Vous sortez ? **h.** Oui, je connais.

28 **a.** Nous **prenons** deux heures de cours par jour. Ils **prennent** deux heures de cours par jour. Maintenant, nous **comprenons** un peu la langue. Maintenant, ils **comprennent** un peu la langue. **b.** Nous **venons** chaque année à Venise. Elles **viennent** chaque année à Venise. Nous **nous souvenons** du carnaval de 1960. Elles **se souviennent** du carnaval de 1960. Nous **revenons** toujours dans le même hôtel. Elles **reviennent** toujours dans le même hôtel. **c.** Si nous **nous apercevons** que **nous décevons** les invités quand **nous les recevons**, c'est un échec.

S'ils **s'aperçoivent** qu'**ils déçoivent** les invités quand **ils les reçoivent**, c'est un échec.

29 **a.** connais – savons – connaissent – sait **b.** partent – sortent – sort – pars **c.** peux – savez – savent – peut **d.** mets – met – prend – prenons **e.** entendez – écoute – écoutent – entend **f.** dites – parle – dis – parlons

30 se fait faire ; me fais voler ; se fait renverser ; se fait opérer ; nous faisons licencier ; se fait livrer ; se font aider ; vous faites construire

31 **a.** Il est en train de nager. **b.** Il est en train de se raser. **c.** Il est en train d'écrire. **d.** Il est en train de boire. **e.** Il est en train de lire. **f.** Il est en train de prendre sa douche. **g.** Il est en train de faire du yoga. **h.** Il est en train de courir.

32 **b.** Les enfants sont en train de jouer. **c.** Il est en train de peindre. **d.** Ils sont en train de se faire bronzer. **e.** Je suis en train de conduire. **f.** Vous êtes en train de cuisiner.

33 **a.** Tu es en train de prendre ta douche. **b.** Elle prend son petit-déjeuner. **c.** Il est en train de se brosser les dents. **d.** On s'habille. **e.** Nous sommes en train d'aller au bureau. **f.** Vous travaillez. **g.** Ils sont en train de faire des courses. **h.** Elles dorment.

34 **a.** Vous êtes en train de me dire ; **b.** je suis en train de m'occuper de madame Legas ; **c.** les blessés sont en train de perdre ; **d.** elle est en train de faire ; **e.** Nous sommes en train de soigner ; **f.** Il est en train de jouer ; **g.** Les infirmières sont en train d'aider ; **h.** Tu n'es pas en train de porter

ÉVALUATION 6

1 ai ; est ; ai ; s'appelle ; a ; a ; a ; est ; travaille ; avons ; s'appellent ; habite ; aime ; habitons ; est ; y a ; aimons ; reste ; aidons ; mettons

2 L'homme élégant est descendu de la limousine, il fume une cigarette anglaise. Il **regarde** la jeune fille au feutre d'homme et aux chaussures d'or. Il **vient** vers elle lentement. C'**est** visible, il **est** intimidé. Il **ne sourit pas** tout d'abord. Tout d'abord il lui **offre** une cigarette. Sa main **tremble**. Il **y a** cette différence de race, il **n'est pas** blanc, il **doit** la surmonter, c'est pourquoi il **tremble**. Elle lui **dit** qu'elle **ne fume pas**, non merci. [...]. Elle **ne répond pas**. Ce **n'est pas** la peine qu'elle réponde, que répondrait-elle. Elle **attend**. Alors il le lui **demande** : mais d'où **venez**-vous ? Elle **dit** qu'elle **est** la fille de l'institutrice de l'école de filles de Sadec.

Marguerite Duras, *L'Amant*, 1984.

CORRIGÉS

❸ L'automne

Un cheval s'écroule au milieu d'une allée
Les feuilles **tombent** sur lui
Notre amour **frissonne**
Et le soleil aussi.

Dimanche

Entre les rangées d'arbres de l'avenue des Gobelins
Une statue de marbre me **conduit** par la main
Aujourd'hui c'**est** dimanche les cinémas **sont** pleins
Les oiseaux dans les branches **regardent** les humains
Et la statue m'**embrasse** mais personne ne nous **voit**
Sauf un enfant aveugle qui nous **montre** du doigt.

Jacques PRÉVERT, Paroles, 1945.

3 Le passé page 86

❶ b5 ; c2 ; d6 ; e1 ; f7 ; g4

❷ a. viens d'acheter – venons d'en recevoir
b. viennent d'arriver – vient d'être muté
c. vient de se marier – vient de divorcer

❸ a. Tu viens de t'installer en Afrique du Sud ?
b. Il vient de déménager à Bogota.
c. Nous venons de louer un appartement à Sydney.
d. Elles viennent de séjourner au Maroc ?
e. Je viens de voyager en Thaïlande.
f. Ils viennent de faire un reportage sur Cuba ?

❹

Verbes au passé composé	Infinitif
a remporté	remporter
ont collecté	collecter
a dépensé	dépenser
a vu	voir
a acheté	acheter
est revenu	revenir

❺ a. Gandhi ; **b.** Jeanne d'Arc ; **c.** Victor Hugo ; **d.** Alexandre le Grand

❻ a. tu as étudié **b.** il a pensé. **c.** elle a fabriqué **d.** on a préparé **e.** nous avons cherché. **f.** vous avez examiné **g.** ils ont trouvé **h.** elles ont imaginé

❼ a. a repassé ; **b.** avons préparé ; **c.** as nettoyé ; **d.** ont lavé ; **e.** a ciré ; **f.** avez balayé

❽ a. Tu as grossi. **b.** Elle a maigri. **c.** Il a blondi. **d.** On a vieilli. **e.** Nous avons rajeuni. **f.** Vous avez rougi.

❾ a. perdu ; **b.** pris ; **c.** étendu ; **d.** offert ; **e.** décrit ; **f.** eu

❿ a. dû ; **b.** lu ; **c.** plu ; **d.** pu ; **e.** su ; **f.** vu

⓫ a. ont transmis ; **b.** a inventé ; **c.** a présenté ; **d.** a construit ; **e.** ont mis ; **f.** a créé

⓬ a. menti ; **b.** servi ; **c.** fini ; **d.** ri ; **e.** rougi ; **f.** suivi ; **g.** réussi ; **h.** suffi

⓭ a. Alice et Sophie sont allées au bord de la mer.
b. Je (Joseph) suis rentré de vacances.
c. Nous (ma femme et moi) sommes restés à l'hôtel.
d. Vous (les amis) êtes passés par la Dordogne ?
e. Tu (Marie) es descendue dans le Sud ?
f. Ils sont venus se reposer à la montagne.
g. Marco est arrivé dans les Landes.
h. Mes filles sont retournées en Alsace.

⓮ est venue ; sont arrivés ; sont montés ; sont entrés ; est sorti ; est parti ; est tombé ; est allé ; est resté ; est intervenu ; sont morts ; ne suis jamais retournée ; suis née ; est décédée ; sommes descendus ; est passée

⓯ a. pris ; **b.** arrivées ; **c.** commencé ; **d.** joué ; **e.** regardé ; **f.** parti

⓰ a vécu ; est retourné**e** ; a épousé ; a eu ; a obtenu ; est mort**e**

⓱ a. J'ai aperçu ;
b. J'ai eu ;
c. Je suis monté(e) ;
d. J'ai entendu ;
e. Je suis descendu(e) ;
f. Je suis sorti(e)

⓲ a. Elle a eu ; **b.** Elle est devenue ; **c.** Elle a voyagé ; **d.** Elle est entrée ; **e.** Elle a commencé ; **f.** Elle a occupé

⓳ a. Nous sommes allés ; **b.** Nous avons créé ; **c.** Nous avons eu ; **d.** Nous avons atteint ; **e.** Nous avons ouvert ; **f.** Nous avons fait ; **g.** Nous avons acheté ; **h.** Nous avons doublé

⓴ a. Elles ont arrêté ; **b.** Elles ont montré ; **c.** Elles ont ouvert ; **d.** Elles ont vidé ; **e.** Elles ont rangé ; **f.** Elles ont redémarré ; **g.** Elles sont reparties ; **h.** Elles ont aperçu

㉑ a. Carole a lu 365 livres.
b. Thierry est allé aider une ONG à construire une école au Laos.
c. Mes cousins ont créé leur entreprise.
d. Mon frère a escaladé l'Everest.
e. Mes parents ont traversé le Sahara à pied.
f. Robert et Nicolas ont fait un film.
g. Mes amis sont partis étudier le chinois.
h. Ma sœur a pris soin de son bébé.

㉒ Chère Mathilde,
Mon frère et moi **sommes allés** en vacances chez nos grands-parents pendant l'été. Nous **avons beaucoup ri**. Avec le fils des voisins, nous **avons fait** du vélo et **avons nagé** dans la rivière. Notre grand-mère

nous **a préparé** plein de bons petits plats et notre grand-père nous **a appris** à jouer à la pétanque. **J'ai gagné** toutes les parties. À la fin des vacances, nos parents **sont venus** nous chercher. Et toi, tu **as passé** de bonnes vacances ?

㉓ a. Ses chaussures ont coûté cher ? / Est-ce que ses chaussures ont coûté cher ? / Ses chaussures ont-elles coûté cher ?
b. Tu as (*ou* : Vous avez) vu le sac jaune ? / Est-ce que tu as (*ou* : vous avez) vu le sac jaune ? / As-tu (*ou* : Avez-vous) vu le sac jaune ?
c. Elle a acheté ces gants déjà troués ? / Est-ce qu'elle a acheté ces gants déjà troués ? / A-t-elle acheté ces gants déjà troués ?
d. Il a cassé sa ceinture ? / Est-ce qu'il a cassé sa ceinture ? / A-t-il cassé sa ceinture ?
e. Tu as (*ou* : Vous avez) choisi un pantalon ? / Est-ce que tu as (*ou* : vous avez) choisi un pantalon ? / As-tu (*ou* : Avez-vous) choisi un pantalon ?
f. Tu a trouvé des lunettes bleues ? / Est-ce que tu as trouvé des lunettes bleues ? / As-tu trouvé des lunettes bleues ?

㉔ a. – Tu as téléphoné à Jean-Pierre ?
– Non, je n'ai pas téléphoné à Jean-Pierre.
b. – Tu es allé au pressing ?
– Non, je ne suis pas allé au pressing.
c. – Tu as acheté du pain ?
– Non, je n'ai pas acheté de pain.
d. – Tu as mis le linge dans la machine ?
– Non, je n'ai pas mis le linge dans la machine.
e. – Tu as pris des places pour le concert de samedi ?
– Non, je n'ai pas pris de places pour le concert de samedi.
f. – Tu as répondu aux courriels ?
– Non, je n'ai pas répondu aux courriels.
g. – Tu as tondu la pelouse ?
– Non, je n'ai pas tondu la pelouse.
h. – Tu as écrit à oncle Jules ?
– Non, je n'ai pas écrit à oncle Jules.

㉕ a. Je n'ai pas beaucoup voyagé.
b. Nous ne sommes pas encore allés aux Antilles.
c. Dominique n'a pas voulu prendre le ferry pour Douvre.
d. Mon mari n'a pas dormi dans l'avion.
e. On n'est pas passé par Bruxelles.
f. Vous n'êtes pas arrivés à Tunis hier soir ?
g. Michael et David n'ont pas fait le tour du monde en 80 jours.
h. Elle n'est pas revenue du Cambodge ?

㉖ a. porter ; **b.** être ; **c.** vouloir ; **d.** pouvoir ; **e.** dépenser ; **f.** acheter ; **g.** choisir ; **h.** produire

㉗

	faire	écrire	boire
Je (J')	faisais	écrivais	buvais
Tu	faisais	écrivais	buvais
Il/Elle/On	faisait	écrivait	buvait
Nous	faisions	écrivions	buvions
Vous	faisiez	écriviez	buviez
Ils/Elles	faisaient	écrivaient	buvaient

	voir	connaître	lire
Je	voyais	connaissais	lisais
Tu	voyais	connaissais	lisais
Il/Elle/On	voyait	connaissait	lisait
Nous	voyions	connaissions	lisions
Vous	voyiez	connaissiez	lisiez
Ils/Elles	voyaient	connaissaient	lisaient

	peindre	mettre	placer
Je	peignais	mettais	plaçais
Tu	peignais	mettais	plaçais
Il/Elle/On	peignait	mettait	plaçait
Nous	peignions	mettions	placions
Vous	peigniez	mettiez	placiez
Ils/Elles	peignaient	mettaient	plaçaient

㉘ a. montait ; **b.** regardait ; **c.** chantions ; **d.** pratiquaient ; **e.** habitiez ; **f.** écoutait ; **g.** passais

㉙ a. effaçait / effaçaient ; **b.** changeais / changiez ; **c.** prononçait / prononçaient ; **d.** corrigeais / corrigions ; **e.** plaçais / placiez ; **f.** engageait / engageaient ; **g.** commençais / commencions

㉚ a. choisissions ; **b.** applaudissiez ; **c.** atterrissait ; **d.** réunissait ; **e.** franchissaient ; **f.** remplissaient ; **g.** ralentissait ; **h.** réfléchissais

㉛ a. vous alliez souvent au concert ? ; **b.** vous vouliez être musicien ? ; **c.** vous voyagiez toujours en avion ? ; **d.** vous étiez nombreux ? ; **e.** vous aviez le trac ? ; **f.** le public était heureux ? ; **g.** vos enfants regardaient le concert ? ; **h.** vous écoutiez Maria Callas ?

㉜ a. Que faisiez-vous ? / Qu'est-ce que vous faisiez ? / Vous faisiez quoi ? **b.** À qui parlait-il ? / À qui est-ce qu'il parlait ? / À qui il parlait ? **c.** Que disais-je ? / Qu'est-ce que je disais ? / Je disais quoi ? **d.** Qu'écrivait-elle ? / Qu'est-ce qu'elle écrivait ? / Elle écrivait quoi ? **e.** Que traduisaient-ils ? / Qu'est-ce qu'ils traduisaient ? / Ils traduisaient quoi ?

㉝ Non, nous n'habitions pas dans la capitale.
Non, il n'était pas expatrié.
Non, il ne travaillait pas à Pékin même.
Non, ils n'allaient pas à l'école française.

Non, ils ne suivaient pas les cours facilement.

Non, nous ne comprenions pas les idéogrammes.

❸❹ a. n'existaient pas ; **b.** mangeait ; **c.** mouraient ; **d.** faisait ; **e.** vivaient (*ou* : vivait) ; **f.** était

❸❺ a. Avant, je ne buvais pas, j'étais heureux, j'avais un bon travail et je ne regardais jamais la télé.

Aujourd'hui, je bois, je suis triste, je ne travaille plus et je regarde tout le temps la télé.

b. Avant, tu ne faisais pas de yoga, tu étais toujours de mauvaise humeur, tu n'aidais pas les autres et tu n'avais pas d'amis.

Aujourd'hui, tu fais du yoga, tu es toujours de bonne humeur, tu aides les autres et tu as beaucoup d'amis.

c. Avant, elle était célibataire, elle n'avait pas d'enfant, elle restait toujours chez elle et elle ne cuisinait jamais.

Aujourd'hui, elle est mariée, elle a deux enfants, elle sort beaucoup et elle cuisine beaucoup.

d. Avant, elle était mariée, elle cuisinait tous les jours, elle ne voyageait jamais et elle s'ennuyait.

Aujourd'hui, elle est divorcée, elle cuisine une ou deux fois par semaine, elle voyage beaucoup et elle s'amuse vraiment.

e. Avant, nous habitions dans un petit village, c'était très calme, nous connaissions tout le monde et nous avions une grande maison.

Aujourd'hui, nous habitons dans une grande ville, c'est très bruyant, nous ne connaissons personne et nous avons un petit appartement.

❸❻ aimait ; riait ; faisait ; était ; passions ; aidions ; emmenions ; adoraient

❸❼ Verbes qui font avancer l'action (passé composé) : Nous avons pris, Nous avons mangé, Nous avons bu, Nous avons discuté, elle est allée, Elle n'a rien dit, Nous nous sommes séparées, je suis sortie, Je suis retournée, J'ai regardé, Je suis restée, Je n'ai rien entendu, j'ai téléphoné, Nous avons parlé

Verbes qui apportent des précisions sur l'ambiance, le décor... (imparfait) : Il faisait, C'était, Il ressemblait, Il semblait, Il commençait, Il y avait, j'étais

❸❽ a. était / a vu ; **b.** regardions / est entré ; **c.** avez réalisé / avez-vous fait ; **d.** a beaucoup ri / l'a vue ; **e.** attendaient / ont pu ; **f.** n'as pas tourné / étaient

❸❾ a. est entré / ont applaudi ; **b.** avez pris / ne suis pas venu(e) ; **c.** avons déjà étudié / n'avons pas encore vu ; **d.** faisait / recevait ; **e.** déjeunais / rentrais ; **f.** avais / s'appelait ; **g.** n'as pas fait / voulais ; **h.** est tombé / portait

❹❶ avons déplié ; avons accroché ; avons discuté ; avons dormi ; avons mangé ; avons attendu ; sommes repartis ; avons aperçu ; était ; avons formé ; mar-

chions ; ai senti ; venait ; ai-je dit ; avais ; perdais ; étions ; m'a paru

❹❶ Une semaine après mon arrivée dans cette maison, **j'ai commencé** à entendre des cris horribles. Chaque nuit, **ils me réveillaient** : **je me relevais** brusquement et **je retenais** ma respiration. Par la fenêtre de ma chambre, **je regardais** la lune. Et **j'écoutais**. Quelle créature **pouvait** pousser des cris pareils ? Et où **se trouvait-elle** ? Une nuit, **j'étais** à moitié endormie quand **j'ai entendu** la poignée de la porte tourner. **J'ai attrapé** le couteau que **je gardais** sur la table de nuit. **J'ai marché** sans faire de bruit. **Il faisait** complètement noir, **je ne voyais** rien. Tout à coup **j'ai senti** un violent coup sur la tête et puis, plus rien ! Quand **j'ai repris** mes esprits, **il faisait** jour...

ÉVALUATION 7

❶ a. a téléphoné ; **b.** n'a pas envoyé ; **c.** a appelé ; **d.** n'est pas parti ; **e.** a perdu ; **f.** est tombé ; **g.** ai écrit ; **h.** avons reçu ; **i.** n'avez pas sorti ; **j.** a fait

❷ Il **a ouvert** la porte. Il **est entré**.

Il ne **m'a pas dit** bonjour.

Il **a sorti** son sac de l'armoire.

Il **a mis** ses affaires dans le sac.

Ensuite, il **a bu** un verre d'eau.

Je **lui ai demandé** quelque chose.

Mais il ne **m'a pas répondu**.

J'**ai répété** ma question. J'**ai** presque **crié**.

Mais **il est parti** sans même me regarder.

❸ a. a choisi ; **b.** a commencé ; **c.** est mort ; **d.** a créé ; **e.** a été ; **f.** a régné ; **g.** a imposé ; **h.** a présidé

❹ a. tombait / montait ; **b.** conduisions / voyait ; **c.** regardais / était ; **d.** aviez / terrorisaient ; **e.** mourait / marchait ; **f.** étais / venait ; **g.** arrivaient / soufflait ; **h.** couvrait / se levait

❺ a senti ; a commencé ; n'était pas ; pouvait ; a pris ; a encore entendu ; a fait ; a-t-elle vu ; a dit ; a souri

4 Le futur
page 107

❶ a. À tout à l'heure ! <u>Je skie</u> à 9 h 00.

d. <u>Nous prenons</u> un cours de natation ce soir.

e. <u>On regarde</u> le match chez Xavier à 20 h 00.

f. <u>Ils vont</u> à la finale de la Coupe du Monde la semaine prochaine.

g. <u>Vous participez</u> à un tournoi de golf prochainement.

❷ b5 ; c8 ; d7 ; e1 ; f4 ; g6 ; h2 ; i3

❸ Exemple : Lundi prochain, à 9h00, Grégoire va chez le dentiste. À 12h00 (midi), il déjeune au resto avec Évelyne et à 18h00, il accueille Judith à l'aéroport.

Mardi, à 11h00, il fait de la gym. À 14h00, il écrit des cartes postales et à 19h00, il a un cocktail à la galerie Doll'art.

Mercredi, il raccompagne Judith à l'aéroport à 6h00. À 10h30, il visite l'opéra Garnier et à 17h00, il rencontre (a rendez-vous avec) le maire.

Jeudi, à 9h00, il achète des billets pour Deauville. À 11h00, il envoie des fleurs à sa grand-mère et à 15h00, il rapporte des livres à la bibliothèque.

Vendredi, à 10h00, il prend un cours de piano et à 14h00, il enregistre l'émission « D'accord, pas d'accord ».

Samedi, à 8h00, il part pour Deauville et il passe l'après-midi à la plage.

Dimanche, il joue la matinée au casino. À 14h00, il se promène à Étretat et il rentre à Paris à 18h00.

❹ b6 ; c5 ; d8 ; e7 ; f1 ; g2 ; h9 ; i3

❺ **a.** vont étudier ; **b.** vais passer ; **c.** vas faire ; **d.** va pratiquer ; **e.** va commencer ; **f.** allez devenir ; **g.** vont se mettre ; **h.** allons réussir

❻ **a.** Nous allons nous changer. **b.** Tu vas te laver. **c.** Il va se raser. **d.** Elles vont se coiffer. **e.** On va se lever. **f.** Je vais me coucher. **g.** Ils vont s'habiller. **h.** Vous allez vous doucher.

❼ **a.** elle va étudier ; **b.** ils vont écouter le professeur ; **c.** tu vas aller souvent en cours ; **d.** on va beaucoup lire (*ou* : lire beaucoup) ; **e.** il va réussir ; **f.** elle va rendre souvent les copies (*ou* : les copies souvent) ; **g.** nous allons être attentifs ; **h.** vous allez passer beaucoup de temps à la bibliothèque

❽ **a.** Je ne vais pas laisser la direction fermer l'usine ! **b.** Vous n'allez pas partir sans me payer ! **c.** Ils ne vont pas déménager l'usine en Inde ! **d.** On ne va pas quitter l'entreprise ! **e.** Elle ne va pas perdre son travail ! **f.** Tu ne vas pas changer d'avis devant le patron. **g.** Elles ne vont pas démissionner ! **h.** Il n'empêchera pas la poursuite de la grève.

❾

Futur		Infinitif
– ils pourront	→	pouvoir
– tu partiras	→	partir
– on attendra	→	attendre
– vous lirez	→	lire
– il choisira	→	choisir
– on terminera	→	terminer
– vous devrez	→	devoir
– il rentrera	→	rentrer
– ils auront	→	avoir

❿ m'aider**as** ; réserver**a** ; préparer**a** ; voyager**a** ; creus**erons** ; annoncer**ez** ; saluer**ont** ; admirer**ont**

⓫ **a.** fe**rons** ; **b.** vien**dront** ; **c.** ver**ra** ; **d.** dev**ras** ; **e.** pour**ront** ; **f.** enver**ra** ; **g.** se**ras**

⓬ **a.** sifflera / commencerons ; **b.** passeront / applaudirai ; **c.** gagnera / invitera ; **d.** pratiqueras / progresseras ; **e.** arrêterai / grossirai ; **f.** sélectionnerons / donnerez ; **g.** sauterez / filmerai

⓭ Sensation

Par les soirs bleus d'été, j'**irai** dans les sentiers,
Picoté par les blés, fouler l'herbe menue :
Rêveur, j'en **sentirai** la fraîcheur à mes pieds,
Je **laisserai** le vent baigner ma tête nue !

Je ne **parlerai** pas, je ne penserai rien.
Mais l'amour infini me **montera** dans l'âme ;
Et j'**irai** loin, bien loin, comme un bohémien,
Par la Nature, – heureux comme avec une femme.

> Arthur RIMBAUD,
> second poème du *Cahier de Douai*, *Poésies*, 1870.

⓮ **a.** il me promet qu'il écrira au maire (*ou* : qu'il lui écrira) ; **b.** on vous promet qu'on vous enverra la télécopie (*ou* : qu'on vous l'enverra) ; **c.** vous nous promettez que vous téléphonerez ; **d.** elles me promettent qu'elles finiront leur travail (*ou* : qu'elles le finiront) ; **e.** tu nous promets que tu appelleras l'avocat (*ou* : que tu l'appelleras) ; **f.** elle vous promet qu'elle parlera au directeur (*ou* : qu'elle lui parlera)

⓯ **a.** Je ne divorcerai pas pour ça ! **b.** On aura un enfant en juin. **c.** Vous épouserez cet homme ? **d.** Elles resteront célibataires toute leur vie ? **e.** Tu te fianceras où ? **f.** Ils ne vivront pas longtemps ensemble.

⓰ Il naîtra... À dix ans, il sera admis.... À seize ans, il deviendra lieutenant... En 1796, Napoléon partira... Il deviendra... il modernisera... Il envahira... Il gagnera et perdra... Il mourra...

⓱ 1c ; 2e ; 3a ; 4d ; 5b ; 6f

ÉVALUATION 8

❶ **a.** Ils ne vont pas s'ennuyer.
b. Louis va pouvoir jardiner.
c. Solange va faire de la couture.
d. Louis va lire beaucoup de romans.
e. Solange va jouer au bridge avec ses amies.
f. Solange va prendre des cours de tango avec Louis.
g. Ils vont s'occuper de leurs petits-enfants.
h. Ils vont voyager.
i. Ils vont étudier l'espagnol.
j. Ils vont être heureux.

❷ Il **va s'installer** au Canada et il **va chercher** du travail dans l'informatique. Sa femme Annie et son fils David **vont le rejoindre** deux mois plus tard. Ils **vont louer** une maison dans la banlieue de Vancouver. David **va aller** à l'école française et Annie **va donner** des cours de cuisine à domicile. Ils **vont commencer** une nouvelle vie et ils **ne vont pas regretter** ce changement.

❸ donnerai ; seras ; mangeras ; ferons ; présenterai ; plairont ; rencontreras ; verras ; irons ; nous promènerons

❹ Il faut que tu me rendes un service, mon ami. Tu vas fermer ton moulin pour un jour et t'en aller tout de suite à Eyguières… Eyguières est un gros bourg à trois ou quatre lieues de chez toi, – une promenade. En arrivant, tu **demanderas** le couvent des Orphelines. La première maison après le couvent est une maison basse à volets gris avec un jardinet derrière. Tu **entreras** sans frapper – la porte est toujours ouverte – et, en entrant, tu **crieras** bien fort : « Bonjour braves gens. Je suis l'ami de Maurice… » Alors, tu **verras** deux petits vieux, oh! mais vieux, vieux, archi-vieux, te tendre les bras du fond de leurs grands fauteuils, et tu les **embrasseras** de ma part, avec tout ton cœur comme s'ils étaient à toi. Puis vous **causerez**, ils te **parleront** de moi, rien que de moi ; ils te **raconteront** mille folies que tu **écouteras** sans rire… Tu ne **riras** pas, hein?… Ce sont mes grands-parents, deux êtres dont je suis toute la vie et qui ne m'ont pas vu depuis dix ans…
Heureusement, tu es là-bas, mon cher meunier et, en t'embrassant, les pauvres gens **croiront** m'embrasser un peu moi-même…

Alphonse DAUDET, « Les Vieux »,
Lettres de mon moulin, 1869.

❺ Ils se baigneront tous les jours.
Ils dégusteront des poissons.
Ils verront des spectacles de danses tahitiennes.
Ils feront un tour en hélicoptère au-dessus des îles.
Ils se reposeront.
Ils pêcheront en haute mer.
Ils auront beau temps tous les jours.
Ils prendront beaucoup de photos.

5 L'impératif page 118

❶ b4 ; c7 ; d9 ; e2 ; f5 ; g8 ; h3 ; i1

❷

Verbes à l'infinitif	2ᵉ personne du singulier	1ʳᵉ personne du pluriel	2ᵉ personne du pluriel
travailler	travaille	travaillons	travaillez
sourire	souris	sourions	souriez
prendre	prends	prenons	prenez
mettre	mets	mettons	mettez
dormir	dors	dormons	dormez
croire	crois	croyons	croyez
courir	cours	courons	courez
faire	fais	faisons	faites
attendre	attends	attendons	attendez

❸ **a.** Partons! **b.** Viens! **c.** Dormez! **d.** Attends! **e.** Sourions! **f.** Répondez! **g.** Éteignons! **h.** Réfléchis!

❹ **a.** Répétez ; **b.** Voyons ; **c.** Écoute ; **d.** Arrêtez ; **e.** Écrivez ; **f.** Regardons ; **g.** Apprends ; **h.** Faites

❺ rangez ; Arrosez ; Repassez ; Passez ; Lavez ; Changez ; Nettoyez ; cirez

❻

Verbes à l'infinitif	2ᵉ personne du singulier	1ʳᵉ personne du pluriel	2ᵉ personne du pluriel
se réveiller	réveille-toi	réveillons-nous	réveillez-vous
se lever	lève-toi	levons-nous	levez-vous
se dépêcher	dépêche-toi	dépêchons-nous	dépêchez-vous
se préparer	prépare-toi	préparons-nous	préparez-vous
se raser	rase-toi	rasons-nous	rasez-vous
se doucher	douche-toi	douchons-nous	douchez-vous
s'habiller	habille-toi	habillons-nous	habillez-vous
se peigner	peigne-toi	peignons-nous	peignez-vous
se coucher	couche-toi	couchons-nous	couchez-vous

❼ **a.** Taisez-vous! **b.** Tiens-toi droit! **c.** Asseyez-vous en silence! **d.** Calme-toi! **e.** Excusez-vous! **f.** Mets-toi dans le coin!

❽ **a.** « Odeur du temps brin de bruyère
Et **souviens-toi** que je t'attends. »
(Guillaume APOLLINAIRE, « L'Adieu », *Alcools*, 1913)

b. « Ah! Déesse! **Ayez** pitié de ma tristesse et de mon délire. »
(Charles BAUDELAIRE, « Le Fou et la Vénus »,
Le Spleen de Paris, 1869)

c. « **Allons**, guerriers! La charge sonne!
Courez, frappez, c'est le moment! »
(Victor HUGO, « La Mêlée », *Odes et Ballades*, 1826)

d. « **Rappelle-toi** Barbara
Il pleuvait sans cesse sur Brest ce jour-là. »
(Jacques PRÉVERT, « Rappelle-toi Barbara », *Paroles*, 1946)

e. « Ne **rentre** pas trop tard, surtout ne **prends** pas froid. »
(Léo FERRÉ, *Avec le temps*, 1972)

CORRIGÉS

f. « Puis après, comme moi, **souffre** et **meurs** sans parler ».

(Alfred DE VIGNY, « La Mort du loup », *Les Destinées*, 1838)

g. « Ne me **quitte** pas. [...]
Laisse-moi devenir l'ombre de ton ombre. »

(Jacques BREL, *Ne me quitte pas*, 1959)

9 **a.** Allez chez le médecin ! Rentrez à la maison ! Prenez de l'aspirine ! **b.** Arrête de regarder la télé ! Fais tes devoirs ! Sois plus sérieux ! **c.** Baissez le son ! Enlevez vos chaussures ! Soyez plus discrets ! **d.** Sors de chez toi ! Amuse-toi ! Viens avec nous à la plage ! **e.** Arrête de sauter ! Couche-toi ! N'aboie pas !

10 b6 ; c3 ; d1 ; e5 ; f4

11 **a.** Jetez ces chaussettes ! **b.** Lave ce pull ! **c.** Repasse mon pantalon ! **d.** Prenez une veste ! **e.** Emporte un blouson ! **f.** Change de vêtements !

12 **a.** Ne faites pas de bruit après 22 h 00 ! **b.** Ne courez pas dans les couloirs ! **c.** Ne prenez pas les ascenseurs en cas d'incendie ! **d.** Ne laissez pas les fenêtres ouvertes ! **e.** N'emportez pas les serviettes de toilette !

13 **a.** Ne vous disputez pas ! **b.** Ne t'énerve pas ! **c.** Ne vous inquiétez pas ! **d.** Ne nous affolons pas ! **e.** Ne te fais pas de souci ! **f.** Ne nous battons pas !

14 **a.** Demandons-leur le prix ! **b.** Écris-leur ! **c.** Envoyez-nous un e-mail ! **d.** Parlons-lui ! **e.** Apporte-lui le courrier ! **f.** Prête-moi ton stylo !

15 **a.** Demandez-leur un autographe ! **b.** Envoie-lui un mot de félicitations ! **c.** Fais-moi une bise ! **d.** Donnez-nous le résultat ! **e.** Chante-leur « Joyeux anniversaire » !

16 **a.** Répare-le ! **b.** Repeignons-le ! **c.** Installe-la ! **d.** Nettoie-le ! **e.** Montons-la ! **f.** Mettez-le !

17 **a.** Venez-y ! **b.** Passons-y ! **c.** Retournes-y ! **d.** Entrez-y ! **e.** Montons-y ! **f.** Cours-y !

18 **a.** Non, n'y passe pas ! **b.** Non, n'y allons pas ! **c.** Non, n'y reste pas ! **d.** Non, n'y mangeons pas ! **e.** Non, n'y retourne pas ! **f.** Non, n'y déjeunons pas ! **g.** Non, n'y reviens pas ! **h.** Non, n'y dînons pas !

19 **a.** Prenez-en ! **b.** Buvons-en ! **c.** Achètes-en ! **d.** Faites-en ! **e.** Offrons-en ! **f.** Apportes-en ! **g.** Mettez-en ! **h.** Demandons-en !

20 **a.** N'en écoutons pas ! **b.** N'en achetez pas ! **c.** N'en mets pas ! **d.** N'en choisissons pas ! **e.** N'en chante pas ! **f.** N'en faites pas ! **g.** N'en enregistrons pas ! **h.** N'en sélectionne pas !

ÉVALUATION 9

1 **b.** Ne buvez pas ! **c.** Ne téléphonez pas ! **d.** Ne traversez pas ! **e.** Ne tournez pas à droite ! **f.** Ne tournez pas à gauche ! **g.** Ne pique-niquez pas ! **h.** Ne faites pas de feu ! **i.** Ne faites pas de bruit !

2 prends ; Achète ; n'oublie pas ; Apporte ; récupère ; Mets ; fais ; prépare

3 Mon amour,
Viens me rejoindre sur mon bateau ! **Partons loin**, au bout de la terre, là où les rêves ne meurent pas. **Laisse tout** et **suis-moi**. Je te ferai découvrir des paradis perdus, **crois-moi**. **Fais-moi confiance**. Le bonheur est là ! **Ne réfléchis pas**. **Cours** à présent et **disparaissons** ! Ton Robert qui t'aime.

4 Préchauffez ; Mélangez ; Incorporez ; Versez ; Travaillez ; Poivrez ; Beurrez ; Plongez ; Rafraîchissez ; Égouttez ; épongez ; Incorporez ; Versez ; Mettez ; Laissez ; Démoulez ; laissez

UNITÉ 3 : LES MOTS INVARIABLES

1 Les prépositions   page 130

1 **a.** à ; **b.** de ; **c.** à ; **d.** à ; **e.** à ; **f.** à ; **g.** à ; **h.** de.

2 **b.** incorrect : *du violon* ; **c.** correct ; **d.** incorrect : *au conservatoire* ; **e.** correct ; **f.** incorrect : *de commencer* ; **g.** incorrect : *du jazz* ; **h.** correct ; **i.** correct

3 **a.** au ; **b.** au ; **c.** en ; **d.** en ; **e.** aux ; **f.** en ; **g.** en ; **h.** aux

4 **a.** Olga est guide en Russie. **b.** Chang est pharmacien à Singapour. **c.** Mathurin est pâtissier aux Antilles. **d.** Tony est journaliste en Angleterre. **e.** Fatima est informaticienne en Angola. **f.** Kathy est directrice aux Seychelles. **g.** Vladimir est chanteur à Cuba. **h.** Soubanh est ministre au Laos.

5 **a.** à ; **b.** chez ; **c.** Dans ; **d.** chez ; **e.** dans ; **f.** chez ; **g.** à ; **h.** dans

6 **a.** pour ; **b.** pour / Pour ; **c.** avec ; **d.** par ; **e.** pour ; **f.** par ; **g.** pour ; **h.** Avec

7 **a.** dans ; **b.** en ; **c.** en ; **d.** dans ; **e.** en ; **f.** en ; **g.** en ; **h.** dans

ÉVALUATION 10

1 **a.** de ; **b.** en ; **c.** à ; **d.** dans ; **e.** à ; **f.** à ; **g.** chez ; **h.** dans ; **i.** chez ; **j.** de

2 Du 15 ; au 17 ; À quel nom ; Avec bain ; avec douche ; Avec douche ; sur la mer ; avec terrasse ; En demi-pension ; En demi-pension ; dans l'hôtel ; à un parking ; à la réception ; par carte ; par chèque ; Par carte

CORRIGÉS

2 Les adverbes page 134

1 **a.** jamais ; **b.** Aujourd'hui ; **c.** encore ; **d.** enfin ; **e.** maintenant ; **f.** rarement ; **g.** puis ; **h.** Après

2 Hier ; Aujourd'hui ; toujours ; jamais ; Demain ; encore ; Maintenant ; bientôt

3 **a.** Mes voisins font rarement du sport. **b.** Généralement, je pratique la natation. **c.** Mon fils est tout le temps en train de jouer au foot. **d.** Tu fais du golf de temps en temps ? **e.** Ma femme regarde quelquefois les matchs de rugby. **f.** Il gagne toujours le Tour de France. **g.** Est-ce que tu montes parfois à cheval ? (*ou* : Est-ce que parfois tu montes à cheval ?) **h.** On ne participe jamais à cette compétition.

4 b8 ; c5 ; d9 ; e7 ; f2 ; g4 ; h1 ; i3

5 **a.** peu ; **b.** beaucoup ; **c.** moins ; **d.** assez ; **e.** beaucoup (trop) ; **f.** plus

6 **a.** beaucoup ; **b.** beaucoup ; **c.** très ; **d.** beaucoup ; **e.** très ; **f.** très

7 **a.** très ; **b.** trop ; **c.** trop ; **d.** très ; **e.** très ; **f.** très ; **g.** trop ; **h.** très

8 **b.** dur ; **c.** clair ; **d.** droit ; **e.** vite ; **f.** fort ; **g.** mal ; **i.** cher ; **i.** faux

9 ici ; là-bas ; à côté ; derrière ; devant ; ailleurs ; près ; loin

10

Adjectif masculin	Adjectif féminin	Adverbe
clair	claire	clairement
lent	lente	lentement
certain	certaine	certainement
sérieux	sérieuse	sérieusement
régulier	régulière	régulièrement
actuel	actuelle	actuellement
complet	complète	complètement

11 **a.** la manière ; **b.** la quantité ; **c.** le temps ; **d.** la fréquence ; **e.** l'intensité ; **f.** la quantité ; **g.** la fréquence ; **h.** la manière

12 **a.** La sculpture de Yanis est **déjà** vendue ! **b.** Que pensez-vous **réellement** de Picasso ? **c.** La galerie Sanguine ferme **très** tard ! **d.** C'est un artiste **complètement** fou ! **e.** Je ne paierai **jamais** ce prix pour une œuvre d'art ! **f.** Tu crois que l'on peut entrer **gratuitement** à l'exposition ? **g.** On a **presque** envie d'acheter cette photo. **h.** Le peintre nous a **longuement** expliqué son travail.

ÉVALUATION 11

1 **a.** joyeusement ; **b.** fatalement ; **c.** activement ; **d.** sûrement ; **e.** tranquillement ; **f.** spécialement ; **g.** dernièrement ; **h.** finalement ; **i.** durement ; **j.** froidement

2 particulièrement ; vite ; tout le temps ; presque ; souvent ; plutôt ; toujours ; peu ; quelquefois ; longtemps

3 **a.** la manière ; **b.** le lieu ; **c.** l'intensité ; **d.** la fréquence ; **e.** le temps ; **f.** le temps ; **g.** la fréquence ; **h.** la manière

4 aussi ; bien ; beaucoup ; bien ; Récemment ; seulement ; encore ; Aujourd'hui ; tôt ; vraiment

5 aussi ; aussi ; finement ; largement ; depuis ; aussi ; justement ; souvent ; beaucoup ; encore

UNITÉ 4 : LA PHRASE

1 La phrase interrogative page 142

1 **a.** Est-ce que vous avez visité les grottes de Lascaux ? **b.** Est-ce que Dominique se souvient du château de Valençay ? **c.** Est-ce que nous irons à Carnac ? **d.** Est-ce qu'on peut voir l'abbaye de Fontenay ? **e.** Est-ce qu'elles veulent passer par Carcassonne ? **f.** Est-ce que vous allez souvent dans les Alpes ? **g.** Est-ce que ta mère vient faire un tour sur la Côte d'Azur ?

2 **a.** Respectes-tu la nature ? **b.** Économisons-nous l'eau suffisamment ? **c.** Protègent-ils leurs forêts ? **d.** Défend-on assez les animaux sauvages ? **e.** Nettoyez-vous les plages ici ? **f.** Prennent-elles des mesures efficaces ? **g.** Es-tu pour ou contre la chasse ?

3 **a.** Les seniors ont-ils leur place dans l'entreprise ? **b.** Ton (*ou* : Votre) grand-père conduit-il toujours ? **c.** Votre grand-mère est-elle très âgée ? **d.** La société s'occupe-t-elle assez des personnes âgées ? **e.** Y a-t-il un club du troisième âge dans votre ville ? **f.** Les retraités voyagent-ils beaucoup ?

4 **a.** Que va-t-il devenir ? **b.** Qu'est-ce que tu vas prendre ? **c.** Que vais-je mettre ? **d.** Qu'est-ce qu'ils vont dire ? **e.** Que va-t-elle écrire ? **f.** Qu'est-ce que vous allez acheter ? **g.** Que vont-elles chercher ? **h.** Qu'est-ce que tu vas imaginer ?

❺ a. À qui pense-t-il ? (À qui il pense ? / À qui est-ce qu'il pense ?)
b. Qui invite-t-on ? (Qui on invite ? / Qui est-ce qu'on invite ?) *ou* Qui invitons-nous ? *ou* Qui invitez-vous ?
c. De qui parle-t-elle ? (De qui elle parle ? / De qui est-ce qu'elle parle ?)
d. Qui est-ce ? (Qui c'est ? / Qui est-ce que c'est ?)
e. Que veut mon grand-père ? (Mon grand-père veut quoi ? / Qu'est-ce que veut mon grand-père ?)
f. Qui est en retard ? (Qui est-ce qui est en retard ?)
g. À qui est cette voiture ? (Cette voiture est à qui ?)
h. Pour qui achètes-tu deux places ? (Pour qui tu achètes deux places ? / Pour qui est-ce que tu achètes deux places ?)

❻ a. quel ; **b.** Quelle ; **c.** Quel ; **d.** quelle ; **e.** Quels ; **f.** Quelles ; **g.** Quels ; **h.** quelle

❼ a. Si ; **b.** non plus ; **c.** Si ; **d.** aussi ; **e.** si ; **f.** aussi ; **g.** Non ; **h.** non plus

ÉVALUATION 12

❶ a. Vous pensez à vos enfants (Est-ce que vous pensez à vos enfants ? / Pensez-vous à vos enfants ?)
b. On peut lui demander n'importe quoi ? (Est-ce qu'on peut lui demander n'importe quoi ? / Peut-on lui demander n'importe quoi ?)
c. Ses deux fils sont gentils ? (Est-ce que ses deux fils sont gentils ? / Ses deux fils sont-ils gentils ?)
d. Vous êtes d'accord avec ses idées ? (Est-ce que vous êtes d'accord avec ses idées ? / Êtes-vous d'accord avec ses idées ?)
e. Ta sœur accepte sa décision ? (Est-ce que ta sœur accepte sa décision ? / Ta sœur accepte-t-elle sa décision ?)
f. Vos élèves espèrent avoir une récompense ? (Est-ce que vos élèves espèrent avoir une récompense ? / Vos élèves espèrent-ils avoir une récompense ?)
g. Vous voulez être punis ? (Est-ce que vous voulez être punis ? / Voulez-vous être punis ?)
h. Son père s'occupe bien d'eux ? (Est-ce que son père s'occupe bien d'eux ? / Son père s'occupe-t-il bien d'eux ?)
i. Vous le trouvez très sérieux ? (Est-ce que vous le trouvez très sérieux ? / Le trouvez-vous très sérieux ?)
j. Ton oncle est une personne sincère ? (Est-ce que ton oncle est une personne sincère ? / Ton oncle est-il une personne sincère ?)

❷ a. Pourquoi les Britanniques aiment-ils le thé ?
b. Où peut-on trouver les règles du cricket ?
c. Quelle est l'origine du tournoi de tennis de Wimbledon ?
d. À quoi les Britanniques occupent-ils leurs loisirs ?
e. Quels sont les pouvoirs de la reine ?
f. Y a-t-il une fête nationale en Grande-Bretagne ?
g. Comment les Britanniques célèbrent-ils Noël ?
h. Où peut-on trouver des informations touristiques sur la Grande-Bretagne ?
i. Combien de gens parlent anglais dans le monde ?
j. De quand date le métro de Londres ?

❸ a. Quelle ; **b.** À qui ; **c.** Avec quoi ; **d.** Où ; **e.** Qu'est-ce que ; **f.** Quel ; **g.** Pourquoi ; **h.** Comment ; **i.** Qui ; **j.** Quels

2 La phrase négative   page 147

❶ a. ne respectent pas ; **b.** ne chasse pas ; **c.** ne respire pas ; **d.** n'avez pas ; **e.** n'économisent pas ; **f.** ne prends pas

❷ a. On ne nage pas tous les jours. **b.** Tu ne joues pas au cricket. **c.** Nous ne prenons pas de cours de danse. **d.** Mon père ne pratique pas l'équitation. **e.** Ils n'achètent pas de nouveau vélo. **f.** Il n'y a pas de match ce soir.

❸ a. Non, je ne sais pas nager. **b.** Il ne sait pas conduire ? **c.** Non, vous ne pouvez pas entrer. **d.** Non, vous ne devez pas commencer tout de suite. **e.** Elles ne veulent pas manger ? **f.** Non, nous ne souhaitons pas attendre.

❹ a. Tu n'as pas assez mangé ! **b.** On n'a pas vu la mer ! **c.** Je n'ai pas eu le temps de lire ! **d.** Nous ne sommes pas resté(e)s longtemps ! **e.** Elles n'ont pas bien dormi ! **f.** Vous n'êtes pas sorti(e)s de l'hôtel ! **g.** Elle n'a pas dansé une seule fois !

❺ a. ne prépare jamais ; **b.** n'est pas encore ; **c.** ne faut jamais ; **d.** n'est plus ; **e.** ne mange plus ; **f.** ne connaissez pas encore ; **g.** ne boit jamais

❻ a. Vous ne prenez que la carte bancaire ? **b.** Je n'ai économisé que 800 euros. **c.** Ils ne pensent qu'à l'argent. **d.** Ça ne fait que 10 000 dollars. **e.** Il n'a gagné que le prix du billet. **f.** Elles ne payent que leur part. **g.** On ne prête qu'aux riches.

❼ a. n'invite que ; **b.** n'y aura pas ; **c.** ne mettez pas ; **d.** ne peux que ; **e.** ne danse pas ; **f.** ne savent pas ; **g.** ne resteront qu' ; **h.** ne dormiront pas

❽ a. Virginie n'a pas encore son permis de conduire. **b.** Virginie n'a pas de charme. (*ou* : n'a pas du tout de charme) **c.** Virginie ne fait jamais la cuisine. **d.** Virginie ne s'intéresse à rien. **e.** Virginie ne parle à personne. **f.** Virginie ne va plus à l'université. **g.** Virginie n'a pas encore 20 ans. **h.** Virginie n'est pas (du tout) sympathique.

CORRIGÉS

ÉVALUATION 13

❶ Non, je n'ai pas d'appétit.
Non, je ne souffre pas de l'estomac.
Non, je ne bois pas d'alcool.
Non, je ne suis pas stressé au bureau.
Non, je ne regarde pas beaucoup la télévision.
Non, il n'y a pas de bruit chez moi.
Non, je ne marche pas après les repas.
Non, je ne fais pas de sport.
Non, je ne prend pas mes médicaments.
Non, je n'aime pas les médicaments.

❷ Non, elle (la voiture) n'a pas freiné.
Non, je ne suis pas tombé.
Non, je n'ai pas pris son numéro.
Non, je n'étais avec personne.
Non, il n'y a pas eu d'autres témoins.
Non, je ne connaissais pas le conducteur.
Non, je n'ai rien remarqué.
Non, je ne peux pas décrire la voiture.

3 La phrase exclamative   page 152

❶ **a.** Quel tableau ! Il est vraiment beau.
b. Quels dessins ! Ils sont extraordinaires.
c. Quelles sculptures ! Je les adore.
d. Quel bijou ! Vous avez une idée du prix ?
e. Quelle matière ! C'est bizarre !
f. Quelle forme ! Elle est étonnante.
g. Quel travail ! Ces miniatures sont fabuleuses
h. Quels objets ! Tu aimerais ça chez toi ?

❷ **a.** Quelle chance ! (Quelle surprise !) **b.** Quelle horreur ! **c.** Quelle force ! **d.** Quel dommage ! **e.** Quelle gentillesse ! (Quelle surprise !) **f.** Quelle longévité ! **g.** Quel courage ! (Quelle force !) **h.** Quelle gentillesse !

❸ **a.** Quel dommage ; **b.** Comme ; **c.** Ouf ; **d.** Attention ; **e.** Au secours ; **f.** Aïe ; **g.** Oh là là ; **h.** Tant mieux

❹ **a.** Que de ; **b.** Que d' ; **c.** Que ; **d.** Qu' ; **e.** Que ; **f.** Que de ; **g.** Qu' ; **h.** Que d'

ÉVALUATION 14

❶ b7 ; c1 ; d9 ; e8 ; f5 ; g3 ; h11 ; i6 ; j2 ; k4

❷ **a.** Quelle pollution ! **b.** Quelle pauvreté ! **c.** Quelle circulation ! **d.** Quels bâtiments ! **e.** Quelles rues ! **f.** Quelle odeur ! **g.** Quel monde ! **h.** Quels trains ! **i.** Quel aéroport ! **j.** Quelles pluies !

4 Le discours indirect   page 155

❶ **a.** « Nous n'aimons pas la neige. » **b.** « Tu skies bien. » **c.** « Nous avons un chalet à la montagne. »
d. « Vous habitez dans une région magnifique. »
e. « La neige n'arrête pas de tomber. » **f.** « Je préfère faire de la luge. » **g.** « Nous nous sommes perdus sur les pistes. »

❷ **a.** Il dit qu'il est content d'habiter dans ce quartier.
b. Ils disent qu'ils ont déménagé la semaine dernière.
c. Il dit que Cynthia a une immense maison à la campagne.
d. Ils disent que je dois chercher un studio.
e. Ils disent que nous faisons trop de bruit.
f. Il dit que les loyers ont beaucoup augmenté récemment.
g. Il dit qu'il ne peut pas payer ce mois-ci.

❸ Le maire dit que cette année, **nos** impôts ne vont pas augmenter, que tous les parkings seront gratuits à l'extérieur de la ville, qu'une navette emmènera toutes les 15 minutes les gens au centre-ville, que 25 nouvelles toilettes publiques et gratuites seront installées, qu'**ils** vont construire un nouveau théâtre, qu'**ils** s'engagent à aménager tous les espaces publics afin de faciliter l'accès aux handicapés, que le parc du Casino sera agrandi, que **nous verrons** de nouveaux espaces verts apparaître au centre-ville et que Besançon deviendra la première ville fleurie de France.

❹ **a.** Pourquoi les dauphins ne sont pas des poissons ?
b. Mon chien est mort hier.
c. Combien de temps vit un éléphant ?
d. Qu'est-ce qu'il faut (Que faut-il) faire comme études pour devenir vétérinaire ?
e. Allez dans les grands parcs nationaux d'Afrique !
f. Quel est le poids moyen de la baleine bleue ?
g. Où puis-je (est-ce que je peux) voir des gorilles ?
h. Comment êtes-vous (est-ce que vous êtes/vous êtes) devenu photographe animalier ?

❺ **a.** quand ; **b.** qu' ; **c.** ce que ; **d.** de ; **e.** que ; **f.** pourquoi ; **g.** comment ; **h.** si

❻ **a.** Je lui demande s'il habite à Strasbourg
b. Je lui demande comment il s'appelle.
c. Je lui demande où il a étudié le français.
d. Je lui demande quelle est sa profession.
e. Je lui demande s'il est marié.
f. Je lui demande pourquoi il écrit des romans policiers.
g. Je lui demande ce qui lui plaît dans ce pays.
h. Je lui demande quand il est arrivé en France.

❼ Il me demande… **a.** ce que je veux. **b.** si j'ai parlé à des gens. **c.** comment j'ai pu venir jusqu'ici. **d.** où j'étais. **e.** combien je veux. **f.** quand je suis arrivé. **g.** si j'ai contacté la police. **h.** avec qui j'étais en contact.

8 **a.** Il dit qu'il aperçoit une vieille maison en ruines.
b. Il demande quelle direction il doit prendre.
c. Il demande si on a (*ou* : nous avons) retrouvé la voiture.
d. Il dit qu'il n'a pas de lampe électrique.
e. Il demande où il va dormir.
f. Il demande ce qu'il va manger.

ÉVALUATION 15

1 Il dit qu'il est né à Paris en 1930, que son père était pharmacien, qu'il est entré en fac de médecine, qu'il y est resté quatre ans en première année, qu'il a épousé très jeune une riche héritière, qu'il tourne environ un film par an, qu'au total, il a réalisé plus de cinquante films, que la bêtise est devenue un des thèmes favoris de son œuvre, que la bourgeoisie provinciale le fascine, qu'en 1957, il a publié un livre sur Alfred Hitchcock avec Eric Rohmer et qu'il admire Hitchcock et Fritz Lang.

2 **a.** où ; **b.** quand ; **c.** pourquoi ; **d.** combien ; **e.** ce qu' ; **f.** qu' ; **g.** quelle ; **h.** comment ; **i.** si ; **j.** qui

3 CLARISSE : Est-ce que tu m'aimes ? (*ou* : M'aimes-tu ? Tu m'aimes ?)
ROMAIN : Peut-être, mais je n'en suis pas sûr.
CLARISSE : Pourquoi tu veux m'épouser ?
ROMAIN : Cela n'est pas important.
CLARISSE : Le mariage est une chose sérieuse !
ROMAIN : Je ne suis pas d'accord.
CLARISSE : Qu'est-ce que tu penses du mariage ? (*ou* : Que penses-tu du mariage ? / Tu penses quoi du mariage ?)
ROMAIN : Pose-moi une autre question !
CLARISSE : Tu es une personne étrange, mais c'est certainement pour ça que je suis amoureuse de toi.
…
CLARISSE : Je veux quand même me marier avec toi !

UNITÉ 5 : EXPRIMEZ

1 La quantité   page 162

1 **a.** Huit et deux font dix. **b.** Neuf et six font quinze. **c.** Douze et onze font vingt-trois. **d.** Quarante-huit et vingt-trois font soixante et onze. **e.** Soixante-six et trente et un font quatre-vingt-dix-sept. **f.** Quarante-deux et soixante-quatorze font cent seize.

2 **a.** zéro un / quarante-deux / soixante-dix-sept / onze / quatre-vingt-dix
b. zéro / huit cent vingt-cinq / huit cent trente-huit / huit cent trente-huit
c. trente-six / soixante-neuf
d. zéro quatre / soixante-seize / trente-trois / trente-cinq / zéro neuf

e. zéro / huit cent quatre-vingt-dix-neuf / sept cent sept / cent quarante-sept
f. zéro / huit cent vingt et un / zéro zéro / vingt-cinq / vingt-cinq

3 **a.** centième ; **b.** première ou seconde ; **c.** vingt-cinquième ; **d.** quatorzième ; **e.** millième ; **f.** quatrième

4 **a.** un peu de (*ou* : beaucoup de, moins de) ; **b.** assez de ; **c.** trop de (*ou* : beaucoup de) ; **d.** beaucoup de (*ou* : plus de) ; **e.** plus de ; **f.** moins de

5 **a.** un peu de ; **b.** Quelques ; **c.** un peu d' ; **d.** quelques ; **e.** quelques ; **f.** un peu de

6 **b.** une boîte d'aspirines ; **c.** une tranche de jambon ; **d.** un carnet de timbres ; **e.** un filet de sole ; **f.** un paquet de cigarettes ; **g.** une livre de beurre

7 **a.** un gâteau / un morceau de gâteau / je ne veux pas de gâteau **b.** une pomme / trois kilos de pommes / il n'y a pas de pomme **c.** du dentifrice / un tube de dentifrice / nous ne vendons pas de dentifrice **d.** les fleurs / un bouquet de fleurs / on ne voit pas de fleurs **e.** une cigarette / un paquet de cigarettes / je ne veux pas de cigarette

ÉVALUATION 16

1 deux ; cinq ; Cinq ; sept ; douze ; Douze ; trois ; quinze ; Quinze ; sept ; vingt-deux ; Vingt-deux ; six ; vingt-huit ; Vingt-six ; cinq ; trente et un ; cinq cent un millions six cent vingt-deux mille sept cent trente et un ; Cinq cents millions ; Cinq cent un millions ; Deux ; cinq ; sept ; Cinq cents millions ; cinquante-quatre ; trois ; vingt-deux ; quatre ; onze ; cinq cent un millions

2 des ; une douzaine ; un (du) ; des ; de la ; une tranche de (du) ; du ; dix kilos ; un petit morceau ; quelques (des) ; un peu de (de la) ; quinze sortes ; dix ; une part de (une) ; un (un petit) ; de la ; deux boules ; trop ; des ; un petit (un)

2 Le temps   page 167

1 **a.** Le deux mai mille neuf cent trente-huit.
b. Le vingt-huit juin mille neuf cent cinquante-neuf.
c. Le dix-neuf août mille neuf cent soixante-neuf.
d. Le premier janvier mille neuf cent soixante-quinze.
e. Le douze juillet mille neuf cent quatre-vingt-deux.
f. Le vingt-quatre décembre mille neuf cent quatre-vingt-onze.
g. Le quinze mars deux mille.
h. Le seize février deux mille six.

2 **a.** en hiver ; **b.** l'été ; **c.** En cette saison ; **d.** Au printemps, en hiver ; **e.** l'été, en automne ; **f.** le printemps

CORRIGÉS

❸

```
          J       A O Û T
          U         C
    J U I L L E T     N
    A   N         N O
    N             B O V
  A V R I L       R   E D     F
    I         M   E   M É     É
    E       M A I     B C     V
    R         R       R E M   R
            S E P T E M B R E  I
                        R     E R
                        E
```

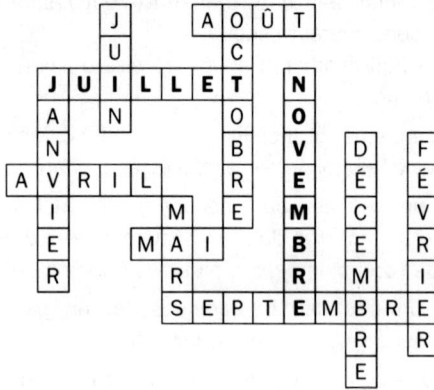

❹ a. 12 h 15 ➜ Il est midi et quart. / Il est douze heures quinze.
b. 13 h 25 ➜ Il est une heure vingt-cinq. / Il est treize heures vingt-cinq.
c. 14 h 30 ➜ Il est deux heures et demie. / Il est quatorze heures trente.
d. 18 h 35 ➜ Il est sept heures moins vingt-cinq. / Il est dix-huit heures trente cinq.
e. 20 h 45 ➜ Il est neuf heures moins le quart. / Il est vingt heures quarante-cinq.
f. 21 h 55 ➜ Il est dix heures moins cinq. / Il est vingt et une heures cinquante-cinq.
g. 22 h 10 ➜ Il est dix heures dix. / Il est vingt-deux heures dix.
h. 00 h 40 ➜ Il est une heure moins vingt. / Il est zéro heure (minuit) quarante.

❺ a. L'année prochaine ; **b.** L'hiver dernier ; **c.** tous les après-midi ; **d.** Cet été (L'année prochaine) ; **e.** Ce matin (L'hiver dernier) ; **f.** À l'automne (Demain matin)

❻ b4 ; c5 ; d6 ; e1 ; f3 ; g7

❼ a. À quel âge il a (ou : est-ce qu'il a / a-t-il) commencé à lire ? **b.** En quelle année il est (ou : est-ce qu'il est / est-il) sorti de l'université ? **c.** À quel moment de la journée il écrivait (ou : est-ce qu'il écrivait / écrivait-il) ? **d.** À quelle heure il se levait (ou : est-ce qu'il se levait / se levait-il) tous les jours ? **e.** Quel jour de la semaine il détestait (ou : est-ce qu'il détestait / détestait-il) ? **f.** En quelle année (ou : À quelle période) il a (ou : est-ce qu'il a / a-t-il) travaillé au journal *Paris Soir* ?

❽ a. depuis ; **b.** il y a ; **c.** depuis ; **d.** il y a ; **e.** il y a ; **f.** depuis

❾ quand ; pendant ; il y a ; il y a ; Depuis ; Quand ; Il y a ; Pendant

❿ a. Je n'habite plus à cette adresse depuis six mois.
b. Nous ne nous sommes pas vus depuis vingt ans.

c. Ils sont partis depuis deux semaines.
d. Elle a disparu depuis une heure.
e. Il est mort depuis un siècle.
f. On n'a pas eu de nouvelles depuis longtemps.
g. Elles sont sorties depuis combien de temps ?
h. Il n'est pas revenu depuis dix ans.

⓫ a. J'ai vendu mon appartement il y a une semaine et je vais acheter une maison dans six mois.
b. Elle a démissionné il y a une heure et va commencer un nouveau travail dans deux jours.
c. On a voyagé en Italie il y a un an et on va voyager au Portugal dans trois mois.
d. Vous avez eu un garçon il y a deux ans et allez avoir une fille dans un mois.
e. Il a changé de voiture il y a six mois et va changer de voiture dans quinze jours.
f. Tu as gagné au loto il y a une semaine et vas hériter d'un château dans huit jours.
g. Elles sont tombées malades il y a deux semaines et vont entrer à l'hôpital dans une heure.

⓬ a. À quelle heure te levais-tu tous les jours ?
b. Combien de temps te fallait-il pour aller au lycée ?
c. À quelle heure les cours commençaient-ils ?
d. À quelle heure les cours se terminaient-ils ?
e. Combien de temps aviez-vous pour déjeuner à la cantine ?
f. Combien de fois par semaine faisiez-vous du sport ?
g. En combien de temps dînais-tu ?
h. Jusqu'à quelle heure étudiais-tu ?

ÉVALUATION 17

❶ En automne ; en hiver ; au début et à la fin du printemps ; durant la période allant de septembre 1980 à mai 1991 ; Chaque année, durant la deuxième quinzaine d'août ; Durant la deuxième quinzaine de septembre ; durant l'hiver entre 1980 et 1991 ; Au début du printemps, de 1981 à 1991 ; À la fin du printemps, de 1981 à 1991

❷ depuis ; pendant ; en ; quand ; il y a ; Pendant ; depuis ; quand ; il y a ; Quand

3 L'espace page 174

❶ a. à ; **b.** en ; **c.** à ; **d.** au ; **e.** en ; **f.** en ; **g.** aux ; **h.** à
❷ b. Le glacier Perito Moreno est en Argentine.
c. Ayers Rock est en Australie.
d. Le fleuve Jaune est en Chine.
e. Les chutes Victoria sont au Zimbabwe.
f. Le Sahara est en Algérie.
g. Le Grand Canyon est aux États-Unis.
h. La forêt amazonienne est au Brésil.
i. L'Everest est au Népal.

❸ en ; en ; en ; au ; au ; à ; en ; aux

❹ a. L'hippopotame est dans l'eau.
b. L'oiseau est sur le dos de l'hippopotame.
c. L'éléphant est sous l'arbre.
d. Le lion est couché par terre.
e. La girafe est derrière l'éléphant.
f. Le serpent est à côté du lion.
g. Le singe est devant l'éléphant.
h. Le crocodile est au bord de l'eau.

❺ b5 ; c7 ; d4 ; e1 ; f9 ; g2 ; h6 ; i3

❻ a. de ; **b.** de ; **c.** du ; **d.** des ; **e.** d' ; **f.** de ; **g.** de / d' ; **h.** du

❼ b3 ; c5 ; d4 ; e1 ; f6 ; g2

❽ a. environ ; **b.** environ ; **c.** vers ; **d.** environ ; **e.** environ ; **f.** vers ; **g.** vers

ÉVALUATION 18

❶ au ; en ; au ; du ; du ; en ; des ; à ; aux ; d'

❷ dans ; au bord de ; sur ; chez ; entre ; derrière ; devant ; en face de ; autour d' ; près de

4 La condition, l'hypothèse   page 178

❶ b8 ; c6 ; d4 ; e5 ; f2 ; g9 ; h1 ; i3

❷ a. S'il pleut / prenez ; **b.** Si la température baisse / allumons ; **c.** Si la neige arrête / va ; **d.** Si les nuages montent / rentrez ; **e.** Si la route est / ne prends pas ; **f.** Si le vent continue / faisons ; **g.** Si la chaleur augmente / achète ; **h.** Si la tempête arrive / ne bougez pas

❸ a. Si tu fais un signe, il te verra.
b. Si vous nous écrivez une lettre, nous vous répondrons.
c. Si vous téléphonez à Gisèle, elle sera contente.
d. Si nous lui envoyons un SMS, il aura l'adresse.
e. Si tu traduis ce message, tu sauras ce qu'il veut.
f. Si vous sonnez trois fois, je vous ouvrirai.

❹ a. ferons ; **b.** préviendra ; **c.** apporterez ; **d.** devras ; **e.** appellerai ; **f.** pourra

❺ a. M ; **b.** P ; **c.** M ; **d.** M ; **e.** P ; **f.** P ; **g.** P ; **h.** M

ÉVALUATION 19

❶ a. elle peut ; **b.** tu ne prends pas (*ou* : ne prends pas) ; **c.** nous acceptons (*ou* : acceptons) ; **d.** je dis ; **e.** tu dois ; **f.** demandez-lui ; **g.** elles libèrent ; **h.** dis-nous

❷ a. S'il peut, il prendra le pain.
b. Si vous souhaitez (*ou* : vous le souhaitez), vous pourrez boire un verre au café de Flore.

c. Si nous arrivons à temps, nous aurons encore du poulet.
d. S'ils ont assez d'argent, ils prendront le journal.
e. Si on se dépêche, on ne fera pas la queue.
f. Si tu passes au pressing, tu seras un ange !
g. Si elle a la voiture, elle ira faire les courses au supermarché.

5 L'obligation, le conseil   page 181

❶ b6 ; c7 ; d1 ; e9 ; f2 ; g8 ; h5 ; i3

❷ a. Vous ne devez pas prendre tous ces médicaments ! **b.** Nous devons partir en vacances ! **c.** On doit faire du sport ! **d.** Tu dois manger plus de légumes ! **e.** Nous ne devons pas manger toujours au restaurant ! **f.** Vous devez changer de travail ! **g.** On ne doit pas boire autant de sodas ! **h.** Vous devez perdre du poids !

❸ a. Vous devez étudier ; **b.** Il faut apprendre ; **c.** Partez ; **d.** Tu dois essayer ; **e.** Il faut regarder ; **f.** Écoutons ; **g.** Nous devons passer ; **h.** Il faut répéter

❹ a. Achetez des produits de saison. (Il faut acheter des produits de saison. / Vous devez acheter des produits de saison.) **b.** Écoutez vos envies. (Il faut écouter vos envies. / Vous devez écouter vos envies.) **c.** Harmonisez les saveurs. (Il faut harmoniser les saveurs. / Vous devez harmoniser les saveurs.) **d.** Ne mélanger pas tout et n'importe quoi. (Il ne faut pas mélanger tout et n'importe quoi. / Vous ne devez pas mélangez tout et n'importe quoi.) **e.** Respectez l'équilibre alimentaire. (Il faut respecter l'équilibre alimentaire. / Vous devez respecter l'équilibre alimentaire.) **f.** N'oubliez pas l'assaisonnement. (Il ne faut pas oublier l'assaisonnement. / Vous ne devez pas oublier l'assaisonnement.) **g.** Pensez aux herbes et aux épices. (Il faut penser aux herbes et aux épices. / Vous devez penser aux herbes et aux épices.) **h.** Faites attention à la présentation. (Il faut faire attention à la présentation. / Vous devez faire attention à la présentation.)

ÉVALUATION 20

❶ devez ; Il faut ; doit ; n'oubliez pas ; allez ; utilisez ; il faut ; prenez ; devez ; contactez

❷ a. Apprenez à respirer **b.** Hydratez-vous **c.** Mangez des vitamines **d.** Dormez et récupérez **e.** Faites du sport **f.** Évitez les excitants et autres **g.** Refusez le mal de dos **h.** Réduisez votre consommation de médicaments **i.** Veillez à votre alimentation **j.** Apprenez à écouter votre corps

Références des textes

Achevé d'imprimer en France
par Jouve en mars 2017 - N° 2524030B - Dépôt légal : 5822/08